LES

TABLES DE PROSCRIPTION

DE

LOUIS BONAPARTE ET DE SES COMPLICES.

LES
TABLES DE PROSCRIPTION

DE

LOUIS BONAPARTE

ET

DE SES COMPLICES,

PAR

PASCAL DUPRAT,

Ancien Représentant du Peuple.

Surge, carnifex!

TOME SECOND.

Liége,

Chez REDOUTÉ, Imprimeur-Libraire, rue du Dragon-d'Or, 7.

—

1852.

LES

TABLES DE PROSCRIPTION

DE

LOUIS BONAPARTE

ET

DE SES COMPLICES.

———

LIVRE XI.

La proscription dans les départements du Centre.

———

I.

Les départements du Centre devaient être plus cruellement frappés que ceux de l'Est, de l'Ouest et du Nord. On a parlé naguère, comme il y a quarante ans, des brigands de la Loire.

Il était naturel que les ennemis de la Démocratie, complices de Louis Bonaparte, cherchassent à peser sur cette partie de la France. La République y avait trouvé

1

partout des cœurs pour l'aimer et des bras pour la servir. Elle n'avait pas pris racine seulement dans les villes, toujours ouvertes aux influences démocratiques. Elle avait pénétré aussi dans les campagnes. Le paysan du Berri, du Morvan et du Nivernais était devenu républicain. Il avait senti que la République lui apportait une vie nouvelle et il s'y attachait comme à un champ, qu'il devait cultiver à son profit. Que de motifs de haine pour les royalistes !

De plus, les factions monarchiques, secrètement encouragées par le gouvernement, s'étaient préparées à la lutte dans ces contrées. Elles avaient leurs chefs et leurs soldats. C'était une organisation militaire, qui s'appuyait sur le canton et embrassait la plupart des communes. Le Cher, la Nièvre, l'Allier et la Haute-Vienne étaient surtout le théâtre de ces petites Vendées, qui s'armaient dans l'ombre, pour tomber à la première occasion sur la République et les Républicains.

Voici comment se formaient ces confédérations royalistes.

Tout associé s'engageait à marcher en armes sous les ordres du brigadier ou du maréchal-des-logis de gendarmerie.

Au premier bruit, au premier symptôme d'émotion populaire, il devait accourir au lieu de ralliement, qui était en général la maison du maire, quand le maire faisait partie de l'association.

Chaque membre était obligé de concourir, en cas de prise d'armes, aux frais de la campagne.

Les sociétaires se promettaient réciproquement leur appui et l'association prenait l'engagement moral de soutenir les veuves et les enfants de ceux qui auraient péri dans ses rangs. (1).

C'était au nom de l'ordre que ces bandes monarchiques s'étaient constituées, et c'est au nom de l'ordre qu'elles ont poursuivi avec acharnement, après le 2 Décembre, les défenseurs du droit. L'ordre est le Dieu Moloch de ces adorateurs du passé ; ils lui sacrifieraient au besoin la patrie et l'humanité elle-même, surtout s'ils avaient l'espoir de rester debout dans le désastre universel.

Quelques départements n'ont fourni qu'un petit nombre de victimes. Ce sont l'Ardèche, l'Indre, l'Indre-et-Loire, la Haute-Loire et la Vienne.

D'autres, moins heureux, ont perdu une partie de la population. Tel a été le Puy-de-Dôme.

On peut en dire autant de la Haute-Vienne, qui a subi à peu près les mêmes rigueurs.

Mais la proscription a pesé principalement sur l'Allier, le Cher et la Nièvre, qui ont compté en quelques jours plus de douze mille prisonniers et qui en auraient donné davantage, si cette fureur d'emprisonnement n'avait dû s'arrêter devant l'impuissance de ses moyens.

C'est dans ces départements surtout que les colonnes militaires ont sillonné le territoire pour le dépeupler.

---

(1) Quinze jours avant le coup d'Etat, un journal de Nevers, organe de la Préfecture, publiait les statuts d'une de ces associations, qui s'était formée dans le canton de Donzy.

Des soldats, commandés par un officier, arrivaient brusquement dans un village. Le maire, qui était prévenu, les attendait avec une liste de suspects. Cette liste n'était pas quelquefois assez remplie ; on la complétait. On y ajoutait des victimes ; on n'en retranchait pas.

Aussitôt les maisons étaient envahies. C'était souvent dans le sein de leurs familles, au milieu de leurs travaux, que les paysans étaient pris et garrottés, comme des malfaiteurs. Quelquefois ils se livraient eux-mêmes. La vue des soldats les avait attirés, en secouant en eux cette vieille fibre militaire, que nous tenons des Gaulois. Ils accouraient pour voir de près la troupe et tombaient dans les mains de leurs geôliers.

Des prodiges de hardiesse et d'habileté en dérobaient quelques-uns à ce cercle de fer, qui les enveloppait ; mais cette fuite était pleine de hasards et de périls. C'était le commencement de l'exil pour ces malheureux, qui n'emportaient trop souvent que leurs bras, ce capital indigent du prolétaire.

Quand la colonne avait terminé sa honteuse expédition, elle disparaissait avec son butin, en laissant derrière elle une population désolée. C'étaient des enfants, qui réclamaient leur père et se pressaient sur leurs pas ; c'étaient des mères de famille, qu'une sorte de veuvage venait surprendre à côté de leurs époux vivants. Le passage de quelque cohorte étrangère, abusant des droits de la conquête, n'aurait pas laissé plus de larmes et plus de ruines.

Des dépêches officielles annonçaient ces honteux exploits à la France et à l'Europe.

« Le général Pellion , disait l'une de ces dépêches , a fait une battue dans les bois de Clamecy et ramené cent prisonniers. Un insurgé, qui résistait, a été tué ; un autre s'est noyé en se sauvant à la nage. »

On trouvait des récits analogues dans les journaux bonapartistes.

« La colonne du commandant Vinoy , écrivait l'un de ces journaux , a fait aujourd'hui de bonnes prises. Huit individus , pris les armes à la main , ont été fusillés sans désemparer. On traque avec vigueur les principaux chefs insurgés jusque dans les bois. »

Ce langage cynique se reproduisait sur tous les tons et dans toutes les formes. Nos prétoriens avaient trouvé les bulletins, qui convenaient à leur gloire.

Les prisonniers, qui tombaient entre les mains de ces bandits , étaient conduits et poussés en avant, comme un vil troupeau. Souvent on les enchaînait par groupes. Des cordes, à défaut de chaînes, tenaient leurs mains captives. Le silence leur était commandé. Une menace de mort scellait partout leurs lèvres. « Tirez sur ces brigands s'ils osent élever la voix, » disaient des officiers sans pudeur à des soldats , qui n'étaient que trop excités par le vin.

Il fallait marcher sans proférer un cri, sans pousser une plainte au milieu de ces imprécations et de ces injures. C'était la mort qui passait dans son appareil le plus triste et le plus sombre.

Que de douleurs, que de craintes remuaient le cœur des malheureux, enveloppés et perdus dans ce convoi funèbre ! Inquiets sur l'avenir de leurs familles, qu'ils venaient de quitter dans le désespoir, ils ne pouvaient sans frémir envisager leur propre sort. Qu'allaient-ils devenir? Ils étaient la proie de cette dictature violente et sauvage, qui se déchaînait sur la France. Ils appartenaient même à un pouvoir plus vil et plus bas, à leur escorte. Que fallait-il pour les perdre? Un caprice d'une heure, d'un instant, l'ivresse d'un soldat jouant avec son fusil.

Ces pressentiments les accompagnaient, comme des lueurs sinistres, jusque sur le seuil des prisons, qui devaient les recevoir. Là de nouveaux outrages, de nouvelles menaces les attendaient. Des royalistes, des bonapartistes, des ennemis de la République se trouvaient partout, sur leur passage, pour les insulter. Les premiers, qui entrèrent à Moulins, eurent à essuyer les injures d'un groupe furieux. On distinguait dans ce groupe un architecte, nommé Dutremblay, qui semblait donner le signal de ces odieuses manifestations.

Voilà comment les prisons de cette partie de la France ont été remplies. C'est ainsi que les geôles de Nevers, de Bourges, de Moulins et de Privas ont reçu tout un peuple tristement victime des fureurs monarchiques. On avait beau entasser les prisonniers : l'espace manquait.

« Qu'on nous les amène par vingt-cinq, disaient un jour des gardes nationaux de Moulins ; nous aurons bientôt fait de la place. »

Plusieurs républicains avaient échappé à ces colonnes, qui promenaient partout la terreur et le deuil. Ils s'étaient réfugiés dans les champs et dans les forêts. Des escouades sont lancées à leur poursuite. On voit des

citoyens se mêler sans pudeur aux soldats et marcher avec
eux à la découverte des proscrits. Ce n'est plus la guerre
civile avec ses passions et ses emportements : c'est la chasse
de l'homme par l'homme.

Pour que rien ne manque à ce tableau, les journaux des
préfectures engagent les habitants à ne pas ouvrir leurs
portes aux victimes, parce qu'ils s'exposeraient à toute la
rigueur des lois militaires.

« Nous savons, disait l'une de ces feuilles, que les bois
d'Anlezy, de St.-Benein et de Thianges sont aujourd'hui
infestés de rouges fugitifs, qui sont la terreur de la population
de ces contrées. Nous savons aussi que des hommes jouissant d'une certaine position sociale, soit par sympathie, soit
par peur, donnent asile à ces hommes, qui n'ont pas craint de
se faire soldats de la guerre civile, en cherchant à se sous-
traire à la justice. Nous engageons ces citoyens à ne point
entraver ainsi les poursuites de l'autorité et à se souvenir
qu'aux termes d'un des derniers arrêtés, ils pourraient, par
cette conduite blâmable, donner lieu à une accusation
sérieuse de complicité avec les insurgés. »

Le même journal, se défiant sans doute encore de l'humanité de ses lecteurs, publiait des récits effroyables sur les
excès commis par les républicains dans les maisons qui les
avaient reçus. Il calomniait lâchement jusqu'à leur fuite,
pour les livrer plus sûrement à la proscription, qui s'achar-
nait sur leurs traces.

Quelques hommes ont acquis une triste célébrité dans ces
chasses impies. Parmi eux figure au premier rang un habitant de l'Allier, espèce de gentillâtre, nommé de Beaucaire.

Décoré du titre de louvetier, il a considéré sans doute comme une partie de ses fonctions de tomber sur les républicains. La forêt de Tronçais a vu ce chasseur d'hommes, suivi de ses chiens et de ses braconniers, chercher bruyamment sa proie à travers les taillis.

Après tant de fureurs, la prison devenait presque un asile. Les détenus y manquaient d'air et de nourriture. Ils étaient atteints de maladies cruelles. Jamais tant de souffrances n'avaient été accumulées sur des milliers de citoyens brusquement transportés du sein de leurs familles dans les cachots réservés aux criminels. Mais ces souffrances étaient réglées. Le courage pouvait faire un pacte avec la douleur.

La déportation et l'exil, qui succédaient à cet emprisonnement, perdaient ainsi de leur gravité. C'était encore un port après l'orage. Les âmes d'ailleurs y étaient préparées par ce qu'elles avaient souffert. Tout s'use, la douleur comme la joie, et le despotisme le plus puissant n'est qu'un glaive fragile, qui s'émousse à force de frapper.

II.

ALLIER·

embres de la Commission:

De Charnailles, Préfet.
Faucheux, Général de brigade.
Delesvaux, Procureur de la République.

La proscription, grâce au préfet Charnailles, a eu

ses triomphes dans l'Allier, comme autrefois à Rome la gloire des armes. Cet insolent complice de Louis Bonaparte, après avoir multiplié les arrestations sous toutes les formes et recruté partout des prisonniers, a voulu que le cortége entrât à Moulins, précédé de la musique militaire. Quel outrage pour la conscience publique ! Mais aussi quel châtiment pour cette armée, qui s'est livrée lâchement à un despotisme sans gloire et que le caprice d'un fou condamne à promener, au bruit de ses clairons, les trophées même de sa honte ! Puisse le souvenir de ces ovations sacrilèges vivre longtemps dans la mémoire du Peuple !

Ce triomphateur étrange déployait la plus grande rigueur contre ceux qu'il appelait insolemment *ses prisonniers de guerre*. Les pontons du *Duguesclin* et du *Canada*, avec leur rigueurs inouïes, peuvent seuls donner une idée des scènes hideuses, que la prison de Moulins cachait dans ses murailles. Une quinzaine de détenus, après quelques jours de captivité, étaient transportés mourants à l'hôpital. Ils mouraient du moins avec l'illusion de la liberté. Ce bonheur était refusé à un coutelier de la commune du Donjon. On le jette un jour au cachot et le lendemain ce n'était plus qu'un cadavre.

Tout ce qui pouvait adoucir le sort des prisonniers était repoussé par le préfet, comme une sorte de délit contre la chose publique.

Une collecte avait été faite par les détenus du rez-de-chaussée en faveur de ceux qui se trouvaient entassés au première étage. Le préfet l'apprend. Cette fraternité

républicaine, qui a franchi le seuil de la prison, pro-
voques a colère. Il s'emporte contre les prisonniers, qui ont
fait la quête. C'étaient trois démocrates entourés de l'estime de leurs camarades. Ils sont envoyés au cachot. « On
vous apprendra, leur dit Charnailles, à faire ici du socialisme. »

L'armée a fourni au préfet de l'Allier des collègues
dignes de lui. Le général Faucheux n'a paru que vers
la fin, pour signer l'arrêt des victimes. Mais il avait eu
pour prédécesseurs deux proconsuls implacables, le
colonel de la Noue et le général Eynard.

La campagne avait été ouverte par le premier, qui
invitait bravement les amis de l'ordre à se jeter sur les
républicains.

C'est le second qui a paru avec le plus d'éclat.

Dès son arrivée à Moulins, il lance un arrêté qui
frappe de séquestre les propriétés des citoyens compromis
dans les mouvements du Donjon et de la Palisse.

Quelques jours après, il publie un autre arrêté compre-
nant les noms de vingt-cinq démocrates, qui doivent lui
être amenés *par tous les moyens.* Ces fugitifs, mis au ban
de la France, étaient des propriétaires, des avocats, des
médecins, d'anciens fonctionnaires de la République. Il y
en avait parmi eux que le peuple avait honorés de ses
suffrages et qui avaient siégé sur les bancs de l'Assemblée Nationale. Tous les citoyens, qui leur donneraient
asile ou favoriseraient leur fuite, devaient partager leur sort.

Cet arrêté sauvage avait été répandu non-seulement dans
l'Allier, mais encore dans les départements voisins. Il

a souillé longtemps les murailles de Paris, déjà désho-
norées par les décrets de Louis Bonaparte, comme si
le valet eût été jaloux d'écrire ses fureurs à côté de
celles du maître.

Delesvaux, procureur de la République, a su marquer dans cette bande bonapartiste. Sorti de la Révolution de février, il a déployé cette ardeur de persécution, qui tourmente les apostats de tous les temps. Un
juge ignorant et stupide, Papon-Lamégnie lui servait
d'instrument. Il a été appelé depuis, comme directeur
général, au ministère de la police.

Un autre procureur, Bonnefond, a voulu rivaliser
avec son colègue de Moulins. Ce zélé compétiteur n'a
rien négligé pour réussir et l'on peut dire qu'il a conquis
la première place dans cette lutte ardente de tous les
mauvais appétits.

Bonnefond s'attachait aux prisonniers, comme à une
proie. Tous les moyens lui semblaient bons pour obtenir
de leur bouche des aveux compromettants. Il employait
tour-à-tour les caresses et les menaces. Le mensonge
surtout jouait un grand rôle dans ces odieuses tentatives.

« Vous avez été dénoncés par vos amis, disait-il à
certains détenus ; faites comme eux et vous serez mis
en liberté. Je vous le jure sur l'honneur. »

Les détenus généralement refusaient. Le magistrat
leur montrait alors une déposition, qui les chargeait.

« Qu'on nous confronte avec les témoins, » s'écriaient
les victimes.

La confrontation était ordinairement refusée. Si le

juge l'accordait et qu'elle tournât à l'avantage du prévenu, il n'en restait point de traces.

Lorsqu'il ne pouvait pas obtenir par la fraude les révélations qu'il attendait, il s'adressait à la famille du prisonnier. Il interrogeait les femmes et les enfants et les formait à la délation dans de honteux interrogatoires, qui blessaient la nature humaine dans ce qu'elle a de plus inviolable et de plus sacré.

Un agent, inconnu de tous ceux qu'il accusait, l'aidait à remplir ce ministère infâme. Caché dans un cabinet, il sortait de temps en temps de sa retraite pour témoigner d'un fait ou d'un mot à la charge des républicains.

Peu content de servir ainsi la cause du bonapartisme, il a recours à un autre moyen. Il annonce un jour, sur la place, qu'on vient de saisir à Commentry une guillotine fraîchement montée et qui peut abattre six têtes par minute. Il en faisait une description minutieuse. La police devait, disait-il, la transporter à Montluçon avec son farouche inventeur, qui serait exposé aux regards de la foule. Cette nouvelle se répand et circule partout avec une grande rapidité. Des prêtres s'en font l'écho, dans le sein de leurs églises, en maudissant les idées républicaines. Elle arrive à Paris. Les journaux du gouvernement s'en emparent. L'un d'entr'eux, habitué à toutes les calomnies sous la main du docteur Véron, cet ignoble Falstaff de l'Élysée, annonce publiquement, dans des phrases hérissées d'horreur, que la monstrueuse guillotine a été déposée au greffe de Montluçon. Rien n'était plus faux. Plus de quinze cents personnes avaient attendu vainement pendant deux jours la fatale machine. L'instrument de mort n'avait point paru. Une lettre, qui faisait justice de cette étrange invention, fut adressée aux journaux de la capitale. Le *Siècle* l'avait insérée ; mais la censure la supprima. N'était-elle pas chargée de protéger le mensonge ?

Il est permis de s'étonner que l'auteur de la nouvelle, qui a d'ailleurs tant de titres à la faveur du pouvoir, n'ait pas encore été récompensé de cet effort d'imagination.

Que pouvaient être les agents subalternes avec de pareils magistrats ? Il y en a un, qui mérite surtout d'être cité. C'est le geôlier Lacassagne. Le moindre signe, le moindre bruit des prisonniers le mettaient en fureur. Malheur à qui ne tremblait point devant ce potentat de la geôle !

« Prenez ce brigand par les cheveux, criait-il à ses valets, quand il était mécontent d'un détenu, et traînez-le au cachot. »

Cet homme sentait dans ses instincts grossiers, qu'il faisait véritablement partie du gouvernement de Louis Bonaparte.

Tant d'excès devaient être égalés, sinon dépassés par quelques habitants de Moulins, qui n'ont pas craint d'appeler toutes les violences de la dictature sur la tête de leurs adversaires politiques. C'étaient ces mêmes royalistes qui, trois années auparavant, avaient pré-

paré froidement l'assassinat de Ledru-Rollin et de deux
autres représentants du peuple. On a remarqué parmi
eux St-Léger, d'Aigrepont, Dubroc, vieil adepte du
carbonarisme passé dans les bagages de la monarchie,
Simonnet, Labrousse et un petit-fils de Hoche, Des-
roys d'Avrilly. La plupart avaient figuré dans une
battue dirigée contre les républicains. Quelques-uns sont
accusés d'avoir fait un voyage à Paris, après les événements, pour empêcher le gouvernement de modérer
ses coups. Ils avaient groupé autour d'eux une bande
de misérables, qui formaient plusieurs décuries et portaient la terreur de tous les côtés.

La violence enfante le tyran, dit le poète grec (1).
Mais ce tyran, né de la violence, n'est jamais seul ;
c'est une légion, qui a des milliers de bras et de têtes.

CONDAMNÉS

A la déportation à Cayenne.

BARNABÉ, cordonnier.

BILLARD, propriétaire.

CHAMBONNIÈRE, instituteur.

LAYET, tisserand.

TALLON, charpentier,

(1) SOPHOCLE, *OEdipe à Colonne.*

CONDAMNÉS

A la déportation en Algérie.

AMAURY , ex-secrétaire de la préfecture.

ANDRÉ , journalier.

ADENARD , Claudine , aubergiste.

ARMAND , peigneur.

AUCOUTURIER , huissier.

AUBOYER , ingénieur civil.

ARPET , Gaspard , propriétaire.

AUCLAIR , journalier.

BARATHÈRE , propriétaire.

BALIAY , cultivateur.

BAURY , vigneron.

Un autre Baury, attaché aussi à la culture du sol, figure parmi les déportés de l'Allier.

BARON , tuillier.

BIDET , menuisier.

BRETON , bourrelier.

BLAISE , tailleur.

BONNOT , ferblantier.

BERNARD , propriétaire.

BRUNET , cafetier.

BOUILLOT , tailleur.

BAGET , chapelier.

BRIGAUD , forgeron.

BOUDIGNON , tanneur.

BOUCHARD , propriétaire,

BANAUD , tourneur.

BOISSON , fabricant d'alliumettes.

BRÉNASSÉS , rentier.

BAGNARD , tailleur.

BARNABÉ , cordonnier.

C'est le frère de celui qui a été envoyé à Cayenne.

BABIN , terrassier.

BOURGEOIS , tuillier.

BERNARD , propriétaire.

BOUGAIN , ébéniste.

BEAUFITY , sabotier.

BENOIST , cordonnier.

BLETRY , boucher.

La proscription ne s'est pas contentée de ravir Blétry à sa famille. Elle a frappé en même temps sa femme qui été déportée avec lui en Afrique.

BATISSIER , ancien huissier.

BRULLAUD, médecin, conseiller d'arrondissement.

BOURACHOT , propriétaire.

BONIFACE , greffier.

BOUCHEREAU , rentier.

BÉCHET , professeur.

BUREAU DES ETIVEAUX , avoué , ex-préfet.

Mme Des Etiveaux s'était rendue à Paris dans l'espoir d'adoucir le sort de son époux. On l'accuse , à son arrivée, de vouloir attenter aux jours du dictateur. Elle est immédiatement arrêtée et la police de Louis Bonaparte la tient renfermée pendant vingt-cinq jours avec des femmes perdues, qui se montrent sensibles, dans leur ignominie, à cette audacieuse violation de toutes les lois de la pudeur. L'histoire dira un jour que le gouvernement du 2 Décembre a fait rougir jusqu'à des courtisanes.

BAZELIER , cordonnier.

BERNARD, ex-conducteur des ponts-et-chaussées.

CHEVRIER , aubergiste.

CARLUS , menuisier.

CHAUSSARD , agent d'affaires.

CANTE , serrurier.

CAQUET , fondeur.

CHARRIÈRE , tailleur.

CENTISSON , maçon.

CURY , maréchal-ferrant.

CAUSSARD , scieur de long.

COMBARET, journalier.

CHEVALIER, ancien greffier.

CHAMPGOBERT, avocat, rédacteur de la *Constitution*.

CANILLAC, vétérinaire.

COULANGEON, libraire.

CHASSERY, pharmacien.

CHAMBLAI, marinier.

COSTE, forgeron.

CHOMET, docteur en médecine.

DEVILLARD, propriétaire.

DORSEMÈNE, maçon.

DEQUIN, maréchal-ferrant.

DUGÈNE, marinier.

DUMAS, sabotier.

DUMETZ, clerc d'avoué.

DERCURE, cabaretier.

DEDIEU, chaudronnier.

DUMONT, coutelier.

DRAVET, cordonnier.

DESBUIS, sabotier.

DESBOUTIN, marchand de nouveautés.

Les deux fils de Desboutin avaient été arrêtés en même temps que leur père. Mais plus heureux que lui, ils obtenaient bientôt la liberté. Une aventure étrange les a ramenés pendant quelques instants sous les verroux. Ce procureur de Montluçon, qui ne s'est pas contenté d'être cruel, mais qui a voulu aussi être ridicufe, entre un jour dans leur magasin et leur adressant brusquement la parole : « Si vos cheveux ne sont pas coupés dans une heure, leur dit-il, je vous fais arrêter. » L'heure s'écoule et les chevelures rebelles étaient encore à leur place : les deux jeunes gens sont arrêtés et conduits en prison. Un soldat se présente avec des ciseaux. Six de ses camarades l'accompagnaient. Ils étaient munis de cordes, pour triompher, au besoin, de la résistance de nos Samsons révolutionnaires. La toilette, qui ressemblait assez à celle des criminels, commence et s'achève sans trouble. On relâche les frères Desboutin. Ils n'étaient plus dangereux pour la société. Leurs anarchiques chevelures avaient disparu.

DUFLOUR, JEAN, propriétaire.

DESAGES, LUC, rédacteur du *Travailleur*.

Luc Desages est le gendre de Pierre Leroux. Il avait été impliqué, l'année précédente, dans le complot de Lyon et conduit, la chaîne au cou, comme un assassin.

FERRONNIÈRES, tisserand.

FRADIN, cabaretier.

FUGIER, journalier.

FRÉMONT, propriétaire.

FLEURY, cordonnier.

FAVIER , tailleur.

FORGERON , charpentier.

FARGIER , propriétaire.

GAYOT , ancien percepteur.

GOBERT , LOUIS , instituteur.

GUESTON , LÉONARD , rentier.

GIRARD , ANTOINE , propriétaire.

GUILLAUMIN , menuisier.

GRAS , ABRAHAM , limonadier.

GAZARD , AUGUSTE , ancien préfet.

D'après une première décision, Gazard devait être embarqué pour Cayenne. On destinait le même sort à la plupart des proscrits de l'Allier.

GOVIGEUZE, JEAN, menuisier.

GÉRARD, garde forestier.

GUILLIAUMIN, journalier.

GAUDIAT, maçon.

GUYOT , charron.

GÉLENEZ, propriétaire.

GUILLONET, tailleur de pierres.

GÉRAND, menuisier.

GROUILLET, sellier.

GIRANTON, maçon,

GARDETTE, commis.

GARNET, mineur.

GUET, charron.

GRAND, propriétaire.

GRENIEN, cultivateur.

HÉLIE, VICTOR, plâtrier.

HEUILLARD, charpentier.

JUTIER, cabaretier.

JONIER, charpentier.

JARDONNAIS, bottier.

JACQUET, sabotier.

JALICOT, charpentier.

JOUANIN, FÉLIX, boulanger.

La femme de Jouanin est autorisée un jour à le voir dans sa prison. Elle se présente et, apercevant son mari dans la cour, elle se précipite dans ses bras, avec des cris et des larmes. Le préfet Charnaille et ses collégues assistaient à cette scène. Cette douleur, qui brisait une famille, aurait dû les trouver sensibles; elle les laisse indifférents et dédaigneux. Jouanin s'irrite de leur attitude injurieuse et repoussant sa femme : « Tu ne vois donc pas, lui dit-il, que tu fais le bonheur de ces brigands? » Le mot est entendu et Jouanin est immédiatement jeté dans un cachot.

KERMÉRA, HIPOLYTE, chaussonier.

LAFAY, menuisier.

LAUSSEDAT, vétérinaire.

LESPÉE, boulanger.

LAJONCIÈRE, menuisier.

LINARD, cultivateur.

LORCÉRY, plâtrier.

LETANG, boulanger.

LÉPINEUX, propriétaire.

LABARRE, fils, instituteur.

LARTAUD, propriétaire.

MATHONAT, chapelier.

MILLIEN, tuillier.

MARTINET, rentier.

MANICARD, ancien instituteur.

MALET, sabotier.

MAUBOIS, tisserand.

MEURSIN, propriétaire.

MONTAGNIER, tailleur.

MAYEUX, sabotier.

MEILHEURAT, propriétaire.

MAUGENOT, médecin.

MICHEL, JACQUES, limonadier.

MARTIN, propriétaire.

MORIN, négociant.

Au moment d'être arrêté, Morin se dérobe et se réfugie

dans la forêt de Tronçais. Il est poursuivi dans sa retraite par le louvetier Beaucaire, qui, à la tête de ses piqueurs et de sa meute, le traque de taillis en taillis, comme une bête fauve. Pour échapper à cette chasse horrible, Morin est obligé de quitter la forêt et de se constituer prisonnier.

MITON, tailleur.

MOUSSET, docteur en médecine.

MEUNIER, pharmacien.

MEUNIER-DESSAIGNE, propriétaire.

MEGE, médecin.

MY, FRANÇOIS, tailleur.

NICOLET, teinturier.

OGERDIAS, huissier.

PINOT, cabaretier.

PESCHE, chaudronnier.

PERABORE, peintre.

PASSIGNAT, marchand.

La femme de ce proscrit a été déportée avec lui en Afrique.

PETIT, propriétaire.

PIAILDY, menuisier.

PHILIPPON, DENIS, médecin.

Un parent du docteur Philippon a été compris dans le même arrêt par les prévôts de Louis Bonaparte.

PAQUET, ancien instituteur.

PAPON, voiturier.

PETIOT, terrassier.

PETOT, propriétaire.

PLAFAIT, ancien précepteur.

PURRET, horloger.

PAILLERET, serrurier.

PIOTON, propriétaire.

PANCHAUD-GUIOTIN, chapelier.

PATRE, ÉTIENNE, tailleur.

PELLETIER, propriétaire.

RAYNAUD, mineur.

Il y a eu deux autres déportés de ce nom. C'étaient trois membres, qui étaient enlevés du même coup à une seule famille.

REVERET, cultivateur.

RAY, propriétaire.

ROUSSAT, journalier.

RICHE, bourrelier.

RHÉTÉS, aubergiste.

RENAUDON, Marie, couturière.

ROCHER, ÉTIENNE, notaire.

RIOUX, voyageur de commerce.

RADOUX, architecte.

ROUFFARD, charpentier.

ROCHETON, notaire.

REVILLON, vannier.

SARTIN, Représentant du Peuple.

Le représentant Sartin n'avait pas été compris dans les décrets d'exil, qui atteignaient un grand nombre de ses collègues. Vers le milieu du mois de janvier, il reçoit une lettre du procureur de Montluçon, qui lui annonce qu'il est impliqué dans le procès des convives de Commentry. Un repas intime était devenu un banquet aux yeux de la police. C'est dans ce repas que, trois mois auparavant, Sartin et ses amis avaient été brusquement assaillis par des gendarmes, comme des malfaiteurs. La qualité de représentant, malgré les garanties dont l'entourait la Constitution, n'avait pu protéger le mandataire de l'Allier. Il aurait dû être vengé par l'Assemblée nationale. Mais la majorité livrait tous les droits à Louis Bonaparte, comme si cette dictature, qui se montait pièce à pièce, ne devait pas l'écraser elle-même. Sartin avait été assassiné ; c'était une victime; le coup d'État en a fait un criminel. Le tribunal de Montluçon l'a condamné à deux mois d'emprisonnement, pour avoir échappé sans doute au sabre des gendarmes. On espérait le flétrir ; mais la flétrissure n'a pas contenté ses adversaires. La commission départementale a complété l'œuvre du tribunal, en condamnant Sartin à la déportation.

SAGET, JEAN, propriétaire.

SALVIN , journalier.

SOULIER , peintre.

SOUHALAT, cultivateur.

L'arrestation de Souhalat a été due au zèle d'un bonapartiste du nom de Bottier. Son crime était d'avoir donné
asile à deux républicains. Il avait cherché à fuir ; mais
Bottier s'était lancé à sa poursuite, un fusil à la main,
et lui avait coupé la retraite. On l'a traîné de prison en
prison, malgré son âge et ses infirmités. La mort l'a sauvé
de la déportation. Il a succombé dans la rade de Brest.
C'était un vieillard de soixante-dix ans. Il avait assisté
à cette bataille d'Austerlitz, dont Louis Bonaparte
célèbre l'anniversaire par le parjure, le meurtre et la
proscription.

SUCHOT, couvreur.

THOMAS , françois, horloger.

TAILLEPIED, menuisier.

THENIL, journalier.

VINCENT, marchand.

VERRY, tailleur.

VERNISSE, journalier.

VOUAGNIER, propriétaire.

CONDAMNÉS

Au bannissement à temps ou à vie.

BENOIT, porcelainier,

COURTAIS, ancien représentant, ancien commandant de la garde nationale de Paris.

CHANTEMILLE, AUGUSTE, avocat.

C'était l'avocat Chantemille, qui avait écrit aux journaux de Paris, pour démentir la fable de cette guillotine imaginée par le procureur Bonnefond. L'une de ses lettres était adressée au *Constitutionnel*. Elle ne parut pas dans le journal ; mais elle passa dans les mains du préfet de police, qui la renvoya au parquet de Montluçon. Ce grief n'a pas peu contribué à faire expulser le jeune avocat du territoire de la République.

LAUSSEDAT, docteur en médecine, ancien Représentant du Peuple et secrétaire de l'Assemblée Constituante.

MONTRIBLOUX, propriétaire.

REBIÈRE, licencié en droit.

L'avocat Rebière a été livré par ces agents que le bonapartisme a enrôlés dans l'Allier et parmi lesquels se trouvait son coiffeur, nommé Bizet. Il avait pris la fuite à travers la neige. Les chasseurs bonapartistes l'ont suivi à la piste et ont fini par l'atteindre.

SIMARD, fondeur.

CONDAMNÉS

A l'internement.

BURROT, tourneur.

DENIER, plâtrier.

GAREL, mineur.

GARDINET, boucher.

LEPIREUX, propriétaire.

MY, aîné, tailleur.

RIBAULT, notaire.

RIGOLOT, pharmacien.

L'Allier a fourni d'autres victimes. Après avoir multiplié autour d'eux les coups de la proscription, le préfet Charnailles et ses collègues ont appelé à leur secours la justice des conseils de guerre, c'est-à-dire la guillotine et le bourreau. Les citoyens, dont les noms suivent, ont été livrés ainsi à la juridiction militaire.

BAILLON, PIERRE.

BOURACHOT, ADOLPHE.

Un frère de Bourachot a été livré avec lui au conseil de guerre. Le même nom, la même famille avait déjà fourni une victime à la catégorie des déportés.

DESMOLES, FRANÇOIS.

FAYOT, BENOÎT.

GALLAY, GEORGES.

GAIL, PIERRE.

NOLHAC, JEAN.

PREVÉRAUD, ERNEST.

Trois frères de ce nom, Ernest, Léon et Honoré, ont été enveloppés dans les mêmes poursuites.

PROTOT, JEAN-BAPTISTE.

RAQUIN; ANTOINE.

RODIER, AUGUSTE.

TERRIER, FÉLIX.

Il y a eu un second Terrier, traduit devant la justice militaire : ils étaient frères, l'un et l'autre, du Représentant du Peuple, compris dans les décrets de bannissement signés par Louis Bonaparte. Un autre membre de la même famille, le mari de la sœur des Terrier, a partagé leur sort.

TIROT, CLAUDE.

VIGNAND, ANTOINE.

Plusieurs de ces proscrits avaient été signalés dans une proclamation du général Eynard, comme *Chefs des pillards du Donjon et des assassins de la Palisse*, parce qu'ils avaient cherché à défendre la République, et leurs biens étaient mis sous le séquestre. Le conseil de guerre, qui a été chargé de les frapper, était présidé par le lieutenant-colonel de la Serre. Puja de Lafitol remplissait le rôle de commissaire du gouvernement. Les autres exécuteurs étaient Pillard, chef d'escadron, Desmé de Lisle, capitaine, Casse, lieutenant, Bernat, sous-lieutenant, Boutron, sergent-major, Fillaire, greffier et Burtin, capitaine-rapporteur.

Ont été frappés de la peine de mort, au nom de Louis Bonaparte, Fayot, de Nolhac, Ernest Préveraud, Honoré, son frère, et les deux Terrier.

Les autres ont échappé à l'échafaud ; mais ils ont été condamnés pour la plupart à expier, loin de la France, dans une enceinte fortifiée, leur culte et leur dévouement pour la Démocratie.

III.

ARDÈCHE.

Membres de la Commission.

DE SAUSSURE, préfet.

FAIVRE, général de brigade.

DHOUDIN, substitut du procureur de la République.

Parmi les légitimistes, qui ont recherché et obtenu des fonctions sous la République, il n'en est aucun, qui ait la conscience plus souple et plus facile que le préfet de l'Ardèche. On pourrait l'accuser de jouer avec ses convictions, si des convictions pouvaient s'allier un instant à cet esprit frivole. C'est le fat de Labruyère, maniant la persécution avec une sorte de pédantisme.

Mêmes sentiments dans le général Faivre ; mais quelle différence de caractère? C'est l'homme des camps, apportant bravement partout la rudesse et la grossièreté du soldat. Il a été dur sans colère et violent sans emportement, comme il convient à un vieux traîneur de sabre.

Le substitut Dhoudin doit à la Révolution de février son
siége de Privas. Il montrait, dans les premiers temps de
la République, un zèle bruyant pour la démocratie. C'était
l'ami ou plutôt le valet des représentants du peuple, que les
électeurs de l'Ardèche avaient envoyés à l'Assemblée nationale. Un pareil souvenir devait l'embarrasser. Il aura voulu
l'effacer sans doute, en proscrivant l'un de ces représentants, l'ancien procureur général de Nîmes, Combier,
auquel il devait sa position judiciaire.

Il a su donner d'autres gages à la cause du dictateur.

Quand la circulaire ministérielle, qui conseillait hypocri-
tement la clémence, arrive à Privas, Dhoudin fait mine de lui
désobéir. Le prédécesseur de Saussure, Chevreau, qui n'avait
pas encore quitté le département l'engage à céder; il résiste.

« Que nous importe! s'écrie-t-il; la responsabilité des
coups que nous frappons n'est pas pour nous. »

Il fait relâcher cependant quelques citoyens. Mais il lance
de nouveaux mandats et la prison compte bientôt le même
nombre de victimes.

« Soyez tranquilles, dit-il aux confidents et aux complices
de sa fureur; nous avons toujours notre compte. »

CONDAMNÉS

A la déportation à Cayenne,

BIOLET, JOSEPH, propriétaire.

SIOL, carrossier.

TOURNAIRE, bottier.

Ces trois proscrits ont trouvé une place sur la barque dans laquelle une douzaine de fugitifs ont échappé aux géoliers de la Guyane, pour aller prendre terre à Brands-wacht, sous le pavillon Hollandais.

CONDAMNÉS

A la déportation en Algérie.

AUDONAR, propriétaire.

BONNAND, propriétaire.

BOISSIN LAROCHE, aîné, propriétaire.

BRIAND, ancien juge de paix.

COULET, ancien notaire.

CLOT, propriétaire.

DURAND, prepriétaire.

ESPIC, propriétaire.

GUÉREMAND, médecin.

GAMIN, FIRMIN, avocat.

LANCIER, ouvrier.

LAROCHE, JEAN, propriétaire.

NÉGRE, architecte.

PLANET, propriétaire.

PELLIN, propriétaire.

PRAT, MICHEL, meûnier.

QUIOT, maçon.

Un frère de Quiot a été déporté avec lui en Afrique.

RÉDARÉS, patissier.

RICHARD, tailleur de pierres.

TERRASSE, propriétaire, ancien maire.

VIGOUREUX, officier de santé.

CONDAMNÉS

Au bannissement à temps ou à vie.

BÉRARD, propriétaire.

L'arrêt, qui exilait Bérard, a été suivi d'un autre, qui a chassé également son fils, un jeune homme, du territoire de la République.

COMBIER, Représentant du peuple.

Le Représentant Combier était déjà compris dans le décret d'expulsion, qui avait frappé une partie de l'Assemblée nationale. Mais il était absent de Paris au moment du coup d'État. Les proscripteurs de l'Ardèche l'avaient sur leurs terres : il devait leur appartenir.

COSTE, avocat, ex-commissaire de la République.

CROLTE, MAURICE, négociant.

MARNAS, propriétaire.

IV.

CHER.

Membres de la Commission.

DE BARRAL, préfet.
DE MORTEMART, général de division.
CORBIN, procureur-général.

Allié aux Tascher et aux Bonaparte, le préfet de Barral a travaillé pour sa famille en comprimant le Cher. Il ne s'était guère signalé, avant le 2 Décembre, que par le vœu qu'il avait émis au Conseil général de l'Isère. Il y avait demandé, au nom de l'ordre, c'est-à-dire de la monarchie, la révision du pacte national. C'était le jeu de Louis Bonaparte à cette époque : il essayait d'une émeute morale contre la Constitution, pour pouvoir ensuite l'égorger plus à son aise.

Le général Mortemart est un ancien légitimiste ; mais il n'a pas hésité, dans les premiers jours de Décembre, à tendre la main à l'héritier bâtard de l'empire. Il avait déjà montré sa haine contre la République, en donnant une somme de soixante mille francs à l'*Ami du Peuple*, qui, sous un nom jadis cher aux masses, prodiguait l'injure à la Démocratie.

Son âge, qui n'est plus celui des passions, semblait devoir l'éloigner de la violence; mais il n'a pas su respecter ses cheveux blancs. Seulement, il a frappé en vieillard, appelant la ruse au secours de la force et se cachant, pour ainsi dire, derrière ses pièges.

On l'a vu descendre à un guet-à-pens digne tout au plus d'un agent de police. C'est contre la population de Meillant qu'il avait dressé son traquenard. Il s'agissait pour lui d'atteindre quelques douzaines de démocrates, qui lui avaient donné des insomnies après la Révolution de Février et qui pouvaient lui en donner encore. Il trouva prudent de les attirer à l'écart, pour s'en débarrasser. L'ordre est un jour donné aux hommes de Meillant de se rendre à Bruère, sur la route de St.-Amand à Bourges, sous prétexte d'y déposer dans l'affaire d'un de leurs concitoyens. Les témoins se mettent en route au nombre de cinquante environ. Ils s'étaient parés comme pour une fête. A peine sont-ils arrivés à Bruère, que la troupe les cerne et les enlève. La plupart ont été déportés en Algérie. Le vieux général n'aura plus peur sans doute des Républicains de Meillant.

Quelle figure douce et paisible que celle de cet exécuteur à côté du procureur Corbin! Voici le véritable magistrat des guerres civiles! Comme il porte dignement cette robe rouge! et quel éclat sinistre il lui prête par ses emportements et ses violences!

Il y avait longtemps que Louis Bonaparte avait reconnu dans Corbin le meilleur des séides. Avant de porter la main sur la Constitution, il lui avait offert le ministère de la Justice. Mais l'habile magistrat avait refusé. Les grandes ambitions savent attendre. Dès le matin du coup d'État, l'ambitieux se révèle. Constitution, droit, justice, tout est sacrifié par le procureur-général de Bourges à l'audacieux dictateur, qui s'empare de la République. Corbin s'empresse d'écrire aux juges de paix de son ressort et il se montre familiarisé, dès le début, avec tous les mensonges de la politique bonapartiste.

« Le président, dit-il, a fait appel au peuple pour décider les destinées de la France; réprimer les factions, prévenir l'anarchie et sauver le pays, voilà l'œuvre patriotique à laquelle il s'est dévoué. »

Jamais plus insolent mépris de la loi n'avait été montré aux yeux d'un peuple par le magistrat chargé de la défendre.

Bourges assiste bientôt à un spectacle plus odieux encore. Le procureur-général lance la force publique contre les citoyens restés fidèles à la loi. Il les fait poursuivre de tous les côtés avec acharnement.

La ville de St-Amand est surtout l'objet de ses rigueurs. Il n'a pas oublié, s'il faut en croire les habitants, l'accueil qu'il y a reçu au moment des élections de l'Assemblée législative. Il était le candidat de ce parti de l'ordre, dont le triomphe a été si dignement inauguré au 2 Décembre. Il se présente à St-Amand, pour soutenir sa candidature. L'Assemblée était nombreuse; mais elle avait entendu, la veille, les candidats [de la Démocratie. A peine l'avocat-général de Louis Bonaparte a-t-il pris la parole, qu'un bruit sourd et confus se fait entendre dans la salle. Des milliers de hannetons avaient été lâchés et l'orateur ne tardait pas à en être couvert. Il dut se retirer devant cette invasion au milieu des éclats de rire de la foule. C'est cette injure qu'il a voulu punir. On disait à St-Amand : « Il se venge des hannetons. »

Ses exploits ne se bornent pas au Cher : ils embrassent la Nièvre , cette forteresse de la démagogie , comme disent les amis du dictateur.

Une récompense était due à tant de dévouement et de résolution. Louis Bonaparte a fait de Corbin le premier président de la cour de Bourges.

D'autres agents se signalent à côté de ces chefs des vengeances bonapartistes. Parmi eux se font remarquer Boire , le procureur de la République de Saint-Amand, et le sous-préfet de la même ville , Géreault, connu autrefois par son exaltation démocratique , plus connu par une chanson dont le refrain s'exprimait ainsi :

« Philippe a vécu trop longtemps. »

Il faut joindre à ces noms ceux de Malherbes , juge de paix , et Lambert , commissaire de police. C'est ce commissaire qui a étendu mort , à ses pieds , un citoyen sans armes , le tailleur de pierres, Boileau , au moment où il entrait dans la cour de la sous-préfecture , avec quelques autres citoyens, qui réclamaient des nouvelles sur les événements de Paris.

Voici le récit de cette scène , d'après des témoins oculaires.

C'était dans la soirée du 3 décembre. La population de Saint-Amand était calme ; mais une sombre inquiétude agitait les esprits. Que se passait-il au sein de la capitale ? Aucune nouvelle ne circulait. Des groupes se formaient spontanément au milieu de cette incertitude, toujours si cruelle dans les révolutions. Une colonne se dirige vers l'hôtel du sous-préfet. Ce sont des citoyens paisibles, qui marchent sans bruit et vont demander au premier magistrat de la ville ce qu'il sait des événements dans lesquels se trouve engagé le sort de la France. Arrivés à la porte de la sous-préfecture, ils y trouvent le commissaire de police, Lambert, qui leur demande brusquement ce qu'ils veulent.

« Des nouvelles, répond Boileau, que le hasard avait placé à la tête de la colonne.

« Vous n'entrerez pas. »

Et, en disant ces mots, l'agent de Louis Bonaparte repousse vivement son interlocuteur. Boileau insiste ; mais Lambert tire un pistolet et le décharge à bout portant sur sa victime. La balle avait traversé la mamelle gauche. L'infortuné Boileau avait cessé de vivre.

Accablé par tant de rigueurs, le département du Cher a dû supporter encore l'invasion de deux lieutenants de Louis Bonaparte.

Le premier était Carlier, dont l'Yonne a déjà essuyé les fureurs. Il était envoyé, comme on l'a vu, en qualité de commissaire dans quelques départements du Centre. Il se présente à Bourges et il inaugure sa mission par ces paroles : « Il me faut vingt paletots. » Digne interprète de la pensée du maître, il affectait de faire la guerre aux habits, pour égarer le peuple et tromper sa foi républicaine. Mais il devait tomber bientôt sur tous les démocrates.

Le second était moins habile; mais il se réservait d'être plus violent. C'était le général d'Alphonse, espèce de soldat masqué en officier. Il a eu la triste gloire de commander, le premier, l'une de ces cohortes, qui ont parcouru la France, en s'arrogeant tout les droits de la conquête. La bande et le chef étaient dignes l'un de l'autre.

Un jour, le général arrive à St.-Amand. Il appelle autour de lui sa colonne avec quelques habitants, qui s'associent sans pudeur à ces tristes expéditions.

« Soldats, dit le lieutenant de Louis Bonaparte, avez-vous bien mangé et bien bu cette nuit? »

Les officiers répondent à cette question par un signe d'assentiment.

« Il ne faut rien se ménager, ajoute l'orateur de caserne, pour en finir bientôt avec ces brigands de socialistes. »

Puis se tournant vers les gardes nationaux :

« Et vous, pompiers? On m'a dit que vous êtes dévoués à l'ordre, comme au neveu de l'Empereur. Mais je remarque avec douleur que vous n'êtes pas nombreux. Il faut que vous fassiez des petits, pour vous débarrasser de tous ces scélérats. »

S'adressant alors à Lambert, l'assassin de Boileau :

« Vous êtes le commissaire de police ?

— Oui, mon général.

— Je vous félicite de votre belle conduite. Mais je dois mêler un blâme à cet éloge....

— Un blâme ?

— Oui ; vous aviez un pistolet à quatre coups et vous n'avez tué qu'un de ces brigands. »

Ce langage violent et cynique était interrompu par des juremcnts, qui ne peuvent être reproduits, parce qu'il en est aujourd'hui comme du temps de Tibère : les Césars ni leurs valets ne sauraient donner aux mots le droit de cité.

CONDAMNÉS

A la déportation en Algérie.

ANDRÉ , marchand tisserand.

ARMAND , GILBERT , cultivateur.

APPART , secrétaire de la mairie de Meillant.

Garrotté comme un criminel , au moment de son arrestation, Appart a dû faire un voyage de dix lieues avant d'être incarcéré. Les fers , pendant le trajet , avaient meurtri et labouré ses chairs. Brisé par la douleur et par la fatigue, il est plongé dans un cachot et c'est en vain qu'il réclame de l'eau, pour calmer la soif qui le dévore. Appart avait été instituteur dans la commune de Meillant ; il porte un nom honorable et s'est allié à une riche famille du Cher.

ARTURION , propriétaire.

BARBEAU , maître charpentier.

BLANBOULET , cultivateur.

Avant d'être conduit à Bourges, Blanboulet s'était caché dans un bois, pendant une quinzaine de jours. Perdant l'espoir d'échapper aux sbires qui le poursuivaient , il avait voulu recourir au suicide. Sa tentative avait échoué. Blanboulet n'avait été que défiguré par le coup de feu, qui devait le délivrer de la vie. C'est dans cet état qu'il a été traîné dans les prisons du Cher et, bientôt après, au fort d'Ivry pour être envoyé en Afrique.

BLONDERON , mineur.

BONNIN , maçon.

BRIMUS , cultivateur.

BURLIN , menuisier.

CARCAILLAT , sellier.

CARRÉ , propriétaire , ex-officier.

CASSIOT , tonnelier.

CHESNEAU , propriétaire.

COLLIN , cultivateur.

Le fils de Collin a été compris , avec son père , parmi les déportés.

COUILBAUD , cultivateur.

COUILLORD , forgeron.

DELORME', peintre en bâtiments.

DESNOUES, cultivateur.

DELOUCHE, cultivateur.

DIDIER, limonadier.

DUCLOUX, serrurier.

DUPARC, serrurier.

C'est un vieillard d'environ soixante-dix ans. Sa femme et sa fille vont le visiter en prison dans les premiers jours de mars. Les adieux de l'exil, à cet âge, sont des adieux éternels. Duparc laisse échapper des larmes. « Brigand, lui dit le geôlier, il fallait pleurer avant de commettre ton crime. » L'insulte tombait, avec la proscription, sur cette tête que la vieillesse avait consacrée.

FIOU, négociant.

FOULTIER, serrurier.

Grâce à l'énergie qu'il avait déployée dans les premiers jours de la République, Foultier avait préservé le général Mortemart et sa propriété de Meillant des violences qui les menaçaient. « Je vous confie la garde de mon château, » lui avait dit son opulent voisin. Quatre ans après, le vieux châtelain l'arrachait à sa famille et le jetait dans un convoi de proscrits.

FENAT, boulanger.

GEBEL, aubergiste.

GIGAUNON, marchand de nouveautés.

GILLON , menuisier.

GRAVE , menuisier.

Ce proscrit est père d'une nombreuse famille. Il a laissé huit enfants dans la misère.

GUÉMY , Edmont , propriétaire , ancien maire.

HARDY , cloutier.

LAGARDE , facteur rural.

LAMOUROUX , tailleur.

LANCELOT , cultivateur.

LAMBIN , peintre.

LAUDY-FAUVEAU , cordonnier.

MACQUART , employé.

PENOUILLE , chef d'atelier.

PETIT, coutelier, lieutenant de la garde nationale.

PERRIN , cultivateur.

PINÇART , entrepreneur.

PODEAU , serrurier.

PONTOIS , couvreur.

POUVEL , boulanger.

RAGON , boulanger.

RAILLARD , cultivateur.

RAISIN , chef d'atelier.

RENÉ, Cristin , rentier.

RENAUD , serrurier.

RENOM , propriétaire.

RICARD , perruquier.

ROCHETTE , tailleur.

ROTILLON , clerc d'avoué.

SIMOUL , cultivateur.

Deux fils de Simoul ont été arrêtés avec lui et le même convoi les a transportés en Afrique.

SEVAT , tailleur.

Un rhumatisme articulaire clouait Sevat à l'hôpital, quand il a été enlevé avec les autres proscrits. L'humanité elle-même perd ses droits devant les tyrans.

SIMONNEAU , cultivateur.

SERVAT , avocat.

TINETTE , Léonard , propriétaire.

VIAL , propriétaire.

VINCENT, propriétaire, adjoint au maire.

Poursuivi par une bande bonapartiste, Vincent essaye de lui échapper, en gravissant un talus. Un cavalier lui lance un coup de sabre et lui coupe deux doigts. Il reçoit aussi une blessure au front. On ne l'avait pas encore pansé, quand il a été transporté au fort d'Ivry. C'est un vieillard, qui a près de soixante-quinze ans.

CONDAMNÉS

Au bannissement à temps ou à vie.

AUDEBRAND, Frédéric, propriétaire.

Deux citoyens du même nom et de la même famille ont été bannis avec lui du territoire de la République.

BAILLOT, prêtre.

L'abbé Baillot avait été aumônier militaire pendant vingt-cinq ans. Ses opinions politiques lui avaient fait perdre ce titre. Conduit à St-Amand, à la suite du 2 Décembre, il a vainement demandé pendant plusieurs jours du tabac à priser. Les instances de quelques autres détenus, tourmentés par le même besoin, n'ont pas produit plus d'effet et ces malheureux, pour échapper au supplice d'une privation, qui leur donnait le vertige, se sont vus réduits à griller du pain, qu'ils réduisaient en poudre.

BENOIT, JULES, clerc d'avoué.

COMMAILLE, médecin.

DEPUICHAULT, ARISTIDE, avocat.

DUGESNE, docteur en médecine.

FORCEAU DES BARRES, propriétaire.

MENNESSON, propriétaire.

MERCERET, propriétaire..

PORTE, libraire.

TATEREAU, jules, charron.

VINCENT, propriétaire.

CONDAMNÉS

À l'internement.

AUGER, bûcheron.

AUROUX, charpentier.

BECHETET, menuisier.

BÉTARD, entrepreneur.

On doit à Bétard la plus grande partie des travaux du chemin de fer du Centre. Homme intelligent et actif, il s'est acquis par son industrie une immense fortune. On a été sur le point de le déporter, au nom de l'ordre, de la propriété et de la famille.

CANDELET, cordonnier.

Incarcéré pendant quelque temps à Bourges, Candelet avait été renvoyé à Vierzon. La police apprend qu'il s'est présenté, à son retour, chez la mère de Félix Pyat. Elle trouve qu'*il relève trop tôt la tête*. Il subit une seconde détention et finit par être interné.

CHAPUIS, cordonnier.

CHEVREAU, cordonnier.

COUGNY, peintre.

DESMOULINS , charbonnier.

DEVIERNE , boulanger.

EMMANUEL , propriétaire.

FOUCHER , horloger.

GABILLAT , barbier.

GIGOT , cultivateur.

GIBIOT , propriétaire.

GOGUETTE, mouleur.

GORMEAU , charpentier.

LAVAL , médecin.

LEVÊQUE , vigneron.

MARTIN, taillandier.

MERCIER, mouleur.

MOUTON, charpentier.

PALLIOT , vigneron.

PASCAUT , maréchal.

PICOT, vigneron.

PETIT , ex-conducteur des ponts et chaussées.

PETIT-COIRE, journalier.

Une colonne militaire avait enlevé Petit-Coire avec quelques autres habitants d'Henrichemont. Il était détenu à Bourges. Sa femme va trouver le procureur de la république et s'informe des motifs de sa détention. « C'est le maire de la commune, qui nous l'a signalé comme un homme dangereux, » lui dit le magistrat. A ces mots, la femme se retire et court trouver le maire. « Que vous a donc fait mon mari, s'écrie-t-elle, pour le jeter ainsi en prison ?— Ce qu'il m'a fait? Rien du tout. J'ignore même pourquoi il est renfermé. — Vous devez le savoir : c'est vous qui l'avez dénoncé au procureur de la république. J'ai vu la lettre. Que vous a-t-il fait ? — Il y a deux ans qu'il ne me salue plus. » Le maire d'Henrichemont se nomme Germain.

QUENTIN, menuisier.

RADUREAU, plombier.

ROLLET, propriétaire, membre du conseil général.

RUELLE, clerc d'huissier.

SEVAT, propriétaire.

VAILLANT, étudiant en droit.

V.

INDRE.

Membres de la Commission.

BERGER, préfet.

DE VILLERS, colonel.

PROTADE-MARTINET, procureur de la République.

On a vu quelquefois des bourreaux danser en face de

leurs victimes, au pied de la potence ou de la guillotine. —
Le préfet Berger appartient à cette classe d'exécuteurs.
Il joue avec la violence ; mais il trébuche , comme un
enfant, dans ses fureurs. C'est l'*Étourdi* de notre théâtre,
jeté brusquement dans une situation tragique.

Il semble qu'il ait voulu servir de pendant à son père,
ce lourd et gros administrateur de la Seine, qui s'appelait après février *le maire des barricades* et qui ne siége
sans doute à l'hôtel de ville, que pour représenter avec
plus d'éclat, dans le palais même de la Révolution, le
cynisme des apostasies. Les deux figures se valent et se
complètent ; elles représentent, avec leur double physionomie, le côté grave et le côté bouffon de la tyrannie bonapartiste.

Un sabre devait figurer ici comme ailleurs. Ce sabre
s'appelait de Villers : il a frappé autant qu'on a voulu.

Le procureur de la République , Martinet, devait son
siége à l'ancien commissaire du département, Fleury,
qu'il avait fatigué de ses démonstrations républicaines. Il
s'en est souvenu pour l'envoyer en exil. Pourquoi ne l'a-t-
il pas jeté à Cayenne ou à Lambessa ? Son intérêt ne
l'exigeait point. La vertu après l'argent , disait l'avare
d'Horace. La justice après ma place , dit le procureur
Martinet. C'est lui qui a dirigé la persécution dans
l'Indre. Le dévouement aveugle du colonel de Villers et
l'ardeur juvénile du préfet Berger avaient besoin d'un tel
guide.

Quand la liste des proscrits a été dressée, Martinet a
voulu la porter lui-même à Paris , où le ministre de la

4

justice l'a récompensé de son zèle, en l'appelant au parquet d'Orléans.

Plus d'un fonctionnaire zélé s'est associé aux fureurs et aux emportements du procureur de Châteauroux. Un juge, Delouche-Pemmoret, a paru se signaler plus que les autres. A côté de lui se placent Moreau, conseiller de préfecture et Dardant, commissaire de police, qui a épouvanté par ses violences la petite ville d'Argenton.

Il y a eu aussi, en dehors de l'administration, quelques proscripteurs volontaires, tels que Doucet, banquier, et Darchy, commandant de la garde nationale.

Mais le plus fougueux a été Bryas. Il s'était rangé, à une autre époque sous le drapeau du socialisme, parce qu'il voulait devenir le candidat de la démocratie. Il s'est rallié surtout au coup d'État, pour être membre du corps législatif. Rien ne devait lui coûter pour obtenir ce titre. C'est le Prince de Machiavel dans un village. Le voilà maintenant heureux et triomphant dans ce parlement de muets, qui s'associe à toutes les débauches de la dictature bonapartiste.

CONDAMNÉS

A la déportation en Algérie.

BAGNAC, cultivateur.

BARONNET, ancien notaire.

Les commissions militaires, dirigées par le général Bertrand, l'avaient déjà frappé à Paris où il résidait habituellement. Beaucoup de citoyens ont été atteints, comme lui, par plusieurs proscriptions, qui semblaient se disputer les victimes.

BERGÉRIOUX , propriétaire.

CLAVERIE , cultivateur.

CONSTANT , tapissier

COUSSET , ex-procureur de la république.

Plusieurs brigades vont arrêter Cousset dans les premiers jours de décembre. Les gendarmes se présentent, le sabre dans une main et le pistolet dans l'autre. A l'aspect de ces hommes, qui ressemblaient assez à une bande de brigands, Mme Cousset, déjà malade, fut saisie de terreur et tomba dans d'affreuses convulsions. Un maréchal-de-logis, nommé Veslet, plus humain que les autres, accourt auprès d'elle pour lui donner quelques soins. Il est cassé bientôt après. Son humanité le perdait, en manquant de respect à la tyrannie.

DEFRESSINE, clerc d'avoué.

GARNIER, peintre.

JAMEL , cultivateur.

LAMBERT, rédacteur du *Travailleur de l'Indre.*

LAPLANTINE, propriétaire.

LAVILLAUROY, serrurier.

Averti du sort qui le menaçait, Lavillauroy s'était dérobé

aux recherches de la police. Le juge-de-paix d'Argenton, Duchâteau, l'un des proscripteurs les plus ardents de l'Indre, se rend auprès de sa femme et lui dit qu'il n'est condamné qu'à l'internement. Le malheureux, trompé par cette nouvelle, se hâte de quitter sa retraite. Il est saisi par la force publique et dirigé sur Lambessa.

LUMET, vigneron.

MOREAU, vigneron.

PARISOT, ex-agent-voyer.

PATUREAU-FRANCOEUR, vigneron.

ROSSIGNOL, serrurier.

REIGNER, huissier.

VILLOTTE, mécanicien.

CONDAMNÉS

Au bannissement à temps ou à vie.

AMOUROUX, rédacteur du *Journal de l'Indre*.

AUCANTE, clerc d'avoué.

BONNE, cultivateur.

CHALEBAIX, menuisier.

CONFOLENS, médecin.

CHATELAIN, propriétaire.

DAUPHIN, instituteur.

DUPERTUIS, docteur en médecine.

DULOUP, cultivateur.

ECHARD, instituteur.

FLEURY, ancien représentant du Peuple, conseiller général.

FROMENTEAUX, vigneron.

GABARD, charpentier.

GIRAUD, médecin.

LAPERRINE, clerc d'avoué.

LELIÈVRE, carrossier.

LIBERT, notaire.

MARTIN-FALBERT, avocat.

MORUET, ancien huissier.

PÉRIGOIS, propriétaire.

PRUNGER, ex-notaire.

SALLÉ-LUCAS, propriétaire.

CONDAMNÉS

A l'internement.

BARBOU, ancien avoué.

BLONDEAU, propriétaire.

BRIAUX, menuisier.

BEUCHER, négociant.

BAUDRY, tailleur.

BRETON, propriétaire.

BARRIER-CHALIÈS, marchand.

BOUTET, pharmacien.

BONNET, notaire.

CANUET, avoué.

Un autre membre de la même famille a été frappé de la même peine.

CHICOT, cordonnier.

CASSONET, marchand.

CLAVELER, propriétaire.

CHASSÉNAT, avocat.

On attribue l'internement de Chassénat à des haines privées. Il inquiétait des créanciers de son père, qui avaient obtenu une cession de biens très-avantageuse. C'étaient des *amis de l'ordre*. Le gouvernement de Louis Bonaparte les a débarrassés de ce fils importun.

CIROD, propriétaire.

CHIDAINE, épicier.

DAUPHIN, ancien instituteur.

DESMOULINS, docteur en médecine.

DEMOUSSEAUX, ancien greffier.

Poursuivi déjà avant le 2 Décembre pour son républicanisme, Demousseaux avait été contraint de vendre sa charge. La proscription ne s'est souvenue de cette première injustice que pour le frapper de nouveau.

FOURGERON, avocat.

GARNIER, peintre.

C'est le frère du proscrit dont le nom figure plus haut
parmi les déportés.

> GERMANN, négociant, conseiller d'arrondisse-
> ment et commandant de la garde nationale.
>
> GOUBEAU, propriétaire.
>
> LAVIER, papetier.
>
> MADROLLE, maréchal-ferrant.
>
> PÉRINET, mécanicien.
>
> PLUMEREAU, agent d'affaires.
>
> RAYMOND, ex-agent-voyer.
>
> RIMBOEUF, marchand ambulant.
>
> SALMON, cultivateur.

Ce proscrit a plus de soixante-dix ans. Il est père d'une
nombreuse famille. Quelques-uns de ses enfants sont encore
assez jeunes.

> TOUCHARD, docteur en médecine.
>
> VALETTE, charpentier.

Les partisans de Louis Bonaparte reprochaient à Valette
d'avoir refusé, quelques mois auparavant, de dresser la
guillotine pour une exécution. Cet honnête charpentier
méritait, à coup sûr, d'être considéré comme un socialiste
des plus redoutables. Refuser à la guillotine son piédestal
au moment où la monarchie relève son trône, quel crime

abominable! Valette courait le risque d'aller expier ce crime en Afrique. Mais l'intervention de George Sand l'a sauvé des rigueurs de la déportation.

VI.

INDRE-ET-LOIRE.

Membres de la Commission.

BRUN, préfet.

COURTIGIS, général de division.

MIRON DE L'ESPINAY, procureur de la République.

On devait tout redouter de ce triumvirat.

Brun, préfet d'Indre-et-Loire avait été révoqué de ses fonctions dans les derniers jours de novembre et il attendait un successeur. Neveu du Représentant Baze, il ne pouvait inspirer que de la défiance, depuis que le questeur s'était mis en guerre ouverte avec l'Élysée. Le coup d'État lui fournit heureusement l'occasion de montrer son zèle. Il se hâta de jeter en prison tous les républicains, qui jouissaient de quelque influence. C'est ainsi qu'il ressaisit sa préfecture. Une dépêche télégraphique lui apprit que le gouvernement était content de lui et le laissait à Tours.

Le général Courtigis avait commandé l'une des brigades de l'armée de Paris au moment du coup d'État et s'était

montré digne de la confiance de Louis Bonaparte. On avait
fait de lui, après l'attentat, le geôlier des Représentants
renfermés à Vincennes. Il avait au nombre de ses prisonniers le général Laidet, dont il avait été, à une autre époque,
l'aide-de-camp. Il voulut lui exprimer sa sympathie.

« Gardez votre pitié, lui dit Laidet, je préfère mon sort
au vôtre.

— Général, j'ai fait mon devoir.

— Dites votre métier. »

Le lieutenant de Louis Bonaparte ne jugea pas à propos
de pousser plus loin le dialogue. Quelques jours après,
il était nommé général de division.

Miron de l'Espinay n'était guère connu que comme fils
d'un ancien membre de la cour prévôtale d'Orléans ; triste
héritage de famille, plus triste encore lorsque l'héritier
ne craint pas d'ajouter à cette succession de colères et de
haines! On dit que le procureur de la République près le
tribunal de Tours a voulu se montrer digne son nom.
Il n'a pas rougi de proscrire plusieurs démocrates, qui
avaient été relâchés quelques jours auparavant, en vertu
d'une ordonnance judiciaire à laquelle il avait concouru.
Le magistrat n'existait plus : il avait été remplacé par un
valet aux gages de la tyrannie.

Quelques coryphées du royalisme soutenaient et exci-
taient ces trois commissaires, si dignes l'un de l'autre.

Parmi ces volontaires de la tyrannie, on a remarqué
César Bacot, ancien député, Laroche-Aymond, ex-colonel
de la garde royale, Victor Lezarche, maire de Tours sous
le règne de Louis-Philippe, et le banquier Cochard.

Le département d'Indre-et-Loire, que sa mauvaise fortune livrait à de pareils exécuteurs, doit se trouver heureux d'en avoir été quitte à si bon marché.

CONDAMNÉS

A la déportation en Algérie.

BLANCHET, perruquier.

MOREAU, serrurier.

PINET, FLORENT, menuisier.

Ces trois proscrits ont été arrêtés sur un ordre du préfet vers la fin du mois d'avril, quelques semaines après que la commission départementale avait cessé de proscrire.

CONDAMNÉS

Au bannissement à temps ou à vie.

BOUILLARD, ex-pharmacien.

Il avait quitté le département l'année précédente.

CARRÉ, propriétaire.

Arrêté dans son domicile, vers la fin de mars, Carré s'est vu conduire à la frontière par deux agents qui voyageaient à ses frais. Il avait dû consigner, avant son départ, une somme de trois cents francs. Une partie de cette somme devait lui être remise, parce que les agents ne payaient qu'une demi-place. Mais les sbires de Louis Bonaparte prétendaient la garder pour leurs plaisirs. Quand le convoi arriva à la frontière, la gendarmerie belge, qui ne suit pas encore les exemples de l'Élysée, fut obligée d'intervenir pour faire rembourser le proscrit. Il appartenait au gouvernement du héros de Boulogne de rançonner jusqu'à l'exil.

CHALIÈS, officier de santé.

Huit gendarmes arrêtent Chaliès dans la matinée du 20 décembre, et, sous prétexte de le conduire à Tours, ils le promènent, la chaine au cou, à travers les communes rurales où il exerçait sa profession. C'était un avis adressé aux paysans, qui se groupaient autour des mairies. Là, comme ailleurs, le peuple a voté à la vue des fers imposés partout aux républicains. Ces prisonniers de la police bonapartiste, montrés insolemment aux électeurs, n'étaient que l'image trop fidèle du suffrage universel, traîné captif devant les urnes.

DAVID, ancien instituteur, l'un des rédacteurs du *Progrès d'Indre et Loire.*

GIRARD, avoué.

LEBLANC, huissier.

LOREAU, médecin.

NAINTRÉ, avocat, rédacteur en chef du *Progrès.*

PESSON, ancien agréé.

CONDAMNÉS

A l'internement.

CHAUVELIN, THÉODORE, avocat, rédacteur du *Progrès*.

DUBRAC, médecin.

DENIAU, géomètre.

LÉGER, ancien instituteur.

THÉVENIN, ancien instituteur.

VINCENT, architecte.

VII.

HAUTE-LOIRE.

Membres de la Commission.

GIRARD DE VILLESAISON, préfet.

MAUDUIT, général de brigade.

MALBET, procureur de la République.

Une destitution brutale enlevait le préfet Girard à la Haute-Loire, le lendemain de la proscription. Il n'avait pas servi sans doute avec assez de zèle les passions ardentes, qui s'agitaient autour de lui. Le général Mauduit et le procureur Malbet n'ont pas été révoqués ; mais ils n'ont reçu aucune récompense. Ont-ils été à leur tour coupables de mollesse ?

Quand les maîtres s'effacent, les valets commandent. Parmi ces valets que le bonapartisme a recrutés pour satisfaire ses vengeances, il faut citer avant tout le procureur de Brioude, Bouffy et un juge d'Issengeaux, nommé Laroque. L'un de ces magistrats, Bouffy, avait été vice-président d'une société secrète sous la royauté. Quelle heureuse situation pour proscrire ! Le rénégat aidait le persécuteur et dirigeait ses coups.

La première place parmi les proscripteurs de la Haute-Loire appartient toutefois au sous-préfet Rochette. Il faut que le bonapartisme n'ait pas su l'apprécier convenablement pour ne pas lui donner un rôle plus élevé. On dit qu'il est radicalement incapable et qu'il ne mériterait.pas d'être secrétaire d'une mairie de village. Mais qu'importe? Est-ce que la force a besoin d'avoir de l'esprit?

On jugera par ce trait de ce que peut faire le sous-préfet Rochette.

Un cultivateur, qui avait le tort d'être républicain, Barnier, était détenu depuis plusieurs semaines. Sa famille se composait de cinq membres, sa femme, trois enfants jeunes encore et une belle-mère d'un âge avancé. Elle n'avait d'autre ressource que le travail de son chef, qui vivait avec les siens du produit de quelques fermages. Qu'allait-elle devenir? Le moment était venu où l'un de ses champs devait être ensemencé. Il fallait préparer le sol à recevoir le grain. Quelques voisins, réunis dans une pensée généreuse, forment une colonne agricole, vont labourer le champ et se retirent. La terre était prête; la semence pouvait lui être confiée, et comme le soleil n'obéit pas encore aux despotes, la moisson allait germer dans ces sillons, que la fraternité venait d'ouvrir. C'était une famille sauvée de la faim.

Rochette l'apprend; il s'emporte, il s'irrite. Il veut qu'on arrête les citoyens pervers, qui n'ont pas craint de labourer le champ d'un démagogue promis à la justice de Louis Bonaparte et de conspirer, en quelque sorte, avec la nature au profit des victimes du dictateur. On cherche ces complices de la terre et du soleil; mais il est impossible de découvrir leur traces.

« Qu'on arrête la femme de Barnier, » s'écrie le sous-préfet.

L'ordre est exécuté. On enlève à ses enfants cette malheureuse mère de famille : elle est conduite en prison et confondue avec des femmes flétries.

Barnier, à cette nouvelle, est transporté de fureur : il pousse des cris affreux, déchire ses mains dans une sorte de rage et n'apercevant nulle part une justice pour châtier tous ces excès : « Il n'y a point de Dieu, s'écrie-t-il avec désespoir. S'il y en avait, la foudre aurait déjà écrasé ce misérable, qui ne respecte ni les femmes ni les mères! » La femme de Barnier est restée trois jours en prison-

Ses enfants et sa vieille mère, abandonnés à eux-mêmes, cherchaient vainement des secours. La terreur avait glacé toutes les âmes : les mains les plus généreuses restaient fermées. Comment n'aurait-on pas tremblé devant cet homme, qui poussait le cynisme jusqu'à menacer une femme, la tante des frères Maigne, représentants de la

Haute-Loire, parce qu'elle envoyait des vivres au mal-heureux Barnier?

Le gouvernement de Louis Bonaparte ne pouvait rencontrer un plus digne interprète. L'humanité devient un crime en face de ces dictateurs, que la soif du pouvoir pousse à tous les forfaits.

CONDAMNÉ

A la déportation à Cayenne.

CUSSINEL, charpentier.

CONDAMNÉS

A la déportation en Algérie.

BESSEYRE, aubergiste.

CUSSINEL, ouvrier.

C'est le frère du proscrit de ce nom, qui a été envoyé à la Guyane.

DUCROS, ex-agréé du tribunal de commerce.

DUFAUT, cultivateur.

JOUVE, conducteur des ponts et chaussées.

Deux voitures portaient du Puy à Yssengeaux les victimes de la Haute-Loire. La foule accourt pour les voir et le juge d'instruction Laroque se montre au premier rang. Il aperçoit Jouve au milieu des autres prisonniers.

« Voilà donc celui qui fait la mauvaise tête! s'écrie-t-il. Heureusement que Lambessa va réformer son caractère. — Ce n'est pas vrai, répond du sein de la foule une voix émue et indignée. — Qui vous donne le droit de m'adresser un démenti, répond avec colère l'homme du code pénal? — Mon titre de père, » ajoute l'interlocuteur, et comme si ce mot lui avait donné une sorte d'autorité sur ce magistrat à la fois odieux et ridicule : « Vous devriez bien attendre, lui dit-il, que je sois parti, pour jeter ainsi l'insulte à mon fils.»

C'était en effet le père de Jouve. Il avait suivi la voiture qui emportait son fils, pour pouvoir lui serrer la main à chaque étape. On lui a refusé cette consolation dans la prison d'Yssengeaux.

TRIOULIER, maître d'hôtel.

CONDAMNÉS

Au bannissement à temps ou à vie.

DARLES, propriétaire.

DUCHAMPS, avocat.

PERRIN, propriétaire.

VAUZELLE, instituteur.

CONDAMNÉS.

A l'internement.

BOYER, cultivateur.

CHAPUIS, ancien avoué.

CHIROL, charpentier.

GANIROL, propriétaire.

Dans la Haute-Loire, comme ailleurs, plusieurs républicains ont été condamnés à la surveillance. Brun, coiffeur, s'est trouvé compris dans cette catégorie.

Un mandat d'arrêt avait été lancé contre Brun, parce qu'il avait retroussé sa moustache, en voyant passer devant sa porte le sous-préfet Rochette, qui a su rendre ridicule la violence elle-même. Il était détenu dans la prison de Brioude. Sa femme tombe dangereusement malade et demande à le voir. Le sous-préfet s'y oppose. Des citoyens honorables interviennent; l'agent de Louis Bonaparte reste inexorable. Un ordre de la commission délivre heureusement le prisonnier, en le condamnant à cinq ans de surveillance, et il lui est permis de se rendre auprès de sa femme que son éloignement allait peut-être tuer.

VIII.

NIÈVRE.

Membres de la Commission.

PETIT-DE-LAFOSSE, préfet.

PELLION, général de brigade.

MÉTAIRIE, procureur de la République.

Quelques préfets de Louis-Philippe, emportés comme

5

lui par la Révolution de Février, ont trouvé le moyen d'être pensionnés après leur chûte, sous prétexte qu'ils avaient contracté des infirmités au service de l'État. Petit-de-Lafosse est l'un de ces invalides de la monarchie, qui ont demandé l'aumône à la République. L'avènement de Louis Bonaparte lui a rendu, comme à ses collègues, la force et la santé.

Il ne pouvait qu'applaudir au coup d'État et seconder les projets de l'usurpateur.

Dès le premier jour, il se prépare à écraser les citoyens qui veulent défendre la Constitution. Voici comment il s'exprime sur les événements de Clamecy où le droit avait trouvé des défenseurs énergiques.

« Des bandits, des factieux et des assassins ont jeté le deuil à Clamecy.

» Le sang le plus honorable crie vengeance ; la punition sera éclatante.

» Tous les rassemblements sont interdits ; ils seront immédiatement dissipés par les armes.

» Les habitants me trouveront inflexible dans la volonté de punir avec rigueur les factieux, qui ne veulent que le pillage, le meurtre et la destruction. »

Il n'a pas manqué à ses promesses : il s'est montré en effet impitoyable pour ces bandits dont le crime était de défendre la loi et de repousser la plus honteuse des dictatures.

Suivi d'une forte colonne, il se dirige sur Clamecy. Il était arrivé à deux kilomètres de la ville, lorsqu'une patrouille, composée de six hommes, se présente devant lui.

C'étaient des soldats de la loi, des défenseurs de la République. Ils somment bravement la troupe du préfet de déposer les armes au nom de la Constitution. Mais le complice de Louis Bonaparte ordonne de faire feu. Une pluie de balles tombe de toutes parts sur la petite escouade républicaine. Quatre de ces hommes courageux sont tués. Le cinquième, qui n'était que blessé, est achevé d'un coup de fusil et le sixième n'échappe que par une sorte de miracle à cette boucherie. Bientôt après, le préfet se signale par un nouvel acte de cruauté. Il fait passer par les armes un menuisier, nommé Delassasseigne, qui venait d'être rencontré dans une vigne du voisinage.

Précédé du bruit de ces assassinats, le préfet était parvenu sur les hauteurs de Clamecy. Il était appuyé par le général Pellion, qui s'avançait avec un corps de deux mille hommes. La ville, découragée par les nouvelles de Paris, avait renoncé à toute idée de résistance. Des parlementaires se présentent au nom de la population; le préfet les fait arrêter comme des malfaiteurs.

« Vers le milieu de la nuit, disait le journal de la préfecture, on signale des parlementaires de la part des insurgés. Ce sont les citoyens Bretagne, tailleur, Moreau-Ravary, avocat et Quenouille. Ils viennent dire au préfet que la ville est prête à se rendre, si l'on veut lui promettre indulgence. M. le préfet leur répond qu'on ne peut traiter avec des hommes de la sorte, qu'ils doivent se rendre à discrétion et que l'on aura d'eux bonne et prompte justice. D'ailleurs pour preuve de ce qu'il avance, il n'hésite pas à leur déclarer qu'ils sont ses prisonniers. Une heure plus tard arrivaient d'autres parlementaires, parmi lesquels nous regrettons bien sincèrement de compter un homme jouissant jusqu'ici de l'estime publique, M. Lyonnet, ingénieur du canal du Nivernais. Ils ne sont pas plus écoutés et on les retient prisonniers, comme les autres. »

Il y avait dans la préfecture de la Nièvre, un autre foudre de guerre civile : c'était le secrétaire-général Ponsard. Il avait été détaché sur Cosne avec une colonne militaire. Comme Petit-de-Lafosse, il répondait par le fer et le feu aux républicains, qui le sommaient de respecter la loi. Sa campagne devait avoir un bulletin. Le bulletin a paru ; il est conçu en ces termes :

» Trois individus ont été pris les armes à la main et fusillés.

« Six insurgés armés, venant au secours de leurs camarades, ont été arrêtés et j'allais leur faire subir le sort des précédents ; mais les braves militaires chargés de cette exécution ont eux-mêmes demandé merci pour leurs ennemis et j'ai cédé à leurs instances. »

Des soldats ont dû apprendre l'humanité à ce scribe farouche, transformé en bourreau.

Cette sauvage exécution avait exalté Ponsard jusqu'à la folie. Son langage, en arrivant à Cosne, était le langage d'un furieux. On attribue en partie au vin l'ardeur qui le dévorait. Les mots *arrestation, emprisonnement, fusillade* se pressaient sur ses lèvres. C'était le hérault sinistre de la proscription. Quelques royalistes, moins emportés que lui, veulent le contenir ; il menace de les faire arrêter.

Sa visite à la prison de Donzy l'a montré plus violent

encore. Il se présente brusquement avec ses soldats et s'adressant aux prisonniers : « Buveurs de sang, découvrez-vous. — Nous ne vous connaissons pas, lui dit l'un des détenus. — Soldats, fusillez cet homme, s'il parle, » ajoute le farouche visiteur.

Ponsard a été nommé préfet de la Loire.

Le général Pellion s'est montré digne de pareils lieute-nants. Il a prodigué, comme eux, les injures et les menaces aux défenseurs du droit. S'il a paru hésiter quelques instants devant certaines exécutions, c'est qu'il ne voulait pas hu-milier l'armée. Il s'agissait, disait-il, de frapper des bri-gands et des assassins. On devait les livrer à la guillotine.

Cet orgueil militaire ne l'a pas empêché de lancer ses soldats sur les traces des républicains, comme s'il s'agissait de donner la chasse à des bêtes féroces. Voici à ce sujet le langage du journal de la Nièvre.

« Le général Pellion fait poursuivre les insurgés dans toutes les directions. Plusieurs ont été passés par les armes. Une main de fer pèse sur tous ces misérables. »

Il paraît que le procureur de la République, Métairie, a rivalisé de zèle avec tous ces exécuteurs. Le journal bona-partiste de Nevers l'a comblé de ses éloges et il a passé, comme conseiller, à la cour de Bourges.

Le juge Toustain, du tribunal de Cosne, semble avoir voulu l'effacer. Il était chargé de l'instruction et il avait recours à tous les moyens pour découvrir des complots contre la société, ce grand rêve des procureurs bonapar-tistes. Il ne ménageait ni les promesses ni les menaces. Il cherchait à peser sur les paysans, moins familiarisés que les habitants des villes avec les pièges et les traquenards de cette inquisition judiciaire. « Avouez, avouez, » leur disait-il dans ses hideux interrogatoires; et s'ils refusaient de parler, appelant tout-à-coup les gendarmes, qui se tenaient à la porte : « prenez garde, ajoutait-il avec une solennité lugubre; je vais vous faire fusiller. » L'un de ces paysans, qu'il soumettait ainsi à la question, s'était montré inflexible. Il le fait renfermer dans un cachot au dessous du niveau de la Loire. « Je l'y laisserai mourir, dit-il, ou il parlera.»

Un homme a été l'âme de cette répression violente et atroce : c'est l'ancien préfet de police Carlier, que nous avons déjà vu dans l'Yonne, l'Allier et le Cher, traînant après lui toutes les violences de la dictature. Il n'avait fait que s'essayer dans ces trois départements. La Nièvre nous le montre dans tout son éclat. Une des premières dépêches qu'il envoie au gouvernement se termine par ces mots :

« Douze insurgés ont été tués par l'avant-garde. »

Le même jour, il adresse aux maires la circulaire suivante :

« Un grand nombre de factieux et de bandits s'est évadé de Clamecy; la justice saura les atteindre.

» Vous ferez immédiatement connaître que toute personne, qui leur donnerait asile, serait réputée complice et traitée comme telle. »

En même temps, il multiplie les arrêtés contre les avoués et les notaires, qu'il dépouille audacieusement de leurs charges. Le commissaire de Louis Bonaparte devient un artisan de ruine pour tous les amis de la République.

Des royalistes, étrangers à l'administration, se sont asso-

ciés honteusement à ces excès. Ils avaient eu la précaution
de s'armer avant le coup d'Etat. Quelques-uns ont pris
place dans les rangs des soldats, pour y exercer plus sûrement leurs vengeances. L'un d'entr'eux, nommé Marcy,
assistait à l'une de ces expéditions, où le droit a été traité
en ennemi public. La troupe fait feu contre un peloton de
républicains. Plusieurs victimes tombent sous le coup. Le chef
de la colonne populaire, un citoyen dévoué et courageux,
Chapuis, se trouve atteint avec ses camarades : il chancelle
et s'affaisse en criant : vive la République ! Marcy accourt
et lui mettant le bout de son fusil dans l'oreille, il se
hate de l'achever, en lui jetant une apostrophe injurieuse.
Cet exploit lui a valu la croix de la Légion-d'honneur.

Ce que certains monarchistes faisaient avec leur sabre ou
leur fusil, d'autres l'essayaient avec leur plume.

Auguste Thibaut, maire de Donzy, craignant que ses amis
ne se montrassent trop doux, écrivait ces lignes pleines de
sang :

« La société menacée a le droit de se saisir de tous les
coupables. Son repos est à ce prix. Écrions-nous, comme
Massillon : *Froment de Jésus-Christ, passez à ma droite et
séparez-vous de cette paille immonde.* Que chacun de nous
aide à ce partage.

» Il ne faut ni pitié ni merci.

» Que la justice du pays ne désarme pas.

» Tout le reste de la légion du mal doit être rejeté de la
France. » (1).

---

(1) Ce dithyrambe des fureurs bonapartistes a figuré dans le *Journal de
la Nièvre* quelques jours après le coup d'État.

Le bonapartisme avait ramassé partout les plus vils instruments, pour dévaster ce patriotique département de la
Nièvre. Un ancien commis, nommé Raoul, s'était distingué
par ses fureurs à Clamecy et aux environs. On découvrait,
quelque temps après, que c'était un voleur. Il a été condamné à quelques mois d'emprisonnement. Les justiciers
de Louis Bonaparte ont adouci sa peine : il avait *rendu des
services à la cause de l'ordre.*

CONDAMNÉS

A la déportation en Algérie.

AMAND, JEAN, manœuvre.

AUGER, FAURE, sabotier.

AISIÈRE, JEAN-BAPTISTE, tailleur.

AUTIN, RAOUL, carioleur.

ARDIN, ANTOINE, serrurier.

ALLÉGRE, PIERRE, cultivateur.

Un autre membre de la même famille a été atteint aussi
par la proscription.

AUROUSSEAU, AIMET, flotteur.

BEAUFILS, HIPPOLITE, tailleur de pierres.

BARON, FRANÇOIS, carrier.

BONNOT, GABRIEL, manœuvre.

BOYEAU, FRANÇOIS, couvreur.

BÉNARD, EDME, flotteur.

BADIN, PIERRE, propriétaire.

BERTHIER, PIERRE, propriétaire.

Le nom de Berthier a fourni deux victimes. Il en a été de même des trois noms précédents.

BONNOTTE, MICHEL, tailleur de pierres.

BOUTRON, FRANÇOIS, menuisier.

BERTRAND, EDME, flotteur.

BARDONNEAU, LOUIS, journalier.

BARDET, EDME, flotteur.

BARJOT, FRANÇOIS, journalier.

BERNASSE, PIERRE, maçon.

BRUÈRE, ANDRÉ, cafetier.

BONDON, ÉDOUARD, cordonnier.

Il y a eu trois déportés de ce nom. Ce sont trois membres enlevés à la même famille.

BOUGON, LÉON, compositeur.

BOICHES, JEAN, domestique.

BERRY, AUGUSTE, marchand de vins.

BOUCHER, ÉTIENNE, boulanger.

BOULÉ, EDME, scieur de long.

Le fils de Boulé a été condamné à suivre son père en Afrique.

BRETAGNE, JEAN, tailleur d'habits.

BOISSEAU, MARTIN, manœuvre.

BILLAUD, FRANÇOIS, flotteur.

BONHOMME, EDME, charron.

BOURDIER, PIERRE, cultivateur.

Deux autres proscrits, nommés aussi Bourdier, ont été enlevés en même temps et dirigés sur Lambessa. Il y a eu également trois déportés du nom de Bonhomme et de celui de Billaud. La commission de la Nièvre, multipliant ses coups avec une sorte de fureur, a souvent frappé des familles entières, qui ont disparu subitement de leurs foyers et que l'exil dévore aujourd'hui dans quelque coin de l'Afrique. Plus d'une maison, tristement déserte le long des côteaux du Morvan, semble dire au voyageur : le fléau a passé par ici. Quel fléau aurait pu laisser après lui autant de ruines? *Multos occidere et indiscretos incendii ac ruinæ potentia est*, disait Senèque (1).

BILLARD, LOUIS, vigneron.

BORDERIAUX, ÉTIENNE, vigneron.

BONNEREAU, FRANÇOIS, voiturier.

BÉGUIGNON, PIERRE, journalier.

BOURSAULT, JOUANIN, charron.

BOUGIER, PHILIPPE, charpentier.

(1, SENEC. *De Clementia,* liv. 1 Chapitre 26.

BOUZIAT , LAURENT , serrurier.

BOUNOTTE , GABRIEL , manœuvre.

CORRÉ , NICOLAS , flotteur.

COQUART , JEAN , bourrelier.

Le fils de Coquard a été renvoyé devant le conseil de guerre avec une catégorie nombreuse de détenus et condamné à la déportation. Il y a un autre proscrit du même nom , appartenant à la même famille.

CHAMOT , EDME , manœuvre.

CORDIER , PIERRE-FIACRE . manœuvre.

CHATDESAUX , JEAN , charretier.

CHAUMARD , LEMAIRE , maçon.

CAVOIT , ANTOINE , maçon.

CROTTÉ , CLAUDE , maçon.

On retrouve deux fois le nom de Crotté dans les arrêts de la commission de Nevers. Celui de Cavoit a été plus maltraité : il y figure trois fois.

CHASSY , ONÉSIME , flotteur.

CHASSERET , HIPPOLITE , taillandier.

CAILLAT , JACQUES , vigneron.

La Nièvre compte trois autres déportés de ce nom , un tailleur de pierre, un menuisier et un maréchal-ferrant. Encore une famille, qui a été emportée par la proscription !

CIRCAULT, EDME, manœuvre.

CLÉMENT, AUGUSTE, flotteur.

CLOUZEAU, CYPRIEN, flotteur.

CORDONNIER, LOUIS, terrassier.

CHAUFOUR, CLAUDE, tisserand.

CORNEAU, ALEXANDRE, épicier.

COPINOT, JEAN, menuisier.

Marie Surget, épouse de Copinot, a été déportée avec son mari.

CHARLOT, VICTOR, garçon boucher.

COEUR, CLAUDE, jardinier.

COMTE, ERNEST, charpentier.

Il y a eu un autre proscrit de ce nom.

CHAUMARD, CHARLES, tisserand.

CONVERT, EDME, flotteur.

CHARIER, MAURICE, laboureur.

COGNAT, SIMON, menuisier.

Son frère a été condamné comme lui à la déportation.

CAURIER, LOUIS, sabotier.

Louis Caurier avait été blessé dans la lutte qui s'était engagée à Clamecy entre les partisans du dictateur et les défenseurs de la Constitution. On le transporta chez une femme

qui avait déployé elle-même la plus grande énergie du côté
des républicains. Quelques jours après, la police bonapartiste, devenue maîtresse, va la chercher dans cette retraite;
mais elle ne parvient pas à l'y découvrir. Fatiguée de le chercher, sans pouvoir l'atteindre, elle emmène la femme et laisse
quelques soldats dans la maison. Le lendemain, des cris
plaintifs se faisaient entendre à travers un mur. C'était le
malheureux Caurier, qui semblait enseveli tout vivant dans
sa cachette et que les soldats retiraient péniblement pour
le livrer aux proscripteurs de la Nièvre.

CHAMPY , PHILIPPE , maçon.

CHAPPÉ , PIERRE , manœuvre.

CHARPIENTIER , FRANÇOIS , charpentier.

CLÉMENT , GASPARD , ex-huissier.

CORNU , PHILIPPERT , entrepreneur.

COUDERC , JEAN , cordonnier.

COUGNOT , ALEXIS , maréchal.

CHAMLOIS , NICOLAS , compagnon de rivière.

Un frère de Chamlois a dû le suivre en Algérie.

CIRASSE , EDME , flotteur.

Le nom de Cirasse est celui qui rappelle, au milieu de
tant de victimes, les plus tristes et les plus douloureux
souvenirs. Trois ouvriers, connus sous ce nom , Edme ,
Etienne et Claude , ont été envoyés en Algérie. Un quatrième , Germain , condamné par le conseil de guerre , a

porté sa tête sur l'échafaud. Le bourreau apparait partout,
comme l'un des ministres de Louis Bonaparte.

CHARBONNEAU, FRANÇOIS.

CHOLLET, PIERRE, marinier.

CHAPUIS, ALEXIS, terrassier.

CORTET, ANTOINE, laboureur.

CANTONNAY, FRANÇOIS, tailleur.

CHEVALIER, PIERRE, domestique.

COMEAU, LÉONARD, potier.

CORMERY, ÉLOI, maçon.

CARROUÉ, ALEXIS, journalier.

CORTY, CASIMIR, marinier.

Un autre marinier de ce nom a été condamné à la même
peine.

COURROT, JÉRÔME, journalier.

CHANSOINS, CÉSAR, aubergiste.

CHAVIGNOT, FRANÇOIS, menuisier.

DEBERÈS, JACQUES, cordonnier.

DAUGUIN, JACQUES, tailleur de pierres.

DUCROT, LOUIS, flotteur.

DUFOUR, LOUIS, domestique.

DOUCET, FRANÇOIS, cabaretier.

DEVILLIÈRE, EDME, charpentier.

DUBOIS, ALPHONSE, menuisier.

DELASSASSEIGNE, HENRI, tailleur de pierres.

C'est un parent de ce menuisier qui a été fusillé aux portes de Clamecy sur l'ordre du préfet. On retrouve trois fois ce nom dans les arrêts de la commission de Nevers. Autant de déportés.

DAMPIERRE, FRANÇOIS, vigneron.

DAVOUS, JEAN-BAPTISTE, cordonnier.

DEFLANC, PIERRE, domestique.

DONNET, ADOLPHE, domestique.

DAILLY, EDME, flotteur.

DARBAIN, SÉVERIN, menuisier.

DARD, MATHURIN, tailleur de limes.

DARDENNE, HENRI, ancien notaire.

DAMEROU, GERMAIN, bûcheron.

DELPY, ARMAND, instituteur.

DURAND, AMBROISE, potier.

Ce nom figure quatre fois parmi les déportés de la Nièvre.

DAGUIN, PIERRE, sabotier.

ESPARVIER, SIMON, menuisier.

EVRARD, EDME, cordonnier.

FENELLE, CLAUDE, cultivateur.

Il y a eu un autre proscrit du même nom et de la même famille.

FOUCHER , FRANÇOIS , voiturier.

FLAMAND , JEAN-MARIE , marchand ambulant.

FOUBART , ALEXANDRE , maçon.

FOUCHARD , PHILIPPE , cordonnier.

FOUGHERAUD , ANTOINE , ébéniste.

FITY , LOUIS , vigneron.

Il faut joindre à ce nom celui d'un autre membre de la même famille , Claude Fity , qui a été déporté en même temps.

FRICHOT , CLAUDE , postillon.

FINCOT , ANTOINE , journalier.

FAURE , JULES , marchand de nouveautés.

GALOPIN, ISIDORE , perruquier.

GANNIER , ALEXANDRE , maître carrier.

Le frère de Gannier a été livré à la justice militaire. On retrouve encore trois fois ce nom parmi les déportés de la Nièvre.

GAILLON, ÉMILE , carrier.

GAUCHER , FRANÇOIS , bourrelier.

GIRAULT , EDME , manœuvre.

GRENOT, PHILIPPE , tailleur de pierres.

GUENOT , LAZARE , carrier.

GUIMARD , JACQUES , boulanger.

GUÉRAULT , MARTIN, flotteur.

GALON , ÉTIENNE , charpentier.

GOURY , LAURENT , tailleur de pierres.

La famille de ce proscrit a perdu un autre de ses membres.

GERBEAU , JOSEPH , vannier.

GUINARD , PIERRE , flotteur.

Trois flotteurs de ce nom ont été enlevés à la fois et relegués en Algérie. Ils appartenaient à la même famille.

GUEUBLE , LOUIS , cultivateur.

GOURLIN , FRANÇOIS , flotteur.

GUIBERT , père , serrurier.

Le même convoi a emporté vers l'Afrique le père et le fils.

GIRAUD , MARTIN , laboureur.

Deux parents de Giraud ont été dirigés avec lui sur Lambessa. Il y a eu un quatrième déporté de ce nom, mais d'une autre origine.

GABROT , THIBAULT , manœuvre.

GRASSET , FÉLIX , flotteur.

On trouve un second proscrit de ce nom. C'est une famille deux fois atteinte.

GAGNE , ALEXANDRE , ébéniste.

GLOUSIAU , ÉTIENNE , flotteur.

GRAILLOT , ÉDOUARD, cultivateur.

GOBY , PIERRE , carrier.

Il y a un autre Goby parmi les déportés de la Nièvre.

GOURLIN , ÉTIENNE , épicier.

GRESLE , GASPARD , sellier.

GUIGNARD , ANTOINE , flotteur.

Un de ses parents , flotteur , comme lui , a subi le même sort.

GUILLEMOT , LOUIS , manœuvre.

GILLOTTE , EDME , voiturier.

GEOFFROY, JEAN, propriétaire.

GUINAULT, PIERRE, journalier.

GUENEAU , AUGUSTIN, menuisier.

GUILLERAULT, LOUIS, vigneron.

GENTY, ANTOINE, cantonnier.

Le fils et le père ont été enveloppés dans le même arrêt.

GUIBLAIN, LOUIS, instituteur.

HÉBERT, CHARLES, pharmacien.

HORRY, plâtrier.

HUOT, AUGUSTE, relieur.

HUBERT, FRANÇOIS, menuisier.

JACQUARD, ANTOINE, bûcheron.

Il faut ajouter à ce nom celui d'un autre membre de la
même famille, Pierre Jacquard.

JAMOT, ÉTIENNE, tailleur de pierres.

JUSTE, PIERRE, menuisier.

JOUX, FRANÇOIS, cordonnier.

JOUSSIER, LÉONARD, cordonnier.

JOSSE, JOSEPH, typographe.

Quand Josse a été arrêté, la commission de la Nièvre
était dissoute. Le général Canrobert, le trouvant en prison,
l'a envoyé en Afrique. Ce proscripteur à grosses épaleuttes
a été chargé de représenter le côté généreux de la politique bonapartiste : générosité de bourreau.

KAPP, JACQUES, boulanger.

LARATTE, FRÉDÉRIC, menuisier.

LIMANTON, ALEXANDRE, cultivateur.

LAURENT, LOUIS, potier.

LALOY, ÉTIENNE, tisserand.

LUCQUET , victor, serrurier.

LAGARDE , françois , marchand ambulant.

LEDUC , pierre, cabaretier.

LIRON , edme, manœuvre.

LÉGER, jean-baptiste, manœuvre.

LHUILIER , françois, manœuvre.

LOUZON , jean, tailleur de pierres.

LABLANCHE , hubert, journalier.

LAINÉ , jean-baptiste, flotteur.

LEPLAT , auguste , vannier.

LELONG , charles, cordonnier.

Il y a eu huit déportés du nom de Lelong ou de Leplat. Deux familles ont compté huit victimes.

LOGÉ , hugues , épicier.

LEBEAU , claude, journalier.

LELUT , auguste, maçon.

LETEUR , frédéric , cafetier.

LARUE , charles , cordonnier.

LADUET , augustin , coiffeur.

LEROY , léopold , cordonnier.

LAINÉ , hubert , flotteur.

LARIBLE , edme , cordonnier.

LAVAIVRE , pierre, plâtrier.

LECLERC , CHARLES , tailleur de pierres.

LEFEVRE , cordonnier.

LEGROS , ÉDOUARD , cordonnier.

LENOIS , ALEXANDRE , limonadier.

LIMANTON , EDME , propriétaire.

LIMOUSIER , CONSTANT , confiseur.

LINDOR , JULIEN , revendeur.

LODIAU , PIERRE , couvreur.

LAULT , EUGÈNE , tailleur de pierres.

LOULET , clerc de notaire.

C'est une autre victime du général Canrobert. La commission n'avait pas eu le temps de le poursuivre. Il est tombé entre les mains de l'aide-de-camp de Louis Bonaparte, qui a prétendu lui faire grâce en le jetant sur le sol africain.

LAMBERT , LOUIS , manœuvre.

MANNEVY , ALEXANDRE, horloger.

Trois frères, connus sous ce nom , Alexandre , Auguste et Thomas , ont été enlevés en même temps à leur famille et dirigés sur l'Algérie.

MAMBON, NICOLAS, maçon.

MAUROY, AUGUSTE, flotteur.

Le frère de Mauroy a été emporté également par la proscription.

MOROY , JACQUES, couvreur.

MORILLON , ÉTIENNE, lithographe.

MILLOT , PIERRE , charpentier.

La proscription semble s'être attachée avec une fureur particulière au nom de Millot. Ce nom , tristement voué à à la déportation et à l'exil, est reproduit jusqu'à six fois dans les arrêts sortis de la préfecture de Nevers. On a frappé les femmes en même temps que les hommes. Anne Paget, mariée à l'un des Millot, à été déportée avec son époux.

MAROCHE, LOUIS, cordonnier.

MERCIER , CLAUDE, charron.

MALBERT, JOSEPH, peintre.

MAUJEAN, PIERRE, cordonnier.

MAYER, THOMAS, tanneur.

MILLON, FRANÇOIS, charpentier.

MOREAU, ADOLPHE , avocat.

MORLÉ, HIPPOLYTE, clerc d'avoué.

MAYEUX , EDME, sabotier.

Ce nom a fourni une seconde victime ; il en est de même le celui de Morlé et de celui de Moreau.

MONET , CHARLES , journalier.

MEUNIER , ÉRASME , marinier.

Deux tailleurs de pierres, appartenant à la même famille, ont eu la même destinée.

MOLLET, ÉTIENNE, cafetier.

MÉTON, AUGUSTE, menuisier.

MOREAU, ALEXIS, flotteur.

NOIREAU, CHARLES, tailleur de pierres.

NOBILEAU, PIERRE, sabotier.

OZANNE, LOUIS, menuisier.

PANNETIER, FRANÇOIS, flotteur.

PASCAULT, THOMAS, laboureur.

PAUTRAT, FRANÇOIS, menuisier.

PERRAULT, SIMÉON, manœuvre.

Ce nom a fourni deux autres victimes.

PELLÉ, PAUL, mánœuvre.

PICQ, ÉTIENNE, cultivateur.

PIEUCHOT, LAZARE, vigneron.

Le fils de Pieuchot a été enlevé avec son père.

PAGE, AUGUSTE, tailleur de pierres.

PINON, JACQUES, charpentier.

La proscription a pris deux autres membres de la même famille.

PINNETERRE, JÉRÔME, journalier.

Il en est de ce nom comme du nom précédent : il figure aussi trois fois dans la catégorie des déportés.

PANY , CLAUDE , flotteur.

PERREAU , MARC , manœuvre.

PERRIAUX, FRANÇOIS , flotteur.

PELLÉ, CHARLES , flotteur.

PAILLET , SIMON , boucher.

PATANT , CLAUDE , manœuvre.

PITOIS , AUGUSTE , plâtrier.

PLAIT , MARTIN , flotteur.

PRÊTRÉ , CLAUDE , maçon.

PERROT , DIDIER , manœuvre.

La femme et le fils de Didier Perrot ont été condamnés à partager son sort. Un de ses parents, François Perrot, flotteur, est également déporté.

POTIN , THOMAS , boucher.

PENOT , MICHEL , menuisier.

Ce nom a été frappé une seconde fois par les proscripteurs de Nevers.

PARIS , ALEXANDRE , vigneron.

PILLAULT , CLAUDE , cabaretier.

PIEDGY , JEAN, vigneron.

PISSÉ, JEAN , maçon.

QUENTIN , THÉODORE , tisserand.

RAVIER , THOMAS , charpentier.

Encore un nom de victimes, encore une famille que la proscription a poursuivie avec acharnement. La même condamnation a frappé le père, les fils et l'oncle. Cinq Ravier sont partis ensemble pour l'Afrique.

RAMEAU , THOMAS , manœuvre.

ROBIN , JEAN , tanneur.

ROBINEAU , LOUIS , flotteur.

Un parent de Robineau a été enveloppé dans la même condamnation.

ROBERT , instituteur.

L'instituteur Robert s'était dérobé à toutes les poursuites. Un groupe de royalistes, allant à la chasse des républicains , envahit la maison de son beau-père qui habitait Dornecy, et réclame à grands cris le fugitif. Il y avait là deux enfants de Robert, dont l'aîné n'était âgé que de neuf ans. L'un des héros du groupe prend un enfant par les cheveux et levant sur lui son sabre : « Brigand, s'écrie-t-il, dis-nous où est ton père, sinon je te tue. » L'enfant à demi mort peut à peine répondre. « Il faut les pendre , criait un autre chef de la bande , s'ils ne disent pas où leur père se cache ; allons , vite ! des clous et une corde ! » Les deux jeunes victimes ne savaient rien heureusement et les royalistes durent se retirer après avoir épuisé vainement leurs menaces.

RAMILLON , ANTOINE , bûcheron.

RELU , AUGUSTE , cordonnier.

ROURGEAU, FRANÇOIS , charpentier en bateaux.

ROUSSEAU , JEAN , couvreur.

ROUSSET , ÉTIENNE , manœuvre.

RAMEAU¦, FRANÇOIS , maréchal-ferrant.

RENAULT , GERMAIN , propriétaire.

ROY , CLÉMENT , potier.

On compte deux autres déportés du nom de Roy. Parmi ces trois victimes figure un fils avec son père.

REGLET , JEAN-BAPTISTE , domestique.

RENAUD , JEAN-BAPTISTE , menuisier.

ROLLAND , HILAIRE , cultivateur.

RONGEAUX , FRANÇOIS , charpentier.

ROYER , AUGUSTE , cordonnier.

RAMILLON , ANTOINE , bûcheron.

ROUX , ANDRÉ, épicier.

André Roux est le quatrième membre de sa famille que la proscription a jeté en Algérie. Ces holocaustes d'une famille ou d'un nom ne cessent de se reproduire dans ce malheureux département de la Nièvre , sillonné et ravagé par les colères du bonapartisme.

ROUARD , JEAN , cultivateur.

C'est aussi le quatrième proscrit de ce nom.

ROLLIN, boucher.

Il a été frappé, comme Rouard et Roux, avec trois autres membres de sa famille. L'un d'eux a passé par le conseil de guerre.

SAULGE, JEAN, bûcheron.

La proscription ici est presque humaine. Elle se contente de trois proscrits de la même famille.

SUBUGUES, JULES, plâtrier.

SALIN, LÉON, tanneur.

SAUVAGEAT, EDME, flotteur.

SELLIER, FRANÇOIS, jardinier.

Le fils a subi le sort du père. Il a été emporté par le même convoi.

SENET, HIPPOLYTE, employé.

SALIGOT, PIERRE, laboureur.

SÉGUIN, CHRISTOPHE, vigneron.

SETIOT, LOUIS, charpentier.

SEURAT, FRANÇOIS, maçon.

SIMION, PIERRE, menuisier.

Ce nom, comme le précédent, a été atteint deux fois par la proscription.

SCHLAFMUNSTER , ANTOINE , forgeron..

SAGET , FRANÇOIS , tourneur.

SENÉ , BAPTISTE , journalier.

SALIN , CHARLES , cordier.

SOUPET , GILBERT , charron.

SIMONET-DUFOUR , laboureur..

TISSIER , CLAUDE , flotteur.

Il y a eu deux autres déportés de ce nom..

TAUPIN , JEAN , tailleur de pierres.

TENNEBRÉ , HIPPOLYTE , maçon.

TARAUET , FRANÇOIS , cordonnier..

THIBAULT , FRANÇOIS , flotteur.

TRETTET , ANTOINE , menuisier.

Le nom de Trettet, comme celui de Thibault, a fourni deux victimes. C'est l'extermination des familles, qui se propage.

TROQUIN , AUGUSTE , couvreur.

VERNET , ÉTIENNE , menuisier.

VINCENT , JACQUES , vannier.

Sept proscrits de ce nom ont quitté la Nièvre et sont partis pour l'Afrique. Plusieurs appartiennent à la même famille.

VIEILLARD , PIERRE , laboureur.

Ce nom a été moins maltraité que celui de Vincent. Il figure cependant quatre fois dans les tables dressées par les prévôts de Nevers.

VICQ , JACQUES , maréchal-ferrant.

VISSÉ , CHRYSOSTÔME , maçon.

Parmi ces déportés , il y en a plus de trois cents qui appartiennent à Clamecy ou aux communes voisines. Au moment du départ , ils ont été conduits sur la place publique et chargés de chaînes. Des serruriers avaient été requis pour la besogne. On les contraignait de river les fers de leurs concitoyens et de leurs amis. Une force imposante protégeait cette œuvre de bourreau. Les soldats , entourant les victimes d'un cercle de fer , tenaient leurs fusils braqués sur les fenêtres. Cette infâme dictature, qui venait de s'imposer à la France sur les ruines de la République , se montrait là sous sa véritable image.

CONDAMNÉS

Au bannissement à temps ou à vie.

BARRÈRE , chef d'institution.

L'attentat du 2 Décembre n'était pas encore accompli et Barrère était déjà entre les mains des geôliers bona-partistes. Il expiait sous les verrous quelques lettres géné-reuses, qu'il avait adressées aux journaux républicains sur le mouvement populaire dont le Cher avait été le théâtre. La cour d'assises du Loiret devait le juger. La proscription, qui l'a trouvé sous sa main, s'est hâtée de le bannir. Le coup, qui l'atteignait, frappait avec lui toute une famille encore en bas-âge. L'un de ses enfants a été menacé par la police, parce qu'il fredonnait des chansons républicaines.

COUGNY, peintre.

DARDENNE, avoué.

DREUILLE, rentier.

MASSÉ, propriétaire, ancien maire.

CONDAMNÉS

A l'internement.

BARON, ZÉLIE, femme Robert.

Zélie Baron était mariée à cet instituteur qui avait su échapper aux sbires bonapartistes. La fuite de son époux l'a exposée aux plus odieuses persécutions. Un homme stupide et cruel, Boudin, maire de Dornecy, s'attachait à elle avec une sorte de fureur. Il se présente un jour chez elle, suivi de deux gardes champêtres, et lui ordonne de le suivre. La jeune femme, qui était enceinte d'environ sept mois, le prie d'aller l'attendre à l'extrémité du village, où elle promet de le rejoindre. Elle s'y rend en effet ; mais le maire, qui a eu le temps de réfléchir et d'imaginer un de ces triomphes si chers au bonapartisme, lui fait traverser publi-

quement le village entre ses deux estafiers et la dirige ensuite sur Clamecy. Sa jeunesse et sa beauté fixent les
regards des officiers, qui occupaient la ville. Tous les soins
lui sont prodigués, mais au moment où la colonne devait
rentrer à Nevers, elle apprend qu'elle y est elle-même in-
ternée. Un calcul infâme avait inspiré cette mesure. Mme
Robert n'avait aucune ressource. La proscription avait chassé
le mari : la débauche semblait se réserver la femme.
Arrivée à Nevers, Zélie Baron se rend auprès du préfet et
demande ce qu'elle doit faire : se prostituer pour vivre ou
mourir de faim pour sauver son honneur? Le préfet, embarrassé et surpris, lui dit de s'en aller où bon lui semble.
Elle se retire à Paris auprès de quelques membres de sa
famille. Peu de temps après, elle rentrait à Dornecy pour
y faire ses couches. A peine était-elle rétablie, que Boudin,
ce maire impitoyable, qui l'avait tant maltraitée, se montrait encore à elle et l'engageait à se rendre à Clamecy chez
le sous-préfet. Il avait trouvé, disait-il dans son patois
nivernais, une bonne place pour elle. Cette place était un
internement dans le Midi. Le piége était grossier; la jeune
femme n'y est point tombée. Mais elle a dû prendre la fuite
pour se dérober à toutes ces violences.

CHAPUIZAU , marchand ambulant.

DUMANGIN , henri , propriétaire.

FAURE , négociant.

GARREAU , carrossier.

GUENEAU , menuisier.

LAFITTE , ONÉSIME , bourrelier.

MARIÉ , ancien facteur.

C'est un vieillard , âgé d'environ soixante-douze ans.

MELOT , CLAUDE , vigneron.

PARENT-JOUBERT , carrossier.

POTIN , boucher.

Le tableau suivant indiquera mieux que tous les récits ce que la Nièvre a souffert sous la main du bonapartisme.

Citoyens arrêtés dans les premiers jours de
décembre.   6,000
Beaucoup de femmes et d'enfants faisaient partie de cette armée de prisonniers.
Individus écroués pour être livrés à la commission départementale.   5,200
Total des victimes que la proscription a frappées.   1,478

On a compris dans cette hétacombe de républicains un certain nombre de femmes et d'enfants. La plus grande partie des condamnés se compose de pères de famille. Il y en a parmi eux 1,100 qui ont trois enfants en moyenne , ce qui fait 1,100 veuves et 5,300 orphelins.

Ces condamnations, qui ont porté le deuil et la misère dans un si grand nombre de familles , ont été distribuées de la manière suivante :

ARRONDISSEMENT DE NEVERS.

Déportés en Algérie 221
Internés 269
Renvoyés en police correctionnelle . 2

Total 492

—

ARRONDISMENT DE COSNE.

Déportés 211
Internés et expulsés 147
Renvoyés en police correctionnelle . 21

Total 379

—

ARRONDISSEMENT DE CHATEAU-CHINON.

Déportés 37
Internés 25

Total 62

—

ARRONDISSEMENT DE CLAMECY.

Déportés 597
Internés 148

Total 545

Un trait manquerait à ce tableau hideux, si l'on ne con-

naissait pas les motifs, qui ont servi de prétexte à tant de
condamnations. Voici comment la commission de la Nièvre
a qualifié les hommes qu'elle frappait :

1° Rouge.

2° Rouge foncé.

3° Rouge violet.

4° Rouge cramoisi.

5° Socialiste.

6° Démagogue.

7° Ennemi de l'ordre.

8° Soupçonné de faire partie de sociétés secrètes.

9° Instruit et d'autant plus coupable.

10° Bon ouvrier, honnête, mais rouge foncé.

Ce tableau ne comprend pas les proscrits, que la commission de la Nièvre a livrés aux exécuteurs militaires. Voici
les noms de ces nouvelles victimes, qui ont été déjà décimées
par l'échafaud.

AIZIÈRES, flotteur.

AUBERT, marinier.

BADIN, flotteur.

BAUMIER, henri, marchand.

BOUILLERY, entrepreneur de bâtiment.

BOIZOT, vannier.

BOUDIN, jardinier.

BOUTRON, menuisier.

Le père de Boutron, en apprenant le sort qui était destiné à son fils, s'est jeté de désespoir dans le canal de la Loire, où il a trouvé la mort.

COGNARD, imprimeur.

CORDELIER, marinier.

CORDIER, flotteur.

CORNU, poëlier.

Un tailleur du même nom a été livré aussi à la justice militaire.

COUDRAIT, cordonnier.

CUISINIER, flotteur.

CYRASSE, GERMAIN, flotteur.

DARUX, charpentier en bateaux.

DELUME-DURAND, maraîcher.

FERRIÈRE, flotteur.

FOULON, manœuvre.

GALON-DAUMAY, flotteur.

C'est par un odieux et lâche calcul que Galon a été confondu avec les républicains de Clamecy, qui ont opposé au coup d'État une vigoureuse résistance. Galon était étranger au mouvement. Il avait refusé de suivre ses voisins. Irrité par les reproches, qui l'assaillaient de toutes parts et poussé par l'ivresse, il se jette sur un fusil et fait feu sur les défenseurs de la Constitution. Deux hommes sont atteints.

Le chef de la troupe fait arrêter Galon, qui est conduit
dans les prisons de Clamecy. C'est là que les agents de
Louis Bonaparte vont le prendre, pour le confondre avec
ceux qui l'avaient arrêté comme assassin. Le conseil de guerre
l'a frappé moins sévèrement que plusieurs autres prévenus.
Il était convenable qu'il le trouvât moins criminel que des
citoyens insurgés pour la défense des lois.

GANNIER, entrepreneur de bâtiments.

Aucun républicain de la Nièvre n'a été poursuivi avec
plus de fureur que Gannier. Il avait fait construire un
théâtre à Clamecy. Le bruit courait qu'il s'y était ménagé
une retraite souterraine. Ce bruit parvient à la police.
Fatiguée de chercher inutilement Gannier, elle s'imagine
qu'il s'est réfugié dans son théâtre. Elle interroge et fouille
l'édifice de toutes les manières, mais elle échoue dans ses
recherches. Elle a recours à un moyen extrême : elle
prendra Gannier par la famine. La maison du fugitif est
occupée militairement : les soldats, qui s'y établissent reçoivent l'ordre d'accompagner sa femme et de s'attacher à ses
pas, pour l'empêcher de donner aucune espèce de nourriture à son mari, sans s'exposer à trahir le secret de sa
retraite. Dans le cas où elle reculerait devant le danger,
Gannier ne devait pas tarder à se livrer lui-même pour
échapper au supplice de la faim. Toutes ces précautions sont
inutiles. Gannier paraît abandonné ; mais il ne se montre
point. On s'imagine que sa femme, mal gardée peut être, ou
plus habile que ses geôliers parvient à lui faire passer des

aliments. Il ne restait qu'à l'emprisonner elle-même. Les soldats sont chargés de l'emmener. Elle demande à l'officier, qui les commandait, si elle était exposée à rester long-temps en prison : « Il faut dix jours pour qu'un homme meure de faim , lui répond ce digne soldat de Louis Bonaparte , vous resterez onze jours sous les verroux. » Heureusement que Gannier avait pu gagner la frontière.

GUERBET , quincaillier.

GUILLEMINOT , charpentier.

GUILLIN , tanneur.

GUENOT , scieur de long.

GEOFFROY , aubergiste.

GONNAT , tanneur.

JOUANIN , cordonnier.

KOCK , DENIS , tailleur de pierres.

LACHEVRIE , docteur en médecine.

Le docteur Lachevrie n'avait nullement pris part au mouvement de la Nièvre. Malgré ses sympathies pour la cause républicaine, il avait voulu, au moment du combat, garder une sorte de neutralité entre les soldats de Louis Bonaparte et les défenseurs de la Constitution , pour pouvoir porter plus librement des secours aux blessés des deux camps. Tel est en effet le rôle qu'il a joué pendant la bataille. A peine la lutte est-elle terminée , qu'il se trouve exposé à toutes les fureurs de la proscription. Ses biens, ainsi que ceux de sa femme et de sa fille , sont mis sous séquestre.

Des soldats, conduits par deux gendarmes, envahissent
brusquement son domicile et se livrent à toutes sortes de
violences. Pendant cette scène, Madame Lachevrie, est
abreuvée d'outrages. L'un des sbires bonapartistes insultait
grossièrement à sa douleur, en évoquant devant elle les
images les plus sinistres. Tantôt c'était un prisonnier auquel
les royalistes avaient crevé les yeux; tantôt c'était un fuyard
qu'un coup de fusil bien dirigé avait arrêté dans sa course
et couché dans son sang. Un refrain barbare accompagnait
ces hideux récits : « Sois tranquille, ajoutait en ricanant le
valet du dictateur ; ton mari ne nous échappera pas et il
passera par nos mains comme les autres. » Ces secousses
étaient trop fortes pour le cœur d'une femme. Madame
Lachevrie est tombée malade : elle n'a pu échapper que
lentement et par un effort de courage aux étreintes de cette
terreur, qui l'avait enveloppée de ses anneaux, comme un
serpent. Jeune encore, elle avait vu la maison de son père
envahie deux fois par les Cosaques ; mais les barbares du
Nord avaient été moins cruels pour elle et pour sa famille
que les prétoriens de Louis Bonaparte.

LORIN, EDME, garde de port.

MOREAU, jardinier.

- MAUNEVY, aubergiste.

On a déjà vu figurer trois fois ce nom parmi les déportés.

MOUNIER, aîné, luthier.

MILANDRE, tailleur de pierres.

MEUNIER , entrepreneur de bâtiments.

MILLELOT , juge au tribunal de commerce.

Un fermier et un lithographe , désignés aussi sous ce nom, ont été traduits, également, devant le conseil de guerre. L'un d'entr'eux , Eugène Millelot, qui venait d'être condamné à la peine de mort , était parvenu à s'évader. Le découragement , la faim , les obstacles d'une fuite difficile et presque impossible , l'ont ramené sur ses pas : il s'est livré lui-même à ses bourreaux.

RABLIN , cordonnier.

ROLLIN , boucher.

Ce nom figure deux fois parmi les victimes du conseil de guerre de Clamecy.

ROUSSEAU , avoué.

Un mandat a été lancé contre madame Rousseau et son jeune fils , âgé d'environ douze ans.

ROUX , EDME , flotteur.

SABATIER , matelassier.

SAGET , EDME , flotteur.

SEROUDE , peintre en bâtiments.

SIMPOL , flotteur.

TAPIN , menuisier.

TROTTET-DUSSERT, menuisier.

Cinq de ces proscrits, Cuisinier, Cyrasse, Jouanin,
Eugène Millelot et Trottet ont été condamnés à mort, dix-
huit à la déportation dans une enceinte fortifiée, les autres
à Cayenne, à Lambessa ou à la détention en France.

Un officier violent et cruel, le colonel Martimprey, dirigeait le conseil de guerre, qui a jeté à la mort ou à l'exil
cette phalange démocratique. « J'ai plaint ces malheureux,
disait un de nos généraux les plus illustres, quand j'ai su
que c'était Martimprey qui devait les juger. »

IX.

PUY-DE-DOME.

Membres de la Commission.

CRÈVECOEUR , préfet.
BALLON , général de division.
DESÈZE , procureur-général.

Le frère adultérin de Louis Bonaparte , celui qui devait
être son principal complice , avait envoyé depuis quelque
mois à Clermont le préfet Crèvecœur. C'est une espèce de
gentilhomme plus insolent que capable , comme il arrive
d'ordinaire à ces représentants équivoques de notre vieille
aristocratie. Mais il possédait aux yeux de l'Élysée le premier des talents : il avait le goût de la violence.

A son arrivée dans le département, il s'annonce par ce mot qui a préparé partout la grande trahison du Deux Décembre: *Je viens faire de la réaction.* Il entrait en ennemi dans la République, comme tous les fonctionnaires de cette époque.

Il s'attaque, dès le premier jour, à toutes les forces démocratiques, à la librairie principalement et à l'imprimerie, ces deux puissantes institutrices de la pensée moderne.

Un libraire le gênait. Il l'accuse d'exercer illégalement son industrie. Le tribunal l'acquitte et la Cour de Riom, qu'un appel saisit de l'affaire, confirme le jugement. Mais qu'importent les arrêts de la justice? L'impitoyable préfet envoie sa police fermer le magasin, et le libraire se trouve ruiné. Pourquoi contribuait-il, par la vente de ses livres, à la diffusion des idées républicaines?

L'imprimeur Leboyer, qui avait mis ses presses au service de l'*Éclaireur*, a été menacé de la même ruine. Il fallait un prétexte pour l'attaquer. Le préfet a recours à un faux. Il change la date d'une déclaration de dépôt, et armé de ce mensonge, il fait condamner Leboyer, qu'il fallait empêcher à tout prix d'imprimer une feuille démocratique.

Violateur des lois, lorsque les lois avaient encore quelqu'empire, que ne devait-il pas faire dans ces jours sinistres, où la dictature de Louis Bonaparte a créé partout des dictateurs?

Son collègue, le général Ballon, s'est contenté de publier un arrêté de deux lignes. Mais cet arrêté mérite de figurer parmi les proclamations sauvages que les héros du coup d'État ont jetées insolemment à la face de la France. Il était conçu en ces termes :

« Tout individu, trouvé dans la rue avec une arme ou faisant des barricades, sera fusillé sur le champ. »

Le procureur-général Desèze, comme le préfet Crève-cœur, avait préludé aux fureurs du deux Décembre par toute sorte de rigueurs contre la presse Républicaine. Il s'attaquait surtout à l'*Éclaireur*, cet organe intelligent et résolu de la démocratie. Mais on pouvait parler à cette époque : la justice des muets n'avait pas encore prévalu et l'infortuné procureur sortait meurtri des débats. Il eut le malheur, dans une de ces luttes judiciaires, de se trouver en face de Jules Favre et de l'attaquer dans sa vie politique. L'avocat bondit sous le coup et, laissant là le fond de la querelle, il déchira son agresseur à belles dents. Desèze, avant le verdict du jury, fut obligé de se retirer dans la chambre du conseil. Il tombait en syncope. Les blessures avaient pénétré jusqu'à l'âme.

Mais ce n'est pas seulement par ces réquisitoires que le procureur-général de Riom avait servi la cause de l'Elysée. Il avait cherché à établir partout dans le ressort de sa cour une police secrète, qui livrait chaque jour au gouvernement la conscience des magistrats.

Desèze appartient à cette famille que le souvenir d'un plaidoyer célèbre semble avoir attaché pour toujours à la cause de la royauté. C'est un légitimiste ; mais il suit avec respect les traditions de son nom et de son sang, en se mettant au service de tous les gouvernements qui veulent payer son zèle.

L'éclat honteux de tous ces dévouements devait être effacé par un magistrat subalterne, le procureur de la République, Burin-des-Roziers, qui avait osé requérir un jour deux années de prison contre un enfant de sept ans, accusé de colportage.

Ah! qu'as-tu fait de ta toge, ô magistrature Française? Les goujats, qui en sont revêtus, l'ont traînée dans toutes les orgies du despotisme et elle est plus souillée aujourd'hui que la tunique sanglante de nos vils Prétoriens!

Burin avait été appelé comme secrétaire au sein de la commission; mais il ne s'est pas contenté de libeller les colères de ces prétendus juges, qui se jouaient de la fortune et de la liberté de leurs concitoyens. Il a voulu devancer leurs coups en recrutant des coupables. Les soldats, les gendarmes, les agents de police, lancés à la poursuite des Républicains, lui paraissaient peu zélés ou maladroits. Qui sait s'ils n'étaient points suspects à ses yeux? Il s'est placé résolument à leur tête. Il a commandé ainsi des expéditions qui ont laissé dans l'esprit des habitants d'ineffaçables souvenirs.

La première était dirigée contre le village de Beaumont. Elle avait pour objet l'arrestation de plusieurs citoyens, dévoués à la République. Au point du jour, le village est investi. Les soldats échelonnés, de distance en distance, occupent toutes les rues. Une proclamation, faite au bruit du tambour, annonce aux habitants qu'ils doivent rester dans leurs maisons sous peine d'être arrêtés et qu'on tirera sur tout individu, qui chercherait à fuir. Sous le coup de cette menace, un silence plein de terreur enveloppe toute

la population. Burin domine et commande au milieu de ce
silence lugubre : « On n'a pas, su dit-il, découvrir les ennemis de l'ordre ; je vais montrer , puisqu'il le faut , comment on déterre le gibier. » Aussitôt une perquisition
commence. Il dirige lui-même les recherches , pénètre
dans les maisons avec des soldats , et portant partout sa
main audacieuse , il interroge jusqu'à la couche d'une mère
et de sa fille. Cette famille était accusée de donner asile
aux Républicains. Il menace de la faire enlever , si elle est
encore signalée dans les rapports qu'il reçoit.

« Mais si ces rapports sont faux comme ils l'ont été jusqu'à présent , s'écrie la femme ?

—» Vrais ou faux , il n'importe ; la prison s'ouvrira
toujours pour vous. »

Il ramasse ainsi quelques prisonniers, qui sont conduits à
la mairie et de là dirigés sur Clermont. Des femmes , une
entr'autres d'environ soixante ans , avaient été comprises
dans le convoi.

La seconde équipée de ce procureur en campagne a eu
pour but le hameau de Theix. Il s'agissait de compléter le
mouvement de Beaumont et d'arrêter Maradex en particulier.
Burin se présente avec une escorte plus considérable que la
première. Il ne trouve point la proie qu'il cherchait. Mais on
lui montre une petite fille de Maradex, qui était là avec sa
nourrice et qui n'avait pas plus de cinq ans. Il a le courage de lui demander la retraite de son père, et comme l'enfant en répond pas, il cherche à la séduire par ses caresses :
il lui promet de l'argent, des dragées, des jouets. Jamais

l'enfance, cette chose sainte, comme disait l'antiquité, n'avait été profanée avec une audace plus sacrilège.

Des hommes ivres de violence, parmi lesquels on a distingué Faye et Vignol, maire et adjoint de Beaumont, ont partagé les exploits de Burin. Qu'ils soient associés à son nom et à sa honte !

CONDAMNÉS

A la déportation en Algérie.

AGÉNON, JEAN, tailleur.

ARNAUD, ancien huissier.

AYRAUD, géomètre.

BARENNE, JOSEPH, cordonnier.

BESSON, GILBERT, forgeron.

BRUNEL, FRANÇOIS, chapelier.

BILLERICK, JACQUES, tailleur.

BOINEAU, tailleur.

CABUROL, JEAN-BAPTISTE, propriétaire.

CHALUS-BART, cultivateur.

CHAMBRIARD, SIMON, coutelier.

CHARLES, JEAN, peintre.

CHALARD, BARTHÉLEMY, cultivateur.

CHAUFFRIAT, FRANÇOIS, cordonnier.

COHINDY, épicier,

CLOVIS , GILBERT , tailleur.

COUGOUL , GUILLAUME , cultivateur.

Un lâche stratagême a livré Cougoul aux satellites de
Louis Bonaparte. Il s'était dérobé avec succès à toutes les
poursuites. On lui annonce dans sa retraite qu'il est mandé
à la mairie pour y recevoir un ordre d'internement.
La proscription , sous cette forme, devait lui paraître un
bienfait : car elle mettait fin aux agitations et aux angoisses
d'une fuite pleine de périls. Il se présente avec une aveugle confiance : il est jeté en prison et déporté en Algérie
avec les autres détenus. C'est un vieillard de soixante-cinq
ans. Sa première jeunesse s'est écoulée sous les drapeaux
de l'Empire.

COURNON-MAILLER , coutelier.

DASSAUT , GILBERT , tisserand.

DELORME , terrassier.

FARGEON , FRANÇOIS , voiturier.

FORESTIER , LOUIS, tailleur.

FRAISSE, aubergiste.

La proscription a enlevé deux frères de ce nom.

FRECTINE-BLANC , marchand.

GUÉRIN , AMABLE , cordonnier.

Il y a eu un autre Guérin déporté en Afrique.

GUÉRILLON , GILBERT , coutelier.

GUERRI, ANTOINE, cordonnier.

GIBRIAT, ANTOINE, expert.

GERMAIX, ANTOIXE, cultivateur.

GOUTARD, marchand de bois.

GOUTTE, coutelier.

GILHERT, HUGUES, aubergiste.

GUIMBAL-L'HÉRITIER, mécanicien.

HÉRAUT, géomètre.

HERRIER, propriétaire.

LARISSAT, propriétaire.

LASCHAMP, docteur en médecine.

Des soldats à moitié ivres avaient été lancés à la poursuite du docteur Laschamp. Ils disaient publiquement qu'ils avaient l'ordre de le fusiller, s'ils l'apercevaient. Sa tête avait été mise à prix : une somme était destinée à celui qui le livrerait.

LAVERY, tonnelier.

LUQUET, cultivateur.

LYON-ROMAT, bijoutier.

MARADEX, propriétaire, ex-maire.

L'histoire des violences, qui ont été commises contre Maradex, suffirait pour déshonorer un gouvernement et le mettre au ban de l'humanité. Entouré de l'estime publique, Maradex avait obtenu plus de quarante mille voix aux élections de l'Assemblée législative. Son influence devait le rendre suspect.

Un mandat est lancé contre lui après le coup d'État. Il a le bonheur d'échapper à la police. Le vingt décembre, il se présente devant le bureau de sa commune pour exercer son droit de citoyen et voter contre la dictature de Louis Bonaparte. Cet acte de courage jette le préfet dans un accès de fureur. Une colonne d'infanterie est aussitôt dirigée sur le village de Beaumont. Des chiens accompagnaient le détachement, comme pour une chasse. La maison de Maradex est sondée et fouillée dans tous les sens. L'officier, qui commandait la troupe, présidait lui-même à toutes les recherches : « Si vous voyez un homme fuir, disait le chef à sa bande, ne vous amusez pas à le poursuivre, lancez lui simplement des coups de fusils. » L'expédition avorte : elle est renouvelée plusieurs fois, mais toujours sans succès. Un soir, la police apprend que Maradex se cache dans la maison d'un de ses amis, nommé Luquet. La maison est bientôt et cernée les appartements envahis avec fracas. Maradex, qui se tenait dans une grange voisine, s'empresse de gagner le toit par une lucarne. Il est aperçu dans sa fuite : « Le voilà qui se sauve, » s'écrient plusieurs voix et aussitôt une grêle de balles retentit à ses oreilles. Il échappe à ce péril, mais c'est pour courir de nouveaux dangers : il devait traverser l'une des rues du village pour gagner les champs. Une seconde décharge l'attendait au passage. Les soldats, qui croyaient l'avoir atteint, accourent et se pressent pour examiner son cadavre. Ils ne trouvent que les traces de leurs balles : « l'oiseau s'est sauvé, » s'écrient-ils, caractérisant sans le vouloir, dans la triviale simplicité de leur langage, ces poursuites sanguinaires.

C'est après avoir échappé à tous ces périls que Maradex a pu gagner la frontière de Belgique.

MEUNIER , LOUIS , bijoutier.

MONTEILLET , médecin.

MARON , JULES , ancien militaire.

PLAGUE , RENÉ , confiseur.

PÉGHOUX , agréé.

PIGNAT , coutelier.

REYNE , ALEXANDRE , peintre.

RANGHEARD , maréchal-ferrant.

ROCHE , MICHEL , cultivateur.

RUSSELLY , ANTOINE , tonnelier.

SAUVAGE , GILBERT , cultivateur.

SIAUME-DOURDOUILLE , propriétaire.

La femme de Siaume et trois autres femmes non moins courageuses, Marie Lafarge, Michelle Fineyre et Antoinette Martin, avaient voulu empêcher l'enlèvement de ce proscrit qui était en proie à de vives souffrances. Elles ont été poursuivies par le procureur Burin et frappées d'une peine correctionnelle. Cet étrange magistrat a voulu avoir la gloire de les arrêter lui-même en se plaçant à la tête d'une colonne.

THÉRAUD-LAFOURNOUS , propriétaire.

VACHEZ , FRANÇOIS , perruquier.

VERGNE , cultivateur.

VIALLAT , JEAN , cultivateur.

Ce proscrit avait échappé à la police de Louis Bonaparte. Il ignorait le sort qui lui était réservé. Sa sœur se rend à Clermont et demande au préfet quelles sont les charges qui pèsent sur le fugitif. Le préfet consulte les procès-verbaux. « Votre frère n'a rien à craindre, dit-il à la sœur de Viallat; engagez-le à se constituer prisonnier pour obéir à la justice et il en sera quitte pour quelques heures d'emprisonnement. » Ce conseil est suivi. Viallat se livre et le lendemain il était dirigé sur Lambessa.

VIGNOT , CLAUDE , cultivateur.

Trois des proscrits que nous venons de nommer, Frectine, Monteillet et Rangheard ont été déportés en Algérie sans avoir pu soupçonner le coup qui devait les frapper. Ils ont été enlevés de leurs domiciles au moment du départ. Le convoi les a pris en traversant Ambert , comme s'il ne s'agissait que d'un voyage ordinaire. Que de fois n'a-t-on pas vu ces caravanes sauvages de l'exil se recruter à la hâte sur leur route et décimer en passant les familles républicaines ! C'était le monstre qui faisait sa ronde, comme dans certaines légendes , et réclamait partout des victimes.

CONDAMNÉS

Au bannissement à temps ou à vie.

ASTAIX , négociant, ex-Représentant du Peuple.

BOISSON , ébéniste.

BRAVARD , avocat.

FONTMARCEL, gérant de l'*Eclaireur Républicain*.

GIRAUD , ancien avoué, ancien maire.

GOUTTAI , avocat , ancien représentant.

Le fils de Gouttai, un jeune étudiant, a été compris dans le même ostracisme.

HARDY , propriétaire.

MANCEL , notaire.

VISMOLE-LA-JARRIGE, rédacteur de l'*Éclaireur*.

CONDAMNÉS

A l'internement.

AUGUSTIN , rentier.

BABUT , docteur en médecine.

BEILLE , propriétaire.

BRUN-MUROL , drapier.

LAVIGNE , ex-notaire, ancien Représentant du peuple.

MANDOSSE , gérant de la boucherie sociétaire.

RABY , ex-juge de paix.

X.

HAUTE-VIENNE.

Membres de la Commission.

DE MENTQUE , préfet.

DUFOUR-D'ANTIST , général de division.

DE MARNAS , procureur général.

La dictature bonapartiste n'avait pas attendu ces trois commissaires pour porter ses coups dans la Haute-Vienne. Elle avait trouvé là, comme ailleurs, les passions royalistes pour la servir et pour l'exploiter. Le foyer de ces passions était dans la *Ligue du bien public*, qui s'était formée à Limoges et qui avait arboré audacieusement le drapeau de la monarchie en face du drapeau de la République.

Une commission judiciaire avait été chargée, dès les premiers jours, d'instruire contre les républicains qui ne s'étaient pas inclinés devant les prétentions impérialesques de Louis Bonaparte. Elle se composait d'un président de chambre, Dumont-St.-Priest, de deux conseillers à la cour, Desilles et Peconnet, et d'un juge de 1re instance, Demartial.

Ces magistrats avaient déployé, dans leurs fonctions, ce zèle inquiet et fébrile, qui préside à tous ces procès où la loi devient une furie. Les listes de proscription étaient déjà dressées; il ne s'agissait que de les mettre au jour.

D'autres agents devaient seconder par leurs excès le préfet de Mentque et ses collègues. Parmi eux apparaissent le procureur de la République, Chatelard, et l'avocat général Lezeaud.

La geôle a eu ici, comme ailleurs, des pourvoyeurs officieux.

Ce rôle, d'après le cri de l'opinion publique, aurait été rempli par un avoué Fizot-Lavergne, un marchand, Peyrimonie, et quelques autres bonapartistes de la même trempe : gens affamés de peines et de supplices, qui marchent bravement à la queue des partis, pour satisfaire leurs haines. La prison, l'exil, la déportation elle-même avec toutes ses rigueurs, étaient pour eux des mesures insuffisantes. « Il faut, disaient-ils, fusiller dix mille socialistes. C'est le seul moyen d'en finir. »

Un prêtre, le curé de la commune de Nexon, Pradeau, a eu le triste courage de s'associer à ces fureurs et même de les devancer. Deux jours avant le coup d'État, il sonnait le tocsin d'alarme du haut de sa chaire et prêchait une croisade impie contre les républicains.

« Vous êtes appelés, disait-il à ses auditeurs, à voir les choses les plus terribles. Les rouges se préparent pour nous égorger. Nous sommes sur un volcan. Mais Dieu nous sauvera. Ne nous a-t-il pas mené par la main celui qui doit nous délivrer de l'anarchie, le neveu de l'Empereur ? C'est lui qui nous préservera tous. Qu'au premier cri tous les hommes d'ordre se groupent autour de son nom pour écraser à jamais ces brigands, ces destructeurs de la société, ces abominables rouges. »

Langage sacrilége, qui devait trouver plus d'un écho dans l'Église. Quelques jours après, ce n'était plus un prêtre inculte et grossier, qui prononçait ces paroles ; c'était un évêque, qui ne craignait pas de déclarer solennellement que Dieu était avec Louis Bonaparte. Et après cet évêque, venaient les cardinaux, associant sans pudeur la majesté de la religion à l'attentat du magistrat parjure qui avait égorgé la République, en passant sur le corps de plusieurs milliers de citoyens. O Christ ! Les marchands, que tu chassais, sont rentrés dans le temple avec des escrocs et des assassins.

Au milieu de ces fureurs, le préfet de Mentque et ses collègues n'avaient qu'à frapper, pour ainsi dire, les victimes qu'on leur désignait. C'est le caractère de toutes les époques où la violence gouverne. Le pouvoir se déplace naturellement, et la passion, distribuant les rôles, fait du dernier citoyen une sorte de magistrat, qui s'investit lui-même d'une partie de la puissance publique.

CONDAMNÉS

A la déportation en Algérie.

BAILLAC, propriétaire.

BERGER, ouvrier.

C'est un enfant de seize ans

BRIQUET, artiste en porcelaine.

Le juge d'instruction, Dumont-St-Priest, qui a fait tous

ses efforts pour trouver des coupables dans les défenseurs de la Constitution, interrogeait Briquet.

« Connaissez-vous les événements de Décembre, lui disait-il ?

—Je les connais, répond Briquet avec la même gravité.

—Et le complot qui les a précédés?

—Également.

—Pouvez-vous dire le nom du chef?

—Je le puis.

—Comment s'appelle-t-il ? »

Briquet a l'air d'hésiter. Le magistrat et le greffier, qui tient la plume, attendent sa réponse avec une impatience visible.

« Il s'appelle Louis Bonaparte », s'écrie enfin l'accusé, qui se transforme en accusateur avec toute l'autorité du droit insolemment outragé.

Ces mots coupent court à l'interrogatoire et le juge dévore tristement sa honte.

BRUN, SÉCHAUD, médecin.

BOUNEIX, restaurateur.

Arrêté dans la commune de Linards, Bouneix a été conduit à Limoges avec des rigueurs inouïes. On le jette dans un cachot à son arrivée. La solitude affreuse de cette prison l'irrite et l'exalte. Ce n'est plus qu'un fou pour les agents de Louis Bonaparte. Il est transporté de force dans une maison d'aliénés et soumis à leur régime. Il n'a échappé à cette horrible épreuve que pour être déporté.

CORPDEBOEUF , tanneur.

DECLAREUIL , docteur en médecine

DELASSIS , propriétaire , membre du conseil-général.

DEVAUX , propriétaire, adjoint au maire.

DOUCET , marchand tailleur.

FAUCHER , notaire.

FRICHON , avoué.

Le frère de l'avoué Frichon était membre de l'Assemblée Législative. Il a été oublié par la proscription. Louis Bonaparte n'aura pas lu sans doute le discours dans lequel le représentant de la Haute-Vienne signala un jour à la tribune un nouveau *parc-aux-cerfs* , que le futur dictateur avait établi derrière le château de Saint-Cloud , et que Magne , l'un de ses ministres , prétendit défendre par cette déclaration naïve : *Que le gibier avait été acheté par le Président de la République.*

LAGRANGERIE , boîtier.

PATAPY , avoué.

PLANTARD , marchand-tailleur.

CONDAMNÉS

Au bannissement à temps ou à vie.

ARNAUD , clerc de notaire.

Le jeune Arnaud s'était jeté dans un tonneau rempli de

plume, pour échapper à des soldats qui le poursuivaient. Il est découvert par les sbires bonapartistes. Plusieurs coups de sabre lui sont portés. L'un de ces coups lui fracture le crâne, un autre lui perce la cuisse. Les bourreaux jouaient avec leur victime. Quand on l'a conduit en prison, il ressemblait à un soldat qui aurait été ramassé sur le champ de bataille.

BAIN, médecin vétérinaire.

BARATON, propriétaire et négociant.

BAIGNOL, ébéniste.

BOUILLAGUET, terrassier.

BOIRON, artiste en porcelaine.

BULOT, peintre en porcelaine.

BLONDET, docteur en médecine.

BERTHOULE, propriétaire.

BERLIER, marchand tailleur.

CHARAUD, tisseur.

CHIBOYS, négociant.

CHATENET, propriétaire.

CHALLMEL, professeur de philosophie.

CHADOL, artiste en porcelaine.

CHARTIER, négociant.

DUCHEZ, marchand.

DUFAURE, taillandier.

DUSSOUBS, GASTON, avocat.

C'est le frère du Représentant du Peuple, cet héroïque Dussoubs, qui est mort sur une barricade, la Constitution à la main. La commission de la Haute-Vienne n'a pas rougi de le proscrire après sa mort. C'était une mesure de précaution. Une grêle de balles l'avait frappé dans les rues de Paris. Mais peut-être n'avait-il pas succombé? Peut-être avait-il survécu à ses blessures? Les prévôts de Limoges n'avaient pas assisté à ses funérailles. Ils ont cru prudent de le frapper, au risque de n'atteindre qu'un cadavre. Ce nom de martyr a été atteint une seconde fois par la proscription. Firmin Dussoubs, docteur en droit, a dû quitter la France.

FAURE-DESPLANTES, propriétaire.

FARGEAUD, propriétaire.

FILLIAS, professeur d'histoire.

FILLAU, fabricant de bois.

FORGEMOLLE, propriétaire.

GOURSOLAS, avocat.

GUYNOT, entrepreneur.

Il y a eu dans la Haute-Vienne un autre proscrit de ce nom.

LÉGER, docteur en médecine.

LORGUE, marchand sabotier

MARAVAUD, marchand tailleur.

MAURY, meûnier.

MARTIAL, entrepreneur.

MAZARD, propriétaire.

MASSY , ébéniste.

MOLLAT , ébéniste.

PRADEAU , propriétaire.

PAILLIET , fabricant de pompes.

PRESSON , fils , propriétaire.

RIVAUD , médecin.

Un propriétaire, nommé aussi Rivaud, a été frappé de la même peine.

RICROCH, gérant de l'association des porcelainiers.

ROUMILHAI , avoué.

ROGERIE , aîné , propriétaire.

ROUX , artiste en porcelaine.

SARRE , cultivateur.

TALANDIER , avocat , ancien substitut du procureur-général.

TITUS-DESVERLOIN , ancien clerc de notaire.

TIXIER , cordonnier.

VIGNOT , propriétaire.

VILLEGOUREIX , négociant.

Le frère de Villegoureix a été éloigné également du territoire de la République.

CONDAMNÉS

A l'internement.

ALLÈGRE, avocat, ancien Représentant du peuple.

ALBIN , LAFON , propriétaire.

CHIBOYS , architecte.

DANTY , plâtrier.

DERIGNAN , restaurateur.

MAURY , notaire.

MARSALY , huissier.

PERRIER , propriétaire.

PEYRUSSON , confiseur.

POUZY , avoué.

RONDAUD , avoué.

Un huissier de ce nom a été condamné aussi à l'internement.

THOMASSIN , notaire.

XI.

VIENNE.

Membres de la Commission.

JEANIN , préfet.

DE MONTROND , colonel.

DAMEY , procureur-général.

Le cri du sang, à défaut de conscience, aurait dû arrêter le préfet de la Vienne dans cette voie audacieuse de la proscription où se sont précipités à l'envi les fonctionnaires de Louis Bonaparte. Jeanin est le petit-fils du peintre David. Comment a-t-il pu oublier que son grand-père était mort à Bruxelles, où l'avait rejeté l'ostracisme des Bourbons?

Sorti des Spahis, le colonel de Montrond appartient à cette armée d'Afrique, qui a fourni tant de séïdes au dictateur, comme pour montrer une dernière fois à ceux que l'histoire n'a pu convaincre, que les camps furent toujours une école de despotisme.

Des sentiments républicains avaient inspiré pendant quelque temps le procureur-général Damey. Il avait même dû à ces sentiments une sorte de disgrâce, qui l'avait éloigné de la cour d'Amiens. Il s'était corrigé insensiblement, à mesure que la conspiration bonapartiste se déroulait sous ses yeux. Encore une toge qui couvre une apostasie et, avec cette apostasie, le mépris le plus insolent de la justice !

Les membres du tribunal de Châtellerault ont trouvé le moyen de marquer leur place dans cette violation audacieuse de tous les droits. Ils se sont réunis un jour, sans tambour ni trompette, comme dit le proverbe, pour décider à huis-clos que certains huissiers du canton changeraient de résidence. C'était une nouvelle répartition des offices entre les titulaires et le bonapartiste s'enrichissait aux dépens du républicain. On ne dit pas si ces magistrats ont motivé leur jugement sur le respect dû à la propriété. Pourquoi ne l'auraient-ils pas fait ? Le mensonge est la loi suprême de cette justice, devenue l'outil d'une ignoble dictature. Les juges qui ont signé cette décision s'appellent Mangin , Delaubière et Ingrand. Le procureur, de Gennes, portait la parle. Ils ont semé ensemble l'iniquité. Qu'ils en recueillent ensemble les fruits amers !

CONDAMNÉS

A la déportation à Cayenne.

ANGELIOME, JOSEPH, plafonneur.

La femme d'Angeliôme était enceinte : elle a été incracérée en même temps que son mari et renfermée pendant vingt-quatre heures dans un cachot glacial. On l'a mise plus tard en liberté , mais pour la jeter hors du département.

ANGOUALE, JEAN, terrassier.

CONDAMNÉS

A la déportation en Algérie.

GIRAUD , ministre protestant.
GUÉRARD, ALEXANDRE , voilier.

Alexandre Guérard appartenait à la Seine-Inférieure : il habitait le Hâvre. Il était de passage à Poitiers, quand il a été frappé par la commission de la Vienne. Les proscripteurs l'ont pris en quelque sorte sur la route , comme ces bandits qui se jettent sur les voyageurs et les enlèvent.

CONDAMNÉS

Au bannissement à temps ou à vie.

AUBIN, CHARLES, instituteur.

Le crime d'Aubin, aux yeux du gouvernement, était d'avoir donné des bulletins négatifs à quelques électeurs lors du vote sur le plébiscite. Pouvait-il être épargné? Que n'aurait pas fait Cartouche aux gens qu'il détroussait, s'il avait eu la fantaisie de demander leur consentement et qu'ils eussent exprimé un avis contraire? Le bonapartisme, ce détrousseur de la République et de la France, n'a mis sa main dans l'urne, que pour en retirer le mensonge.

BONNAL, ex-rédacteur de la *Presse*.

COLLARD, doreur.

FRADIN, avocat, ancien sous-préfet.

JARRASSÉ, FÉLIX, propriétaire, ancien maire.

Deux brigades avaient été dirigées sur la commune de Champigny pour arrêter Jarrassé. Elles devaient l'amener mort ou vif, suivant les ordres de la préfecture. C'était l'auteur d'un pamphlet intitulé : *Les vignerons rouges*. Il fallait s'en emparer à tout prix. Jarrassé, prévenu en temps opportun, avait disparu de son domicile. Les gendarmes, à leur arrivée, ne trouvent que sa femme et ses quatre enfants. Ils menacent sans pudeur une de ses filles, à peine âgée de trois ans, pour qu'elle leur indique dans quel endroit il s'est retiré. «Dis moi quand tu as vu ton papa ou je te tue» lui dit l'un d'eux en levant sur elle son sabre. Pour éviter de pareilles tortures à sa famille, Jarrassé prend la la résolution de se constituer prisonnier. Il est jeté dans un cachot et on ne l'en retire qu'à moitié mort. Le préfet Jeauin vengeait ses injures. Il figure dans le pamphlet sorti de la plume de Jarrassé.

LIMOUZINEAU, BENJAMIN, avocat.

CONDAMNÉS

A l'internement.

DUPLAISSET, avocat.

Ce n'est qu'après coup et par un deuxième arrêt que Duplaisset a été interné. La commission de la Vienne s'était contentée de la placer sous la surveillance de la haute police. Il n'avait pas quitté Poitiers. Les élections des conseils généraux ont lieu et sa candidature est mise en avant par le parti démocratique. Le préfet, à cette nouvelle, le mande auprès de lui pour lui annoncer qu'il l'envoie à Verdun. Quelques-uns de ses amis sont frappés en même temps. On suspend trois professeurs de la faculté, Bourbeau, Malapert et Orillard, parce qu'ils lui étaient favorables. L'un d'entr'eux, Bourbeau, avait siégé à l'Assemblée Constituante.

LECLERC, fondeur.

La ville d'Angoulème avait été assignée à Leclerc comme lieu d'internement. Il n'y était pas plus tôt arrivé que le préfet de la Charente l'a fait partir pour l'Angleterre.

VASSEUR, ex-maréchal-des-logis.

Parmi les citoyens qui ont été soumis à la surveillance de la haute-police ; cet emprisonnement dans la famille, se trouve un ancien entrepreneur, Desrochers, qui avait quitté depuis dix-huit mois le département de la Vienne pour aller habiter celui de la Charente. La proscription bonapartiste, qui ne recule devant aucun excès, ne s'arrête à aucune frontière. Elle frappe de loin ses victimes, quand elle ne peut les atteindre de près : elle s'amuse même à les flétrir du nom de contumace, comme si elle était la justice !

LIVRE XII.

La proscription dans les départements du Midi.

———

I.

Il était réservé au Midi de fournir plus de victimes qu'aucune autre partie de la France. Telle fut dans tous les temps sa mâle et noble destinée. Il donne des martyrs à toutes les causes et le sang coule toujours de ses flancs entr'ouverts, comme s'il était condamné, en s'épuisant lui-même, à rajeûnir d'âge en âge la vie nationale. Dès le 12e siècle, il lutte et souffre avec les Vaudois, ces précurseurs de la liberté religieuse. Au 16e siècle, il s'agite pour la Réforme. La révocation de l'édit de Nantes, au 17e siècle, le secoue comme une tempête, en lui enlevant la plus grande partie de *ce peuple proscrit, nu, fugitif, errant sans crime*, dont parle St.-Simon. Enfin l'histoire politique

des cinquante dernières années nous le montre sanglant et
déchiré, comme un soldat qui vient d'essuyer le feu de
l'ennemi.

Grâce au bonapartisme, il vient de reprendre ce rôle
fatal, mais glorieux. Le présent a hérité de toutes les souffrances héroïques du passé. Quel spectacle douloureux !
Cette zone magnifique du Midi, qui s'étend de l'Océan à la
Méditerrannée, a été livrée comme une proie à la fureur des
proconsuls de Louis Bonaparte.

Tous les départements n'ont pas été frappés de la même
manière.

Quelques-uns ont eu le bonheur d'échapper en partie à
la proscription. Ce sont les Hautes-Alpes, l'Ariège, la
Dordogne, la Haute-Garonne, l'Isère, les Landes, les
Basses et les Hautes-Pyrénées.

D'autres ont été plus atteints, l'Aude, par exemple,
l'Aveyron, la Gironde, le Lot, le Tarn-et-Garonne.

Plusieurs ont été ravagés et dépeuplés, comme si le sort
d'une bataille les avait livrés tout-à-coup à des hordes
étrangères. Tels sont les Basses-Alpes, les Bouches-du-
Rhône, la Drôme, le Gers, l'Hérault, le Rhône et le
Var.

Cinquante mille citoyens environ ont été incarcérés ou
poursuivis dans cette partie de la France.

Rien de plus triste partout que ces proscriptions et ces
violences intérieures, qui nous montrent un peuple déchirant ses entrailles, comme Caton à Utique. Mais ce spectacle était plus affreux dans le Midi qu'ailleurs. Ce n'était
pas un parti s'acharnant sur un autre parti dans l'ivresse

de la victoire. C'étaient des haines de cinquante ans, qui semblaient sortir du tombeau pour se déchaîner sur d'anciennes victimes. L'incendie de la Restauration se rallumait. Les royalistes, sous le masque du bonapartisme, frappaient les fils de ceux que leurs pères avaient égorgés au commencement de ce siècle.

« Ce jeune homme que vous voulez envoyer à Cayenne ou à Lambessa, disait une femme à un colonel, est étranger à nos discordes politiques. Il ne s'est jamais mêlé à nos débats. Il n'a jamais compté dans un parti. Pourquoi tourner contre lui la colère des factions !

—Il n'a rien fait, c'est vrai ; mais son père... ? »

Voilà le secret de la plupart des violences qui ont affligé le Midi. Et que de scènes odieuses ont précédé ou suivi cette grande iniquité !

Les chasses essayées dans le Centre contre les républicains ont été pratiquées sur une grande échelle dans nos départements méridionaux. Le Lot-et-Garonne, l'Hérault, les Pyrénées orientales, les Basses-Alpes et le Var ont été surtout le théâtre de ces excursions barbares où l'homme était offert comme une proie à l'homme. Le mot d'ordre semblait emprunté au code sauvage des Espagnols lancés dans le Nouveau Monde à la poursuite des Indiens. Il fallait tirer sur quiconque faisait mine de se dérober.

Un capitaine des Pyrénées orientales, nommé Gineste, rencontre un charretier et lui décharge son fusil sur la tête. Le charretier avait l'air de fuir.

C'est ainsi que les forêts du Midi ont été explorées. Quelques républicains s'étaient réfugiés dans un bois aux environs de Villeneuve. Une colonne militaire est lancée sur leurs traces. Elle ramène bientôt après l'un des fugitifs. Un coup de feu l'avait atteint au milieu des arbres et le sang inondait son visage.

On poussait ces recherches impies jusque dans les cimetières. Il fallait s'assurer que les morts ne donnaient pas un asile aux vivants. La police de Louis Bonaparte descendait dans les caveaux funèbres pour y chercher des victimes.

Un maire de Lot-et-Garonne, nommé Bordes, a poussé plus loin la barbarie. La petite ville de Caumont, qu'il administrait, est coupée par un ruisseau sur lequel on a jeté une voûte d'une longueur de trois mètres. C'était une retraite ouverte aux proscrits. Bordes s'imagine qu'ils s'y sont réfugiés en grand nombre. Il donne l'ordre de fermer l'extrémité inférieure de l'aqueduc et de lâcher les eaux emprisonnées dans les lavoirs qui le dominent. Le conduit est aussitôt inondé. « Nous allons voir si les renards vont sortir de leur trou, » disait cet étrange magistrat, qui savait trouver le moyen d'être plaisant en présidant lui-même à cette exécution. Le canal reste rempli pendant vingt-quatre heures. Il fallait bien s'assurer qu'il ne cachait aucun proscrit, ou que les malheureux, qui étaient venus chercher un asile sous la voûte, avaient eu le temps de périr.

Dans l Hérault ce sont des scènes aussi violentes.

Un détachement du 55e de ligne arrive sur le bord du bassin de Tau au moment où une barque montée par quelques hommes s'éloignait à force de rames. Tous les fusils se dirigent sur les passagers. Plusieurs décharges se font entendre et la barque est criblée de coups de feu.

Le lieutenant Sardou, à la tête d'une autre colonne, envahit le village de St.-Thibéry et fait tirer sur des paysans qui s'enfuient à son approche.

Des soldats marchaient vers la platrière de l'Estang, pour enlever les ouvriers qui s'y trouvaient. Un jeune homme de seize ans, nommé Boucairol, se met en route pour les prévenir. Il reçoit une balle et expire.

On lisait, à la même époque, dans un journal du déparment : « La colonne mobile de Pézenas s'est rendue à Servian, pour y opérer quelques arrestations. Les maisons des prévenus ont été cernées et l'un d'eux, ayant cherché à fuir, est tombé mortellement frappé d'une balle. »

Les Basses-Alpes offraient un spectacle plus douloureux encore. Poursuivis et traqués comme les bêtes fauves, les citoyens restés fidèles à la loi, se voyaient rejetés dans les montagnes, au milieu des neiges et des précipices. Ils n'échappaient aux horreurs de la guerre civile et de la proscription que pour se trouver aux prises avec une nature, qui semblait elle-même se soulever contre eux. Plusieurs groupes de ces fugitifs ont été surpris par des avalanches. On ramassait un jour six cadavres aux environs de Barcelonnette. D'autres étaient recueillis sur les bords de la Durance.

Que dire du Var qui semblait abandonné à toutes les fureurs ?

Un fonctionnaire de ce département pouvait écrire quelques jours encore après le coup d'État : « On commence à faire des prisonniers. » Qu'avait-on fait jusqu'alors ? On avait égorgé sans pitié ni merci et l'emportement des soldats n'avait pas même respecté les cadavres. Deux habitants de Draguignan n'avaient pu reconnaître qu'à ses habits un membre de leur famille, qui avait succombé dans une lutte inégale et dont le visage ensanglanté n'offrait plus qu'une plaie.

Le lendemain de l'affaire d'Aups, une cinquantaine de démocrates avaient été arrêtés dans les montagnes voisines de Lorgues et conduits dans les prisons de cette ville. Ils étaient sous les verroux depuis quelques heures, lorsqu'un brigadier de gendarmerie se présente avec ses hommes. Il prend au hasard quatre prisonniers, les fait garrotter durement et jeter sur une charrette. On les conduit devant le cimetière de Lorgues, situé sur la route, à une petite distance de la ville. Deux d'entr'eux, attachés ensemble, reçoivent l'ordre de descendre. Le brigadier prend un pistolet qu'il charge avec lenteur et brûle la cervelle à l'une des victimes. L'autre prisonnier, autour duquel le cadavre reste suspendu, éprouve bientôt le même sort. On peut dire qu'il est mort deux fois, grâce à l'affreuse combinaison qui l'avait associé au supplice de son voisin. Les deux malheureux, qui restaient sur la charrette, assistent à ce terrible assassinat et les gendarmes poussent la barbarie jusqu'à leur en faire observer tous les détails. On les tuait par les yeux, par les oreilles, par tous les sens, avant de leur porter le dernier coup. « Il faut un peu promener ces deux messieurs pour qu'ils aient le temps de réfléchir, » dit le chef de la bande avec un rire féroce. On les promène en effet et ils sont bientôt assassinés comme leurs compagnons. Les quatre cadavres sont abandonnés sur ia route. Pendant la nuit, l'un des suppliciés se sent revivre. Le sentiment de la conservation lui prête de la force. Sanglant et mutilé, le malheureux se relève, dénoue les cordes qui l'attachent au cadavre de son ami et s'éloigne. Quelques jours après, il était sur le territoire du Piémont. Sa femme, qui avait pris le deuil, apprenait par une de ses lettres tous les détails de cette horrible scène.

A la même époque, un détachement de gendarmerie arrêtait neuf démocrates et les traînait à Draguignan. Les gendarmes étaient ivres. Ils s'exaspèrent, chemin faisant, et massacrent leurs prisonniers. Ils laissaient en passant des cadavres dans chaque village qu'ils traversaient, avec défense de les relever jusqu'au lendemain. « Il faut, disaient-ils, montrer aux parents des rouges comment on va arranger ceux de leurs familles qu'on a pu saisir. » Un seul prisonnier est ménagé. C'était un des chefs de la résistance. « Le procureur de la République doit l'interroger avant qu'on le tue, » dit le chef des assassins.

Un jeune homme, accompagné de deux de ses amis, va frapper, pendant la nuit, à la porte de son oncle qui habitait l'un des villages voisins de Lorgues. Ils étaient poursuivis par les gendarmes ; ils demandent un asile. La porte s'ouvre et les fugitifs peuvent se cacher. Un quart d'heure après, une dizaine de royalistes se présentent. Ils arrachent les trois républicains de leur retraite et les fusillent. L'oncle avait livré son neveu et, soit calcul, soit fanatisme, il s'associait sans pudeur à l'exécution de ses trois hôtes.

Bien des scènes analogues se produisaient sur d'autres points. Le meurtre était la loi du moment : le meurtre régnait et gouvernait.

Mais ce n'étaient là que des actes isolés et pour ainsi dire inaperçus. Ils ne frappaient que les yeux de quelques spectateurs jetés par le hasard au milieu de ces scènes. Ce qu'il y avait de plus pénible, c'était l'aspect général du Midi tristement enveloppé dans toutes les horreurs de la guerre. Des colonnes de prisonniers, conduites par des soldats qui leur prodiguaient l'injure, s'avançaient du fond des campagnes vers les villes où la police de Louis Bonaparte leur avait préparé des cachots. Ils étaient entassés là pêle-mêle, comme des animaux immondes. Les femmes se trouvaient confondues avec les hommes. On les avait mis hors la loi. Ils n'appartenaient plus même à l'humanité. Les casemates de Blaye recevaient plusieurs centaines de malheureux, qui, pour se reposer de leur fatigue, n'avaient d'autre moyen que de se coucher dans la boue. Abandonnés à eux-mêmes, privés d'aliments pendant plus de vingt-quatre heures, la plupart auraient succombé aux tortures de la faim, si la population, émue de tant de souffrances, ne leur avait procuré des secours. Le supplice avait duré si longtemps que plusieurs se croyaient condamnés à périr d'inanition. La mort d'Ugolin infligée à tout un peuple, voilà sous quelle image la dictature de Louis Bonaparte s'offrait à ses victimes.

Après la prison, l'exil, c'est-à-dire un autre emprisonnement loin de la patrie. Que de douleurs ! que de déchirements ! Et que de haines amassées sur le pouvoir impie qui a ouvert toutes ces blessures ! La France , depuis des siècles , n'avait pas senti ses entrailles s'agiter aussi douloureusement sous la main d'un despote.

Des bateaux à vapeur, qui semblaient envoyés par quelque conquérant , venaient chercher sur nos rivages ces martyrs de la démocratie brusquement, enlevés par la main du tyran et de ses complices à leurs affections , à leurs intérêts, à cette patrie toujours si belle et si radieuse, quand un orage nous arrache de ses flancs. Port-Vendres , Cette, Marseille et Toulon servaient de point de départ à ces caravanes de l'exil ; et, comme si la Méditerrannée n'avait pu y suffire , la Gironde portait à l'Océan d'autres convois de proscrits , condamnés à tourner l'Espagne et à passer sous le canon de Gibraltar , pour aller mourir au milieu des Arabes et des Kabyles.

Un jour , au moment du départ, quatre de ces déportés qui venaient de quitter Blaye , se dérobent à leurs gardiens et se jettent dans la mer. Ils voulaient mourir à la vue de la France.

La guerre civile jusqu'ici s'était contentée de frapper quelques hommes : elle livrait à l'ostracisme des généraux , des hommes d'État , certains chefs de parti , en un mot les compétiteurs du pouvoir.

Mais ici c'était tout un peuple qui était chassé de ses foyers , comme dans ces anciennes invasions de l'Orient, où les vainqueurs prenaient la place des vaincus. Aussi toutes les douleurs se montraient à la fois. La fermeté du citoyen luttait mal contre la sensibilité du fils, du père et de l'époux. Le cri du sang, un cri pénible et douleureux s'échappait du

fond des poitrines. Les vaisseaux qui enlevaient les proscrits
n'emportaient, hélas ! qu'une partie des douleurs : les
hommes s'éloignaient; mais les femmes et les enfants restaient
cloués sur le rivage, dans l'abandon et le désespoir.

Cette situation pleine de larmes a été décrite par un lieutenant de vaisseau, Emile Bodin, qui était chargé lui-même
de transporter en Algérie quelques centaines de proscrits.

Voici la lettre de cet officier :

« Nous avons gardé ces malheureux à bord pendant trois
longues journées, et, comme notre frégate n'était éloignée
du quai que de quelques mètres, tous les abords sont restés
couverts de pauvres femmes, qui poussaient des cris à fendre
les cœurs les plus durs. C'étaient des mères, des sœurs, des
épouses désolées, qui cherchaient ceux qu'elles aimaient.
Et puis quand elles croyaient les avoir aperçus à travers
l'étroite ouverture des sabords, c'étaient des sanglots plus
douloureux encore auxquels venaient se joindre les gestes
les plus passionnés.

« Enfin, l'heure du départ a sonné. Ce moment a été
d'autant plus émouvant que, la veille, le bruit avait couru
dans Port-Vendres qu'on allait rendre les prisonniers à la
liberté, et que ce qui avait été fait jusqu'alors n'avait eu
pour but que d'effrayer les condamnés et la population elle-
même.

» Aussi quand on a vu la frégate lever son ancre et partir, une nouvelle stupeur a paru clouer au rivage toute
cette foule naguère encore si agitée.

» Puis, comme si la même commotion électrique l'avait
soulevée tout-à-coup, elle s'est précipitée comme un torrent

vers l'entrée du port. En un instant la jetée . les hauteurs, les rochers les plus avancés dans la mer nous ont parus couverts d'hommes, de femmes et d'enfants tendant les bras vers le navire qui fuyait sans pitié, agitant des mouchoirs, poussant les cris les plus déchirants et appelant encore ceux qui déjà ne pouvaient plus rien entendre. C'était affreux et je ne me souviens pas d'avoir jamais assisté à aucun drame qui m'ait plus profondément et plus douloureusement remué. »

Que manque-t-il à ce récit ? Un cri d'indignation contre le parjure qui n'a pas craint de faucher nos populations, pour refaire une royauté sur les ruines de la République. Mais le sentiment du droit n'existe point dans le cœur du soldat. La discipline lui dit : « livre-moi ton âme, livre-moi ta conscience et voilà pour les remplacer un sabre et un fusil. » C'est beaucoup lorsque cette règle de fer lui permet encore d'être sensible aux douleurs de l'humanité.

II.

BASSES-ALPES.

Membres de la Commission.

DE BOUVILLE , préfet.
LEMAIRE , général de brigade.
PRESTAT , procureur de la République.

« Ce malheureux pays est livré aux bêtes », disait le général Morris qui commandait dans les Basses-Alpes et qui ne pouvait contenir son indignation à la vue des excès dont il était le témoin, mais dont il a refusé généreusement d'être le complice.

Parmi ces *bêtes* acharnées sur tout un peuple, figure en première ligne Bouville qui a vu dans Louis Bonaparte une espèce de Messie que *Dieu a mené par la main*. Il remplaçait le préfet Dunoyer, qui avait eu le tort, aux yeux du gouvernement, de reculer devant la population insurgée pour la défense des lois et de se réfugier, au moment de la lutte, dans le fort de Seyne. C'était sa seconde campagne contre la République. On peut dire qu'il avait fait la première à Paris dans l'un de ces journaux bonapartistes qui ont pu déclarer impunément la guerre aux institutions républicaines. Il a voulu se montrer digne de ce prélude et jamais province ne fut mieux ravagée par un proconsul. On l'a vu dépeupler des villages. A Saint-Maime, par exemple, il a fait saisir tous les hommes valides. Du reste, il n'a pas eu le mérite aux yeux de Louis Bonaparte d'avoir ouvert lui-même cette carrière de persécutions. Il avait été précédé dans cette voie sanglante par le conseiller Fortoul, qui a rempli provisoirement les fonctions de préfet après le départ de Dunoyer.

Fortoul est le digne père de ce ministre, qui a conquis à force de bassesse la faveur du tyran. Il a un second fils, qui promet d'égaler au moins son aîné. Entraîné sans doute par un instinct de famille, ce jeune homme a voulu participer, moralement du moins, au crime du 2 décembre. Il écrivait à son père au moment de l'attentat :

« Le coup-d'État sera plus rude à la bourgeoisie qu'à la démocratie. Je crois qu'il sera bien reçu chez vous. Mais si quelque agitation se fait sentir, n'hésitez pas; allez au devant d'elle et ne reculez pas devant les moyens révolutionnaires. »

Ces conseils furieux ne remplissaient pas toute la lettre de ce proscripteur de collége. Il y avait une place pour d'autres idées et d'autres sentiments. Le jeune Fortoul écrivait du ministère de l'intruction publique, où son frère venait de s'installer, comme un larron, après le grand larcin fait à la patrie. Il trouvait la place bonne et il le disait complaisamment à son père. Cet horizon de la capitale lui semblait pour le moins aussi beau que celui des Alpes. Il ne songeait guère à ses montagnes que pour signaler la petite ville de Gréoulx comme un foyer de démagogie, qu'il était nécessaire de comprimer au premier signal. C'était un mélange de fureur et de sérénité. L'auteur de la lettre enveloppait naïvement son bonheur et celui des siens dans les images lugubres de la guerre civile. Étrange famille que celle où la proscription peut servir ainsi de cadre et d'ornement aux joies du foyer !

Un général avait su honorer son nom, en exprimant son horreur pour tant de violences. Un autre n'a pas éprouvé la même antipathie. C'est déjà trop pour Lemaire. Les colonels Fririon et Sercey ont eu ainsi un successeur.

Deux arrêtés mémorables ont marqué à jamais d'un éclat sinistre le nom du colonel Fririon.

Le premier de ces arrêtés contient une disposition en vertu de laquelle les citoyens qui n'avaient pas pris part aux événements, mais qui étaient détenteurs d'armes, devaient les rendre immédiatement sous peine d'être fusillés.

On trouve dans le second les dispositions suivantes ;

« Des garnisaires seront placés chez tous les individus qui n'ont pas satisfait aux mandats décernés contre eux. Ces garnisaires resteront à leur charge jusqu'à ce qu'ils aient obéi à la loi.

» Les biens des inculpés en fuite seront séquestrés.

» Tout individu, qui sera convaincu d'avoir fourni des secours en vivres ou en argent à un insurgé ou de lui avoir donné asile, sera considéré comme complice de l'insurrection et en cette qualité, arrêté, poursuivi, et puni avec toute la rigueur des lois qui régissent l'état de siége. »

Mort aux insurgés, c'est-à-dire, aux défenseurs de la Constitution.

Mort à leurs parents et à leurs amis, s'ils osent les soutenir dans dans leur lutte, ou les sauver dans leur défaite.

Mort à tous les citoyens qui n'ont pas renoncé au culte de la loi, ni au respect de l'humanité.

Tel était le langage du colonel Fririon. Il interdisait en même temps aux familles des détenus de leur apporter des vivres et des couvertures, comme s'il avait voulu les condamner provisoirement au froid et à la faim !

D'autres exploits ont illustré le colonel Sercey. Il ne s'amusait pas à rédiger des arrêtés, ce qui lui semblait inutile et ce qui l'aurait embarrassé peut-être. Il était lui-même la loi vivante. Suivi d'une forte colonne, il parcourait le département en brisant devant lui tous les obstacles.

Voici comment il organisait les pouvoirs municipaux au profit de Louis Bonaparte.

Il arrive un jour avec ses soldats dans la commune de Château-Arnon. Un homme assez bien vêtu se promenait sur la place. Le lieutenant de l'Élysée l'appelle et lui dit : « Voulez-vous être maire ? » Cet homme refuse. Il y avait là un autre promeneur. Le colonel l'appelle également pour lui confier le même titre. Mais il en reçoit une réponse analogue.

Furieux de ce double refus, il fait approcher un caporal et lui montrant un curieux qui assistait à cette scène du seuil de sa maison : « Conduis cet homme à la mairie, lui dit-il, place-le sur le fauteuil du maire, et s'il bouge, tu le fusilleras. » Le maire de Château-Arnon était nommé.

Le procureur de la République, Prestat, a su trouver un rôle à part dans cette tragédie. Il a déposé un instant sa toge ; mais c'était pour avoir le plaisir de la reprendre. C'est un esprit emporté dans un corps faible et maladif. Il a eu dans sa jeunesse un accès de folie, et il semble encore en proie à cette double crise des sens et de la raison. Son tempéramment, contrarié et heurté par la souffrance, ne le préparait que trop à toutes ces fureurs.

On lui amène dans la matinée, du 6 Décembre, quelques citoyens qui ont été pris à la tête d'une colonne. Il s'échauffe et s'emporte contre eux. Ce sont des insurgés. Peut-être cachent-ils des armes ? Il leur ordonne de se dépouiller de leurs vêtements et, mettant de côté la dignité du magistrat, il se livre lui-même à de honteuses recherches sur Lazare de Valensolles. Le lendemain, contre son avis, les prisonniers sont rendus à la liberté. A cette nouvelle, il s'irrite, il écume, il éprouve le plus violent des accès. Revenu à lui-même, il donne sa démission, prend un déguisement et se dérobe à tous les regards. Il ne parait, pour rentrer dans ses fonctions, que lorsque le bonapartisme n'éprouve plus aucune résistance et que le département est livré aux *bêtes*, d'après l'énergique expression du général Morris. Il déploie alors contre les défenseurs de la Constitution une ardeur et une violence infatigables. La fièvre, qui tourmente son sang, le pousse et l'entraîne. Il accuse, il juge, il frappe, il proscrit. L'homme a disparu : ce n'est plus qu'un instrument de supplice. On a transporté au tribunal d'Amiens cette machine à condamnation.

Il eut été permis de douter que la magistrature pût descendre plus bas sans un certain juge, nommé Jouyne. C'est un parent de l'ex-député Pascalis. Il tient à la famille des Fortoul, dont le sang ou le nom se montre presque partout avec sa fatale influence dans les sauvages exécutions qui ont dépeuplé les Basses-Alpes. Son ambition, bien plus que le désir de défendre la République menacée par le pouvoir, l'avait poussé dans les rangs des sociétés secrètes. Les soldats de la Constitution ne sont pas plus tôt battus qu'il se charge d'instruire contre les citoyens, qui faisaient partie avec lui de cette confédération organisée dans l'ombre pour la défense de la loi. Il s'est réconcilié ainsi avec le gouvernement. O honte ineffaçable de nos mœurs judiciaires ! Voilà le complice qui se fait solennellement accusateur et juge. Il ne lui manque plus que d'être bourreau ; et pourquoi ne le serait-il pas, si la tyrannie le lui demandait?

10

Des fonctionnaires de cette trempe ne laissaient guère de place au zèle de ces agents officieux, que la violence a fait surgir partout avec elle, comme ces animaux malfaisants et immondes, qui apparaissent toujours au moment des orages. Quelques-uns cependant ont marqué dans ce déchaînement de haines et de vengeances.

A leur tête se place un ancien capitaine, nommé Rambot. Il a eu pour rivaux le receveur de Barcelonnette, Paquot, et un médecin de Manosque, Damaze Arbaud, qui fuyait, il y a quelques années, devant le choléra, mais qui sait se familiariser avec la *peste de la tyrannie*, comme dit Montaigne.

CONDAMNÉS

A la déportation en Algérie.

AILLAUD, ancien huissier.

AUBIN, propriétaire.

AUBERT, tailleur.

Il a été proscrit avec son frère. On compte dans les Basses-Alpes trois autres déportés de ce nom.

AOUST, fils, cultivateur.

Le frère d'Aoust a été compris aussi dans le même arrêt.

AUDE, JEAN, ébéniste.

AVOND, aîné, propriétaire.

Ce nom est encore celui de deux frères, condamnés en même temps à la déportation.

ALLEMAND, MARIUS, docteur en médecine.

Un autre médecin, appartenant à la même famille, Prosper Allemand, a été compris parmi les déportés.

ARNAUD, ANDRÉ, chef de l'octroi de Manosque.

AVOUST, FRANÇOIS, cultivateur.

ABBERT, JEAN-JACQUES, meûnier.

AGNEL, ANTOINE, meûnier.

AGRANT, JACOB, cultivateur.

AMAYEN, FRANÇOIS, cultivateur.

Le frère d'Amayen, cultivateur comme lui, a été associé à son sort et trainé à Marseille pour être dirigé sur l'Algérie.

AMIEL, FÉLICIEN, tailleur.

AMOUREUX, CHARLES, scieur de long.

ANDRÉ, cultivateur.

ANGELVIN, HENRI, cultivateur.

ANSELME, FRÉDÉRIC, matelassier.

ARNIAUD, SIMON, tuilier.

ARNOULT, DÉSIRÉ, cordonnier.

ARNOUX, JULES, cultivateur.

Les proscripteurs de Digne ont frappé deux autres victimes du nom d'Arnoux.

AUBERGIER , luc., cultivateur.

AUDEMARD , joseph , cultivateur.

AUDIBERT , françois , cultivateur.

AYMES , jean , boulanger.

BARON , propriétaire.

Un parent de Baron a été relégué avec lui en Afrique.

BUISSON , membre du conseil-général.

BARNEAU , avocat.

BONNETY , armurier.

Il y a eu trois déportés de ce nom.

BESSON , menuisier.

C'est avec son frère que Besson a été dirigé sur l'Algérie. Le père de ces deux proscrits est mort de douleur après leur enlèvement. Au moment de rendre le dernier soupir , il appelait , avec des cris déchirants , ses malheureux fils.

BELLONET , docteur en médecine.

BRESSIER , cultivateur.

La proscription a pris du même coup le père et le fils.

BONDILH , marie , veuv .

Cette femme courageuse et énergique est la sœur de Bouvier , qui a été condamné pour le complot de Lyon. Voilà quel a été son crime aux yeux des agents de Louis Bonaparte. Son beau-frère a été aussi déporté.

BONNEFILLE , propriétaire.

Deux frères de ce nom ont été enlevés par les prévôts
bonapartistes.

BARDOUINESSE , cultivateur.

BEZAUDON , armurier.

BOUTEILLE , cordonnier.

BONIFACE , JOSEPH , cultivateur.

BONNEFOI , LOUIS , forgeron.

BORET , ANDRÉ , cultivateur.

BORELLY , ANTOINE , cultivateur.

BOURDIN , JEAN-BAPTISTE , maçon.

BOVERIS , PIERRE , cultivateur.

BRÉMOND , JOSEPH , propriétaire.

La même famille compte une autre victime.

BRESTOUL , ADOLPHE , maçon.

BRUN , CYPRIEN , tisseur.

Un cultivateur du même nom figure parmi les déportés
des Basses-Alpes.

BRUNET , JOSEPH , cultivateur.

BRUYÈRE , AUGUSTE , scieur de long.

BUÈS , HONORÉ , officier de santé.

BORLE , ÉTIENNE , cultivateur.

BRESSIN, fils aîné, cultivateur

BEAUMÉ, imprimeur.

BOUFFIER, propriétaire.

BARRAL, BIENVENU, cultivateur.

BARRIÈRE, CASIMIR, menuisier.

BARTHÉLÉMY, MARIUS, propriétaire.

BIZOT, CATHERINE.

BON, JOSEPH, cultivateur.

BONNET, DENIS, bourrelier.

BOURELLY, MAXIME, fermier.

BROCHIER, RÉMY, propriétaire.

BLANC, PAUL, cultivateur.

Que de victimes ce nom ne rappelle-t-il pas ! On en compte jusqu'à dix. Tous n'appartiennent pas à la même famille; mais il y a des frères, des neveux et des oncles. Un père y figure avec son fils. La plupart de ces proscrits sont des travailleurs, enlevés à l'agriculture.

BARDOMENCHE, JACQUES, cultivateur.

BARTHÉLÉMY, JOSEPH, meûnier.

BERTRAND, FRANÇOIS, cultivateur.

BESANÇON, FRANÇOIS, cultivateur.

BOUTEILLIER, ANTOINE, aubergiste.

BRUNEL, ADOLPHE, tailleur.

CHABAUD, MARTIN, aubergiste.

CHAIX , JEAN , propriétaire.

La famille de Chaix a été frappée dans un autre de ses membres , destiné aussi à Lambessa.

CHAIRE , FRANÇOIS , tailleur.

CHARRY , JEAN , ferblantier.

CHATEAUNEUF , JOSEPH , cultivateur.

COMBE , JOSEPH , cultivateur,

CONTE , ALPHONSE , menuisier.

CARDONE , ANDRÉ , aubergiste.

CORNIER , ISIDORE , menuisier.

COTTE , avocat.

Un maréchal-ferrant , connu sous ce nom , a été con-damné à son tour à être déporté.

CHEMIN , bottier

CHAUDOUIS , docteur en médecine.

CAMERLE , propriétaire.

CARBONNEL , JOSEPH, cotonnier.

CASTEL , LOUIS , menuisier.

CASTOR , FÉLIX , cultivateur.

CHABERT , HONORÉ , cultivateur.

CHABRIER , LOUIS , mineur.

Il y a un autre proscrit de ce nom.

CHABUS , ANDRÉ , cultivateur.

CHARBONNIER , JEAN-BAPTISTE , secrétaire de la mairie.

CHARTET , JEAN , cultivateur.

CHAUDON , ANTOINE , tanneur.

CHAUVET , ANTOINE , cultivateur.

CHAUVIN , FRANÇOIS , cultivateur.

COMBE , JOSEPH , cultivateur.

CONSTANTIN , ANDRÉ , cultivateur.

COUPIER , DENIS , cultivateur.

Un second Coupier figure parmi les déportés des Basses-Alpes. C'est un tisserand.

COURBAN , PIERRE , cultivateur.

COURTIN , JOSEPH , cultivateur.

COUTIL , BERNARD , cultivateur.

CROZE , ÉTIENNE , cultivateur.

CURNIER , FRANÇOIS , cultivateur.

Trois autres cultivateurs de la même famille ont partagé le même sort.

DAUPHIN , HILAIRE , tailleur.

DÉLAYE , JEAN-BAPTISTE , officier de gendarmerie en retraite.

DENOIZE , JACQUES , notaire.

C'est le cousin de l'ancien Représentant du Peuple, envoyé par les Basses-Alpes à l'Assemblée Constituante.

DETCHEZ , employé des douanes , maire.

DAVID , JEAN-BAPTISTE , propriétaire.

DEBASSE , horloger.

DONNADIEU , gardien du pont de Manosque.

DEBOUT , avocat.

DEFARGUES , MARIUS , tailleur.

DOLMAS , FÉLIX , charretier.

Ce nom a été frappé une seconde fois. Il en est de même des deux premiers noms qui suivent.

DAUMAS , CASIMIR , cultivateur.

DUPEYRÉ , JOSEPH , aubergiste.

DEPIEDS , JOSEPH , cultivateur.

DURAN , JEAN , marchand de chiffons.

DUVERGER , LOUIS , tailleur.

ESQUILLON , CÉLESTIN , barbier.

ESCOFFIER , horloger.

Désespérée de se voir enlever un fils qu'elle aimait tendrement , la mère d'Escoffier s'est précipitée dans un puits, où elle a trouvé la mort.

ESMIOL , vétérinaire.

Le frère d'Esmiol a eu la même destinée. Il y a eu un autre Esmiol condamné en même temps à la déportation.

ESPITATIER , marchand de grains.

EFFRIÈS , tonnelier.

ESMINGAUD , AUGUSTE , paveur.

ESPIEN , CASIMIR , cultivateur.

ESTÈVE , TOUSSAINT , cultivateur.

EYSSERIC , JOSEPH , cultivateur.

FRANCOUL , maître d'hôtel.

FERAUD , propriétaire , maire.

On retrouve quatre fois ce nom parmi les déportés des Basses-Alpes. Que de douleurs accumulées sur la même famille !

FEREVOUX , entrepreneur.

FABRE , marchand de bois.

FACETI , CHARLES , aubergiste.

FLUCHÈRE , TIMOTHÉE , cantonnier.

FORNET , JOSEPH , cultivateur.

FAUDON , JACQUES , cultivateur.

FAUDRIER , PIERRE , cultivateur.

FRISON , avocat.

La proscription n'a pas eu le temps de l'atteindre. On l'a trouvé mort dans la prison de Digne , où il était détenu. Il aurait écrit ces mots sur les murailles de sa prison : « J'aime mieux mourir que de subir un jugement dans lequel je ne pourrai me défendre. » Cette fin tragique a surpris tous les amis de Frison , qui n'ont pu croire à une mort volontaire.

FESTON , ELZÉARD., cultivateur.

FIGUIÈRE., FRANÇOIS , aubergiste.

FOURNEL, JOSEPH , cuisinier.

FRANÇON , JOSEPH , cultivateur.

GASQUET , aubergiste.

Le père de Gasquet, aubergiste comme son fils , avait logé et nourri quelques soldats , qui faisaient partie de la troupe du colonel Sercey , chargé de poursuivre les républicains dans le département. Il avait cherché vainement à se faire payer. Il prend le parti d'aller trouver le colonel. Mais à peine a-t-il exposé sa demande, que le colonel, tirant un pistolet de sa poche et l'appuyant sur la poitrine du malheureux aubergiste : « Misérable, lui dit-il, tes fils sont des brigands, tu es aussi rouge qu'eux et tu viens me demander de l'argent! Tu es bien heureux, en vérité, que je ne te fasse pas pendre. Retire-toi bien vite, ou je te brûle. » Le vieillard s'éloigne en tremblant. Cette scène était trop pénible pour son âge. Une fièvre violente l'a saisi et il est resté malade pendant plus de quinze jours. La proscription lui a enlevé ses deux fils.

GASTINEL , propriétaire.

GARIEU , serrurier.

GALLION , propriétaire , adjoint au maire.

GASSIN , HIPPOLYTE , propriétaire.

GAILLON , JOSEPH , propriétaire.

GAUTHIER , PIERRE , boulanger.

GAYON , ÉTIENNE , menuisier.

GONDRAN , ANTOINE , cultivateur.

GAI , ANDRÉ , cultivateur.

GAL , JOSEPH , maçon.

GRANCHIER , TOUSSAINT , aubergiste.

GARCIN , FERDINAND , tailleur.

Un autre Garcin figure parmi les déportés des Basses-Alpes.

GARNIER, ÉDOUARD, marchand de fer.

GAUBERT , ANTOINE , marchand de comestibles.

Ce nom rappelle cinq autres victimes. Autant de cultivateurs pris à la charrue. Ils représentent deux familles. La faulx des proscripteurs ne se contente pas d'abattre une ou deux branches de l'arbre : elle abat l'arbre lui-même.

GODEFROY , charron.

GRANIER, maréchal ferrant.

GENTIT , EUGÈNE , propriétaire et maire.

GRANON , ANTOINE , cultivateur.

GERIEND , JACQUES , cultivateur.

GRÉGOIRE , JOSEPH , serrurier.

GIRAUD , GRÉGOIRE , tisserand.

GIRAUDON , GUSTAVE , négociant.

GOIN , louis , cultivateur.

GONDRAN , alphonse , menuisier.

Il y a eu trois déportés de ce nom. Ce sont trois frères. Les noms de Goin , de Giraudon et de Giraud , qui précèdent, ont fourni , chacun , plusieurs victimes.

GUION , jacques , cultivateur.

Deux autres déportés , pris dans la même famille.

GUENDO , barthélemy , cultivateur.

C'est encore un nom qui a été frappé deux fois.

GUIBERT , propriétaire , membre du conseil gén.

HERMITTE , eugene , propriétaire et maire.

HILARION , cafetier.

HEIRIEY , jean , propriétaire.

HUGUES , antoine , tailleur.

HONORÉ , charles, cultivateur.

HENRY , jean-baptiste , maçon.

IMBERT , fabricant de chandelles.

ITARD , docteur en médecine.

Le frère du docteur Itard a partagé sa condamnation. Un autre membre de la même famille a été expulsé de la République.

ISOARD , pierre , cultivateur.

ICARD , auguste , menuisier.

On a enlevé à la famille d'Icard un autre de ses membres.

ISNARD , FERRÉOL , cultivateur.

Trois autres Isnard ont été frappés par la commission de Digne et parmi eux se trouvent deux frères , deux jeunes gens, dont Ferréol Isnard est le père.

JANSSAND, HONORÉ, cultivateur.

JOLY, CASIMIR, cultivateur.

JOFFREY, ancien militaire.

Il avait été décoré pour sa bravoure au siége de Rome.

JOURDAN, avocat, ancien magistrat.

JALOUX, PHILIPPE, cultivateur.

JAUBERT, BLAISE, cultivateur.

Il faut ajouter à ce nom celui d'un autre deporté de la même famille.

JAUFFRED, ANDRÉ, tisseur en toile.

JAUFFRET, PIERRE, cultivateur.

JAUNE , JOSEPH, cultivateur.

JOSELÉ , JEAN , cultivateur.

JULIEN, PANCRACE, boucher.

Les Basses-Alpes ont eu sept déportés de ce nom.

KELLER , DIDIER , cordonnier.

LAUGIER, GASPARD, cultivateur.

Voici encore un nom des plus maltraités. Il est reproduit huit fois dans les arrêts de la commission de Digne. La proscription a fait souvent comme la peste. Elle n'est sortie des maisons, dont elle avait franchi le seuil, qu'après en avoir chassé ceux qui les habitaient.

LAURENT, LÉON, maréchal-ferrant.

C'est le nom de deux victimes.

LAZARE, ANDRÉ, propriétaire.

LÈBRE, LOUIS, perruquier.

LÉOTARD, MAYEUL, boulanger.

LOMBART, MICHEL, cultivateur.

LACOSTE, BARTHÉLEMY, tailleur.

LAMY, BLAISE, cordonnier.

Il y a un autre Lamy, un vieux cultivateur, qui a été enlevé avec son fils.

LANFLÉ, MARIUS, cultivateur.

LAUTIER, FÉLIX, cultivateur.

LEGIER, LOUIS, maçon.

LEJEAN, JOSEPH, boulanger.

LIEUTIER, MICHEL, cultivateur.

LOMBARD, LOUIS, tuilier.

LUCET, CÉSAR, tuilier.

LUZET, ANTOINE, cultivateur.

MARTINY, MARCELLIN, propriétaire.

MAUBER, JACQUES, ménager.

MENE, GABRIEL, maçon.

MEUNIER, SIMON, cultivateur.

MILLON, PIERRE, maréchal-ferrant.

MOISSON, JULES, aubergiste.

MONGE-MARIUS, menuisier.

MOULIN, JOSEPH, cultivateur.

MÈJE, commis.

MAGAUD, LAURENT, cultivateur.

MALBEC, JEAN, propriétaire.

MANUEL, LAURENT, cultivateur.

MARGERIC, JOSEPH, cultivateur.

MARTET, GASPARD, cultivateur.

MARTIN, LOUIS, maçon.

MAUREL, GABRIEL, marchand.

MICHEL, JUSTIN, cultivateur.

Les noms de Michel, Maurel et Martin sont répétés quatorze fois dans les arrêts de la commission qui a décimé les Basses-Alpes. C'est la dispersion et la ruine de trois familles, composées d'artisans et de laboureurs, sans compter les blessures faites à des familles de ce nom, mais d'une autre souche.

MANE, JOSEPH, cultivateur.

MAUDUECH, ÉDOUARD, cultivateur.

MAURINC, ISIDORE, cordonnier.

MIGY, HYPPOLITE, cuisinier.

MEYMÈS, VICTOR, cultivateur.

MIANE, JEAN-BAPTISTE, cultivateur.

MILLE, ÉTIENNE, cultivateur.

MONTET, FRANÇOIS, cultivateur.

MOULLET, PATRICE, cultivateur.

MOURANCHON, THOMÉ, cultivateur.

MOURIERS, CHARLES, bourrelier.

MOUTON, JOSEPH, cultivateur.

MOUTTE, CHARLES, voiturier.

MEFFRE, MARIUS, maçon.

NIVIÉRE, AUGUSTE, cultivateur.

NALIN, menuisier.

Rendu à la liberté avec un certain nombre de détenus, condamnés comme lui à la déportation, Nalin est rentré à Manosque. Il y avait laissé une femme et cinq enfants en bas-âge. Le souvenir de leur misère l'affectait profondément. Il leur a rapporté le pain de la prison, qu'il avait eu le courage d'économiser.

NAL, BLAISE, cultivateur

Il faut ajouter au nom de ce proscrit celui d'un autre membre de sa famille.

PARRAT, BARTHÉLÉMY, maçon.

11

PICHE, PIERRE, instituteur.

PONCET, THOMAS, cordonnier.

PONTET, BLAISE, cordonnier.

POURRIÈRES, DOMINIQUE, maréchal-ferrant.

POUVRIÈRES, propriétaire.

PARARDY, EUGÈNE, cultivateur.

PATIN, BERNARD, cultivateur.

PAYAN, LOUIS, plâtrier

Encore un nom que la proscription a ravagé! Les prévôts de Digne l'ont reproduit quatre fois dans leurs monstrueux arrêts.

PICOU, JOSEPH, cultivateur.

PIERRISNARD, ANTOINE, cultivateur.

PLANCHES, ELZÉARD, garde-champêtre.

PONS, MARC-ANTOINE, tisseur.

POULLE, FRANÇOIS, chapelier.

POURCIN, JOSEPH, cultivateur.

PREYRE, ANTOINE, cultivateur.

Un parent de Preyre a été aussi désigné pour la déportation.

PASCAL, ancien huissier.

QUEYREL, CASIMIR, cultivateur.

RAMBAUD, FRÉDÉRIC, aubergiste.

RAOUST, SYMPHONIEN, maçon.

Il y a eu deux victimes de ce nom.

REYNIER, ROCHE, maréchal-ferrant.

RODAN, JEAN, cultivateur.

ROUSSET, ANTOINE, serrurier.

On a pris à la famille de Rousset un autre de ses membres.

RAYMOND, CYPRIEN, tonnelier.

RICHAUD, FRANÇOIS, tisserand.

ROUGIER, PAULIN, cultivateur.

ROUSTAN, ALPHONSE, marchand de bois.

ROUX, MARIUS, charron.

Les cinq noms qui précèdent ont fourni ensemble près de trente victimes. On en compte douze du nom de Richaud. Plusieurs professions y sont représentées; mais c'est toujours l'agriculture qui fournit le plus gros contingent. Il y a là des familles entières. Un père, l'entrepreneur Roustan, est emporté avec ses deux fils. Il semble que ce soit une guerre de races ou de castes. C'est l'extermination appelée au secours de la plus odieuse et de la plus lâche des dictatures.

ROUY, docteur en médecine.

RENAUD, propriétaire.

REBOUL, JEAN, cultivateur.

RENOUX, JOSEPH, propriétaire.

REVERS, EUGÈNE, scieur de long.

REY, ANTOINE, cabaretier.

REYNE, joseph, menuisier.

RAVEL, martin, marchand de truffes.

RIGOARD, joseph, cultivateur.

ROLLAND, sauveur, propriétaire.

ROMAN, prosper, cultivateur.

Un ferblantier de ce nom se trouve aussi parmi les déportés.

ROUBEAUD, benjamin, fermier.

ROYÈRE, honoré, propriétaire.

Il y a eu un second Royère condamné à la déportation.

SAUTET, joseph, maçon.

SAUVE, françois, maçon.

SAVOYARD, philippe, tailleur.

SIVANT, laurent, maçon.

SYLVESTRE, joseph, tanneur.

Le frère de Sylvestre, un autre tanneur, a été frappé de la même peine.

SAPE, thomas, cantonnier.

SAURIN, joseph, cordonnier.

SAVOYAN, françois, tailleur.

SIMÉON, hippolyte, tailleur.

SEGOND, jean-paul, boulanger.

SICART, antoine, cultivateur.

SEIGNON, françois, cafetier.

On retrouve une seconde fois le nom de Seignou parmi les proscrits des Basses-Alpes.

SUBE , JOSEPH , cultivateur.

Il en est de ce nom comme du nom précédent.

SURIAN , LOUIS , cultivateur.

TESTANIÈRE , FRANÇOIS , cultivateur.

Encore deux victimes de la même famille.

TOURNIAIRE , ADOLPHE , maréchal-ferrant.

Deux nouvelles victimes enlevées au même foyer.

TOURRES , JOSEPH , cultivateur.

TOUCHE , AUGUSTE , cultivateur.

TRABUC , ANTOINE , tailleur.

TREMOLLIÈRE , JEAN-BAPTISTE , cultivateur.

TURIN , JEAN, portefaix.

THOMAS , FRANÇOIS , cultivateur.

THUMIN , BENOIT , aubergiste.

TURREL, SÉBASTIEN , armurier.

TARTANSON , père, propriétaire.

Le fils de Tartanson a été aussi frappé. Il remplissait les fonctions de notaire.

TOURNATORY , cordonnier.

VALLON , PIERRE , aubergiste.

VIAL , ISIDORE , fileur.

Il y a eu quatre déportés du nom de Vial. L'un d'entr'eux est un jeune homme qui ne compte pas encore dix-sept ans. Il a été enlevé avec son père.

VILLERS , JOSEPH , cultivateur.

VEAIS , confiseur.

VOHERA , relayeur.

VALENTIN , JOSEPH , cultivateur.

VERDILLON , HENRI , cultivateur.

VESPIER , LOUIS , cultivateur.

VIGNIER , PHILIPPE , cultivateur.

Un autre cultivateur de la même famille a été condamné aussi à être déporté.

VILLEVIEILLE , JACQUES , ancien militaire.

VINCENT , MAXIME , cultivateur.

Le même nom se trouve reproduit une seconde fois.

CONDAMNÉS

Au bannissement à temps ou à vie.

AUBERT , PAUL , notaire.

COLON , président du tribunal civil de Barcelonnette.

DENOIZE , propriétaire , membre de l'Assemblée Constituante.

L'ancien représentant Denoize venait d'apprendre l'arrestation de son cousin , notaire à Mées. Frappé de tous les

côtés à la fois et voyant sa famille enveloppée dans le désastre de la République , il prend brusquement le parti de ne
pas survivre à tant de malheurs. Il se renferme dans une
cave avec un baril de poudre et se fait sauter. Le bruit de
l'explosion appelle la foule. On retire Denoize sanglant et
mutilé du milieu des ruines. Il vivait encore ; c'était assez
pour que la proscription s'en emparât.

DUCHAFFAUT, ancien Représentant du Peuple.

Son fils , qui appartenait au barreau, a été frappé du
même ostracisme.

GORDE, françois, instituteur.

ITARD , notaire, membre du conseil-général.

LATIL, vice-président du tribunal civil de Digne.

LOT, hippolyte, propriétaire.

MARTIN, juge au tribunal civil de Forcalquier,
conseiller-général.

REYNIER , propriétaire.

On compte dans les Basses-Alpes un nombre considérable
d'internés. Parmi eux figure le docteur Yvan, secrétaire de
l'Assemblée Législative, qui avait échappé à la proscription
de Louis Bonaparte et de ses ministres. La commission, en
le frappant , a paru oublier qu'il était Représentant du
Peuple. Elle a voulu déguiser en quelque sorte la victime pour
l'atteindre avec moins d'éclat. Ce n'est pas la première fois
que l'hypocrisie se mêle à la violence. Il y avait plus de
douze ans que le docteur Yvan avait quitté Digne.

La commission des Basses-Alpes, pour couronner son
œuvre, a fourni quelques victimes au conseil de guerre,
siégeant à Marseille.

Tel a été le sort d'André Ailhaud, ancien garde-général
des eaux et forêts. Il a été condamné à la déportation dans
une enceinte fortifiée. Le commissaire du gouvernement,
Carpentier, le revendiquait pour l'échafaud; mais comme il
avait sauvé la vie à un officier pendant la lutte, il a échappé
à la guillotine. Le conseil était présidé par le colonel Dufresne de Kerlan.

III.

HAUTES-ALPES.

Membres de la Commission.

RABIERS DU VILLARS, préfet.
DE BALLIENCOUR, colonel.
VINCENDON, procureur de la République.

On disait dans les Hautes-Alpes : *la rage du Villars*,
en traduisant le nom à demi-latin du préfet, dont la fureur
et la violence ne connaissaient point de bornes. Rabiers était
arrivé à Gap un mois environ avant le coup d'État. Il s'y
était annoncé par une proclamation excentrique et, pour
se recommander davantage, il s'était fait lui-même son

Plutarque, en publiant sa vie ou plutôt son éloge dans le journal de la préfecture.

Son département, calme et paisible, ne lui fournissait la matière d'aucun exploit. Il se jette dans le département des Basses-Alpes et s'avance vers Sisteron pour combattre les défenseurs de la loi. Mais il rentre dans son pachalick sans avoir livré bataille. La gloire d'une pareille campagne suffisait à son héroïsme : il voulait d'ailleurs se réserver pour la proscription.

Le colonel Balliencour paraît s'être effacé.

Il n'en a pas été ainsi du procureur Vincendon.

On avait pu croire un instant qu'il se tournerait du côté du droit. La nouvelle des événements de Paris était à peine arrivée, qu'il se rendait à la préfecture pour protester contre la trahison du pouvoir exécutif. Il ne cherchait pas à voiler son indignation : il l'exprimait dans les termes les plus énergiques. Louis Bonaparte avait violé son serment, il avait mis en lambeaux la loi fondamentale de la République. Cet état de choses ne pouvait être accepté. Quel serait le fonctionnaire qui voudrait y adhérer ? Le dernier des gardes-champêtres refuserait hautement son concours. Cette généreuse indignation ne dura que quelques heures. Bientôt après, Vincendon se ralliait à la cause du coup d'État et la magistrature, déjà si souillée, comptait une honte de plus.

L'odieux procureur voulait sans doute effacer le souvenir du premier accueil qu'il avait fait à la dictature du 2 décembre. Il se montrait impitoyable pour les républicains qu'il enlevait brutalement à leurs familles. Il voulait à tout prix leur arracher des aveux pour compromettre les citoyens les plus honorables, entr'autres l'avocat Chaix, le Représentant du Peuple, qui, après quelques semaines de captivité, avait échappé à la proscription de Paris et s'était retiré à Gap dans le sein de sa famille.

CONDAMNÉS

A la déportation en Algérie.

ALPHAND, cultivateur.

AUDIBERT, FRANÇOIS, tisserand.

BARRILLON, maréchal-ferrant.

BOURNENT, JEAN, tailleur.

BOURGEOIS, sellier.

BÉGON, négociant.

CHABBAL, propriétaire.

DENARIÉ, XAVIER, coiffeur.

FERROLIN, aubergiste.

FIGUIÈRE, aubergiste.

GÉRARD, cultivateur.

GOUTARD, VICTOR, tailleur.

MEYSSON, propriétaire.

MOREL, VINCENT, restaurateur.

PECH, marbrier.

RAMBAUD, propriétaire.

CONDAMNÉS

Au bannissement à temps ou à vie.

AUDIBERT , cultivateur.

Il appartient à la même famille que le déporté de ce nom.

PASCAL , MARIUS , cultivateur.

CONDAMNÉS.

A l'internement.

BONNET , propriétaire.

BERNARD , maçon.

CHABERT, charron.

GUIEN, aubergiste.

LAMOTHE , tailleur.

LEDRU, tailleur.

PROVENSAL , propriétaire.

ROCHE , cultivateur.

THOMAS , propriétaire.

TISTET , menuisier.

UBAND , potier.

La Suisse a reçu plusieurs réfugiés des Hautes-Alpes, qui ont fui les coups de la proscription.

IV.

ARIÈGE.

Membres de la Commission.

EDMOND DIDIER , préfet.

HERLINGER , colonel.

COLOMB DE BATINEL , procureur de la République.

C'est après une existence égarée et perdue dans toutes sortes d'aventures, que Didier était arrivé à Foix, comme préfet. Il échappait à la discipline et au frein d'un conseil judiciaire, pour devenir administrateur d'un département. De tels hommes sont toujours chers au despotisme, parce qu'ils sont toujours prêts à faire main basse sur les libertés publiques. Ils ont saccagé leur vie ; ils aiment à saccager celle de leurs concitoyens : ils ne font que changer de débauche.

Didier a été moins secondé que contenu par le colonel Herlinger, qu'étonnaient ses emportements.

Le procureur Colomb l'aurait poussé au besoin. Il s'est signalé, dès le premier jour, par son ardeur de poursuites. On jugera, par le trait suivant, de ce qu'il a pu faire.

Deux républicains, Pilhes et Pescaire, s'étaient échappés de la prison de Foix, où ils étaient détenus et avaient gagné la frontière d'Espagne. Ils avaient été accompagnés par deux paysans qui les avaient conduits , par des chemins détournés , sur le territoire d'Andorre. Le procureur l'apprend : il fait arrêter ces deux guides et les tient en prison pendant trois mois; c'étaient deux pères de famille dont il livrait les enfants à la misère et à la faim. Il voulait les faire déporter à la place des fugitifs ; mais il dut y renoncer. Il les livra à la police correctionnelle. Les juges , moins violents que lui, les renvoyèrent dans leur village.

CONDAMNÉS

A la déportation en Algérie.

DURRIEU , JEAN-PIERRE.

C'est un parent du rédacteur-en-chef de la *Révolution*, qui a été frappé avec son frère par les commissions militaires de Paris et qui est originaire de l'Ariège.

FRANC , négociant.

ILLE , propriétaire.

PILHES , ARISTIDE.

Il avait été porté à l'Assemblée Législative , en remplacement de son frère , détenu à Belle-Isle par suite de la manifestation du 13 Juin en faveur de la République romaine. Aristide Pilhes avait couru se ranger lui-même sous le drapeau de Garibaldi avec quelques autres français, jaloux de contribuer à l'émancipation de Rome et de la Péninsule.

PESCAIRE , FAUSTIN.

ROUAIX , ancien avoué.

CONDAMNÉS

Au bannissement à temps ou à vie.

BALAGUÉ , propriétaire.

CASSAGNE , teinturier.

HILAIRE, ADOLPHE, fils.

PETIT , horloger.

CONDAMNÉS

A l'internement.

BARRIERE , serrurier.

BARBIER , marchand de bois.

BRUNET , armurier.

BOUÉ , relieur.

MIRE , menuisier.

ROUGÉ , tailleur.

SARDA , bottier.

D'autres habitants de l'Ariège n'ont pu échapper que par la fuite aux rigueurs des commissaires de Foix. Ils sont allés chercher un asile en Espagne. La plupart de nos départements du Midi comptent un grand nombre de ces fugitifs.

V.

AUDE.

Membres de la Commission.

DUGUÉ, préfet.

GILLAN, général de brigade.

BLAJA, procureur de la République.

La persécution ne rencontre pas partout des fanatiques. Il y a des caractères, qui ne la servent qu'avec une sorte de mollesse. C'est le sabre dans la main des soldats ; mais celui-ci est ardent et fougueux : il se précipite dans la mêlée ; celui-là au contraire est lent et apathique : il ne marche pas au combat, il s'y traîne.

Tel a été, dit-on, le rôle du préfet Dugné dans le département de l'Aude. C'est un tempérament de juste-milieu, modéré plutôt que violent et n'entrant dans la violence que par une sorte de discipline.

On peut en dire autant du général Gillan, qui appartient au même type.

Le procureur Blaja s'est montré sous une autre physionomie. Il aurait pu figurer dignement à côté des proconsuls les plus zélés du bonapartisme.

On l'a vu, après le 20 décembre, se présenter avec trois brigades dans la petite commune de Trèbes, pour arrêter deux paysans, deux pères de famille, qui étaient soupçonnés d'avoir jeté dans l'urne le nom de Barbès. Opposer ce martyr des causes vaincues à Louis Bonaparte, quelle audace ! et quel outrage ! où trouver une plus belle occasion de sauver l'ordre et la société ?

Une basse rancune poussait le procureur de Carcassonne contre les républicains. Magistrat sous la monarchie, il avait perdu son siége sous la République. Il était rentré dans le prétoire, la vengeance à la main, comme dit le poëte.

Ce spectacle immoral d'un juge, vengeant ses injures, s'est produit dans la plupart de ces tribunaux exceptionnels, qui ont ravagé la France. Le même drame s'est joué partout. « Vous nous avez chassés de nos fonctions, semblaient dire aux républicains tous ces commis de la royauté, nous vous chassons de vos familles, de vos biens et de tous vos intérêts ; nous vous chassons de la patrie et que ne pouvons-nous vous chasser aussi de l'humanité ! » Quelques-uns n'ont pas eu besoin d'exprimer ce vœu. Ils ont eu le soin de condamner à mort ces innocents démocrates, qui n'avaient pas même touché un seul instant à la liberté de leurs adversaires.

CONDAMNÉS

A la déportation en Algérie.

ANTOINE , MARTIN , perruquier.

COUSTEAU , ménétrier.

COUGENT , fils , propriétaire.

DUBOIS , aîné , perruquier.

FABRE , DAMIEN , tailleur.

Il y a eu deux autres proscrits de ce nom. L'un a été condamné à la déportation en Afrique ; l'autre en a été quitte pour l'internement.

GAMBRELLE , tisserand.

GUIRAUD , vétérinaire.

ISARD , PIERRE , cultivateur.

JULIA , entremetteur de remplacement militaire.

MATHIEU , VICTOR , tourneur.

PETIT , MICHEL , cultivateur.

POUSSICH , officier de santé.

ROQUEFORT , JEAN , menuisier.

SIBER , cordonnier.

VIÉ , ancien garde-champêtre.

CONDAMNÉS

Au bannissement à temps ou à vie.

BERNARD , HUGUES , professeur.

BESSE , professeur , ancien sous-commissaire du gouvernement provisoire.

BEZARD , PIERRE , propriétaire.

Le fils de Bezard a été chassé aussi du territoire de la République.

BROUSSES , propriétaire.

CASTANS , ÉMILE , propriétaire.

CASTRES , AUGUSTE , tailleur de pierres.

HOMPS , HENRI , avocat.

C'est le neveu du représentant Joly. La proscription , en l'atteignant, frappait deux coups à la fois.

LIGNON , GUILLAUME , cultivateur.

Un parent de Lignon , cultivateur comme lui , a été condamné également à l'exil. Ce nom a fourni encore une autre victime.

MERCIER , MARTIN , menuisier.

MARCOU , avocat.

NAUDINAT , plâtrier.

PAGÈS , fils , limonadier.

PECH , menuisier.

PRATX , MARTIN , ancien instituteur.

RAYNAL , avocat, ancien Représentant du Peuple.

RASTOUEL , épicier.

TERRAL , teneur de livres.

TOURNIER , propriétaire.

WRALGER , officier de santé.

CONDAMNÉS

A l'internement.

ARMET , PAUL, cultivateur.

BOSC , FRANÇOIS, perruquier.

CROS, JEAN , boucher.

DELMAS , JUSTIN, cultivateur.

DURAND, MICHEL , propriétaire.

ESPAGNAC , GERMAIN , tailleur d'habits.

ISSANJON, HENRI , ancien cafetier.

MARCEL , MARC, cultivateur.

NEUMAYER , JACQUES, serrurier.

PEYRONNET, PIERRE , propriétaire.

SARDA , NICOLAS , ex-instituteur.

VI.

AVEYRON.

Membres de la Commission.

FLUCHAIRE, préfet.

DE SPARRE, général de brigade.

DE VÉROT, procureur de la République.

Absents de l'Aveyron au moment du coup d'État, le

général et le procureur de la République n'ont pu que servir les colères du préfet. C'est lui qui a tout dirigé.

Le procureur de la République, qui avait dû à ses opinions de perdre le siége d'Orange, a profité servilement de la circonstance pour reconquérir la faveur du gouvernement.

Il a été cependant effacé par un juge de Milhau, Dhescuret, qui, en bon catholique, a déployé contre les protestants une rigueur toute particulière.

Quant au général, il semblait malheureux de ne pouvoir pas gagner une de ces batailles de rues, avec lesquelles le neveu de l'Empereur célèbre l'anniversaire d'Austerlitz. Il a exprimé ces sentiments belliqueux dans une proclamation violente affichée à Rhodez.

Ce juge de caserne, parlant des détenus dont il devait, avec ses collègues, fixer la destinée : « Je voudrais, disait-il, être seul chargé de l'affaire : elle serait bien vite bâclée : je les déporterais en masse. A quoi bon discuter? Leurs antécédents sont connus : ils sont tous également tarés. » Ces paroles étaient adressées à l'un des citoyens les plus honorables de l'Aveyron, qui se trouvait quelques jours après au nombre des proscrits.

On peut dire que le préfet y a mis plus de forme, mais en violant plus audacieusement le droit. Il n'a pas craint d'appeler dans son cabinet de prétendus témoins et de les façonner au mensonge. Il a été même accusé d'avoir dressé à ce rôle un de ses employés, qu'un crime de faux, connu du public, expose, dit-on, aux rigueurs de la loi et qui a dû sans doute racheter son passé par de coupables délations.

Quelque temps après, il était renvoyé de la préfecture. Le despotisme est habitué à jeter ainsi à l'écart les instruments dont il s'est servi, sauf à les ramasser, quand il le croit utile, dans la fange où il les a pris une première fois.

CONDAMNÉS

A la déportation en Algérie.

ACQUIER, forgeron.

AUDENAR, propriétaire, ancien maire.

BOISSE, docteur en médecine.

BOULOMMIÉ, avocat, ex-secrétaire général de la préfecture.

BARRE, vigneron.

BOUTONNET, cultivateur.

BONNARD, PIGUES, cultivateur.

BOUSQUET, médecin.

Un cordonnier de ce nom a été aussi envoyé en Afrique.

BEAUNAVREILLE, tanneur.

BARASCUD, gantier.

BENÉZECH, fabricant de chandelles.

BONAFOUS, tailleur.

BONHOMME, banquier.

CAUSSANEL, négociant.

On a condamné à l'internement un cousin de Caussanel.

CAPELY, instituteur.

COUFFINHAL, cloutier.

Le même sort a été infligé à un cultivateur de sa famille.

COUSY, serrurier.

CABANTONS, ingénieur.

CALVET, gantier.

COUDERC, boucher.

CAILHOL, coutelier.

COEURVEILLÉ, horloger.

CANAC, menuisier.

DURAND, propriétaire.

C'est l'un des premiers agriculteurs du Midi. Au moment où la proscription le frappait, il obtenait deux prix au concours régional de Nîmes.

DELMONT, agent de remplacement militaire.

DALOUS, menuisier.

DELFAU, tailleur.

DAUDÉ, tisserand.

DALQUÉ, maçon.

DURCAL, cuisinier.

FRAYSSINES , ingénieur des mines.

FOSSE , tailleur.

FUZIER , gantier.

FLOTTES , ancien agent-voyer.

GARIBAL , limonadier.

La police de Louis Bonaparte ne s'est pas contentée de saisir Garibal ; elle a mis la main sur sa femme et l'a renfermée avec des filles de joie. Frapper et tuer les hommes n'est que la moitié de la tyrannie : l'autre moitié consiste à déshonorer les femmes. Le Bonapartisme n'a pas manqué à cette seconde partie de son rôle.

GARRIGUES , médecin.

GALTIER , SILVAIN , propriétaire.

GLAUZY , cultivateur.

GRAS , limonadier.

GUY , PIERRE, gantier.

GUILBERT , serrurier.

GABRIEL , limonadier.

ISSELY , propriétaire.

Ce nom est celui d'une autre victime qui appartient à la même famille.

LAMBERT , cultivateur.

KLOTTE , ancien officier de cavalerie.

LABARTHE , avocat.

LAURENT , cultivateur.

LAURET , tanneur.

Il est père d'une nombreuse famille. Son départ a plongé dans la misère cinq enfants en bas-âge, qu'il nourrissait par son travail.

MAZENQ , agent-voyer.

La proscription a enlevé un autre membre de la même famille.

MARCILLAC , limonadier.

MARRE , relieur.

MIQUEL , imprimeur.

MAURY , JOSEPH , négociant.

MARTY , cordonnier.

Le nom de Marty a été frappé une seconde fois par les proscripteurs de Rhodez.

MÈGE , coutelier.

MAGNE , propriétaire , ancien maire.

Quelque temps après son arrivée en Afrique , Magne était emporté par une maladie.

MOINS , négociant.

MAROUCK , pâtissier.

MONTEILS , maçon.

NAZON , gantier.

OUSTRY, avocat , rédacteur de l'*Aveyron républicain.*

ORCIBAL , marchand de fil.

PEYRE , tanneur.

PRUNIÉRES , ancien huissier.

PUECH , avocat.

Un mégissier du même nom a été condamné aussi à quitter le territoire de la République.

‹ RICARD , chaudronnier.

ROZIÉ , expert-géomètre , ancien ingénieur du
cadastre.

ROQUES , fournier.

La même famille s'est vu enlever un autre de ses membres.

ROUS, chapelier.

SINGLARD , forgeron.

SCHEMBELIN , limonadier.

TARAYRE , clerc d'avoué.

THIBOU , cloutier.

TIQUET , cordonnier.

VARCILLE , coutelier.

VAISSIÉRE , JULES , gantier.

VIDAL , négociant.

CONDAMNÉS

Au bannissement à temps ou à vie.

BONNALD , professeur.

FABRE , président du tribunal civil de Rhodez.

FOISSARD , chapelier.

GALTAYRIES , banquier.

MARKINI , tanneur.

CONDAMNÉS

A l'internement.

AUDENARD , propriétaire , ancien maire.

AZÉMAR , médecin.

BAUREZ , rentier , adjoint au maire.

CALDESAIGUES , LUCIEN , gantier.

CORCHAND , coutelier.

L'arrêt qui frappait Corchand n'a pu être exécuté. Il est mort dans l'intervalle.

FERMAND , boulanger.

GAUBERT , limonadier.

LARAUSSÉE , pharmacien.

PONS , avocat.

PRADIÉ , ancien notaire.

C'est le père du Représentant du Peuple de ce nom :
il a plus de soixante-dix ans.

ROZIER , PIERRE , avocat , ex-sous-préfet.

VALHIBOUSE , ancien greffier.

VII.

BOUCHES-DU-RHONE.

Membres de la Commission.

DE SULEAU , préfet.

HECQUET , général de division.

DUBEUX , procureur de la République.

Un fonctionnaire de la monarchie s'était signalé, à la
première Restauration, en publiant une circulaire dans
laquelle il ordonnait de courir, comme sur une bête
fauve, sur le prisonnier de l'île d'Elbe, qui venait
revendiquer l'Empire. C'était le préfet Suleau que le coup
d'État a trouvé dans les Bouches-du-Rhône. Quarante
ans ont passé sur lui sans pouvoir user la violence de
son caractère. Le vieillard continue le jeune homme.

Il n'a rien perdu, après ce demi-siècle, de ses emportements et de ses fureurs. Sa cocarde a changé; mais elle couvre les mêmes passions.

Suleau s'est montré impitoyable pour les journalistes qui lui rappelaient son passé et menaçaient de le brouiller avec son nouveau maître. Il leur a creusé une tombe à Cayenne. Rien ne pouvait tempérer son implacable ressentiment. Il répondait aux parents des victimes que leur sort était trop doux et qu'elles méritaient la mort.

Le préfet des Bouches-du-Rhône ne s'est pas contenté d'assouvir ses haines personnelles. Il a servi d'instrument aux légitimistes. Il n'avait pas cessé d'être leur ami depuis qu'il servait Louis Bonaparte. On peut même dire qu'il leur appartenait plus que jamais. Quelques-uns d'entr'eux l'avaient conquis en quelque sorte par une manœuvre des plus habiles. Ils avaient réuni une somme de quatre-vingt mille francs et s'étaient substitués à des créanciers importuns, qui menaçaient le préfet de leurs poursuites. Le pouvoir leur appartenait. Ils administraient sous le nom de leur débiteur.

Il y a eu plus de faiblesse que de violence dans le général Hecquet. Machine à sentences.

On peut en dire autant du procureur Dubeux, qui a ramassé, dans ce rôle, le titre de procureur-général.

Un juge, nommé Darbon, paraît avoir été, avec Suleau, l'âme de ces rigueurs. Il était chargé de recueillir les éléments du procès intenté aux républicains, c'est-à-dire de dresser la liste des victimes. Il s'est acquitté de ce rôle avec un zèle impitoyable. C'est un dévôt furieux, qui associe dans ses colères la religion et la politique, un rêve armé de l'Inquisition au 19ᵉ siècle.

Quelques hommes, cachés dans les bas-fonds de la police, comme dans une embuscade, préparaient l'œuvre de Darbon.

Ils étaient dirigés par le commissaire central, Galerne. Ce digne serviteur de Louis Bonaparte avait commencé dans la Gironde, sous les auspices du préfet Neveu, sa campagne contre la démocratie. Il donnait à prix d'argent quittance des adultères, des vols et de tous les délits. Il a voulu étendre à Marseille ce trafic clandestin et il a rançonné sans pudeur les victimes du 2 Décembre. Mais il s'est pris lui-même dans son piége. Traduit devant la cour d'assises des Bouches-du-Rhône, il a été condamné à dix ans de réclusion. Un magistrat a osé parler des services que Galerne avait rendus à la cause de l'ordre. C'est un instrument que le bonapartisme est bien capable de reprendre.

CONDAMNÉS

A la déportation à Cayenne.

AGENON, ANTOINE, rédacteur du *Progrès social* et du *Travailleur*.

CASSAN, LOUIS, marbrier.

CASTAGNOLE, JEAN-BAPTISTE, chaudronnier.

CADENET, MARIUS, formier.

COUTURAT, EUGÈNE, commis en librairie.

CURET, JOSEPH, mécanicien.

CHABRIER, PIERRE, journalier.

DUBOSC, PROSPER, rédacteur en chef du *Peuple*.

C'est à la haine du préfet Suleau que Dubosc a été sacrifié. L'écrivain démocrate avait fouillé dans la vie politique de l'administrateur des Bouches-du-Rhône, pour montrer à ses lecteurs ce royaliste furieux des Cent-Jours, qui ordonnait de *courir sus à l'ogre de Corse*. Dubosc est le beau-frère du représentant Esquiros, compris lui-même dans les décrets de bannissement.

FERRAT, GASPARD, aubergiste.

GAUCET, JEAN, tailleur.

MICHEL, GEORGES, boucher.

PERRIMONT, LOUIS, jardinier.

ROUGON, JEAN-BAPTISTE, agent d'affaires.

RIQUE, LOUIS, agent d'affaires.

La femme de ce déporté se plaignait, en versant des larmes, de l'arrêt odieux, qui lui enlevait son époux. « Madame, lui dit le juge Darbon, votre mari n'a pas ce qu'il mérite : si justice lui était rendue, il aurait la tête coupée. » Le commissaire Galerne lui disait à son tour qu'elle pouvait se considérer comme veuve. Cette parole sinistre n'était que trop vraie. On apprenait, il y a quelques jours à Marseille, que Rique était sur le point de succomber, de même qu'Agénon.

SUSNIER, ANTOINE, chaudronnier.

VANASCO, LAURENT, portefaix.

Il y a deux catégories parmi les déportés. Les uns sont bannis pour toujours, les autres pour vingt ans. Telle est la justice distributive du préfet Suleau et de ses collègues. Vingt ans de Cayenne et il y a là des sexagénaires! Ah! ça, bourreau, tu veux rire?

CONDAMNÉS

A la déportation en Algérie.

ARNAUD, FRÉDÉRIC, cordonnier.

Deux autres républicains du nom d'Arnaud ont été frappés de la même peine.

ALLEMAND, LOUIS, cordonnier.

Ce nom figure une seconde fois dans les arrêts de la commission de Marseille.

AQUINOS, JEAN, scieur de long.

BARNIER, CYPRIEN, marchand de vin.

BRUN, SIMON, cafetier.

BAUD, cordonnier.

BLANC, AUGUSTIN, boulanger.

BERNARD, scieur de long.

BOURGUET, LOUIS, tuilier.

BRÈGLE, colporteur.

BILSON, PIERRE, cordonnier.

BONNARDET, LOUIS, journalier.

BLONDEAU, caporal.

CONSTANT, ANDRÉ, maréchal-ferrant.

CORNU, JEAN-BAPTISTE, raffineur.

CARRITAUX, JOSEPH, chargeur.

COUDRILLET, LOUIS, boulanger.

CORDEIL, LOUIS, forgeron.

CARTIER, JOSEPH, ouvrier.

CHAUVIN, AUGUSTIN, vitrier.

CAPULA, FRANÇOIS, forgeron.

DEBERGUES, JEAN-BAPTISTE, potier.

DEYDIER, cafetier.

ESCARTEFIGUE, JOSEPH, mineur.

ESCOLTA, CHARLES, cordonnier.

FALLEN, HIPPOLYTE, boulanger.

FERRIER, Pierre, tailleur d'habits.

FALCON, JEAN, cafetier.

FERRY, ANTOINE, cabaretier.

Le boulanger Fallen a été livré aux prévôts de Marseille sur la dénonciation d'un de ces agents secrets, qui se groupaient autour de Galerne. Il en a été de même de Ferry.

C'est la délation qui dans les Bouches-du-Rhône a fixé le sort de la plupart des victimes.

GIRAUD, JEAN-BAPTISTE, changeur.

GIRARD, FRANÇOIS, corroyeur.

GARROT, JOSEPH, mécanicien.

GUISAULT, MAURICE, chaudronnier.

GUICHARD, LOUIS, boucher.

HOLLET, JEAN-BAPTISTE, ancien militaire.

HUBAND, MARIUS, facteur.

JANSELME, ANTOINE, maçon.

JAUBERT. PIERRE, tamisier.

JONQUILLE, JEAN-BAPTISTE, maçon.

JACQUIER, MARIUS, tailleur de pierres.

JHIGINI, ANTOINE, cordonnier.

LAYET, boulanger.

LAURENT, liquoriste.

Il y a eu deux autres Laurent déportés en Algérie.

LAMORT, ÉDOUARD, colporteur.

LHERMITE, HONORÉ, serrurier.

LONG, JEAN-BAPTISTE, mousse.

LOTARD, JEAN-BAPTISTE, marbrier.

MEYRIER, cordonnier.

13

MOLINIER , LÉONARD , militaire.

MAGNAN, CASIMIR , marin.

MARIE , JOSEPH , boulanger.

MUSSO , JEAN , cordonnier.

MARTIN, ADOLPHE , ouvrier.

MASSANO , GASPARD , scieur de long.

PRUDHOM , menuisier.

PELLERIN, tailleur de pierres.

PERRINET, JOSEPH , cordonnier.

PASCAL , menuisier.

Le fils de ce proscrit a été frappé de la même peine.

PHILIPPE , BALTHASAR , charretier.

On trouve deux fois ce nom parmi les déportés des Bouches-du-Rhône.

PONS , AUGUSTE , boulanger.

QUINQUIN, LOUIS , portefaix.

RICHARD, ANTOINE , cafetier.

ROSSÉ , JEAN-BAPTISTE , charretier.

ROUX , MAURICE , cordonnier.

REYNE , LOUIS, calfat.

SAMAT , JOSEPH , cultivateur.

THÉ , ANTOINE , boulanger.

TURIN , HIPPOLYTE , journalier.

TERRAILLE , JOSEPH , quincailler.

TRICHARD , JEAN-BAPTISTE , tuilier.

TISDOR , VICTOR , corroyeur.

THIONVILLE , ADOLPHE , journalier.

VIALON , MARCELLIN , scieur de long.

VALETTE , PAUL , employé de l'octroi.

CONDAMNÉS

Au bannissement à temps ou à vie.

BONDILH , HONORÉ , homme de lettres.

BONNEFOY , FERRÉOL , architecte.

COLLIER , PHILIPPE , libraire.

CAMEL , CLAUDE , fabricant de papier.

GRÉGOIRE , GEORGES , instituteur.

MARBEAU , FRANÇOIS, marchand de ciment.

MEUNIER , MICHEL , quincaillier.

POUMICON , CHARLES , directeur de la *Voix du Peuple*.

REVERT , ANTOINE , boulanger.

Plusieurs autres républicains , d'origine italienne , mais établis depuis longtemps en France , ont été bannis aussi du territoire. Le despotisme ne connaît point d'hôtes.

Le nombre des internés a été considérable. Parmi eux on remarque un ancien Représentant du Peuple, Astouin , qui avait rempli les fonctions de secrétaire à l'Assemblée Constituante.

VIII.

DORDOGNE·

Membres de la Commission.

CALVIMONT , préfet.
POINSIGNON , général.
THOULOUZE , procureur de la république.

Mauvais romancier et journaliste détestable avant d'être préfet, Albert de Calvimont a déserté le drapeau de la Légitimité pour se rallier au bonapartisme. Il s'était préparé à cette évolution en acceptant une sous-préfecture des mains de Louis-Philippe. On aurait pu se souvenir à l'Elysée de ce double rôle ; il a fallu en effacer la trace. L'écrivain royaliste a dressé des listes de proscrits , comme s'il n'eût été question que d'ajouter quelques pages, plus ou moins dramatiques , aux romans sortis de sa plume. (1) Vrai jeu d'imagination !

La proscription est toujours triste et sombre : elle aurait des éclairs de joie avec le préfet de Périgueux , si la nature

---

(1) Le préfet Calvimont a publié deux méchants volumes intitulés : *Folle vie.* Il existe un parfait accord entre le titre et l'ouvrage, et l'ouvrage , comme le titre , est digne de l'écrivain.

humaine le permettait ou si les échafauds et les potences pouvaient sourire.

Poinsignon a fait une campagne dans la Dordogne. Il n'était que général de brigade. Il a eu bientôt après une division militaire. Les généraux de Louis Bonaparte dressent leurs bulletins de gloire dans l'ombre des tribunaux secrets, où ils égorgent à huis-clos la République et ses défenseurs.

Le procureur Thoulouze, avant de tomber sur les républicains, s'était jeté avec acharnement sur leurs journaux. Véritable bourreau de la presse, il avait déclaré solennellement dans une audience de la cour d'assises, qu'il tuerait les feuilles démocratiques du département. Il avait exécuté ses menaces. La *Ruche* et le *Républicain*, qui servaient, chacun à sa manière, la cause de la démocratie, étaient tombés successivement sous ses coups. Il jouissait encore de ces deux triomphes, quand la dictature de Louis Bonaparte est venue ouvrir une nouvelle carrière à cette ardeur de pénalité, qui le tourmente. On doit croire qu'il a bien mérité du gouvernement ; car il a obtenu depuis un fauteuil de conseiller.

CONDAMNÉS

A la déportation en Algérie.

BERTHET , Louis , peintre.

BOULARD , Joseph.

BOYER , Étienne.

CHABOT , plafonneur.

DELBOS , JEAN.

DESOLME , CHARLES , rédacteur en chef du *Républicain de la Dordogne*.

Le journal , rédigé par Desolme , avait cessé de paraître depuis quelques mois. C'était peu pour les agents de Louis Bonaparte d'avoir désarmé l'écrivain. Ils ont voulu le frapper.

GRAFFEUILH , BERTRAND.

LABARTHE , ÉMILIEN , propriétaire.

LAPARC , JEAN.

LARNAT , ADOLPHE.

PEYRAMAURE , ÉMILE.

SARRAZIN , EUGÈNE , ancien avoué.

SOULIER , ANTOINE.

VALLETON , JACQUES.

CONDAMNÉS

Au bannissement à temps ou à vie

LESTRADE , ex-instituteur.

MAGNE , quincaillier.

CONDAMNÉS

A l'internement.

BARANDON , tapissier.

BOURGOING, propriétaire.

BRISE, teinturier.

BUISSON, JACQUES, ancien sous-préfet.

CHATAIGNON, ANTOINE, typographe.

COMPAINGE, ADRIEN, tanneur.

DEZEIMÉRIS, JEAN-BAPTISTE, propriétaire, ancien
sous-préfet.

C'est le frère de l'ancien député de la monarchie, qui a
siégé à l'Assemblée Constituante et rempli les fonctions de
bibliothécaire à la Faculté de Médecine.

DULAC, ALCIDE, fermier.

Alcide Dulac est le cousin du Représentant de ce nom,
banni lui-même à perpétuité par le héros du 2 Décembre.

ESCOT-MESLON, propriétaire.

GIRAUD, JOSEPH, avocat.

LABROUSSE-BOSREDON, médecin.

LACROIX, PROSPER, propriétaire.

MAGNE, EPHREM, tanneur.

MASSIAS, marchand-colporteur.

PINET, ÉMILE, courtier de commerce.

La police correctionnelle a été chargée de frapper plusieurs autres républicains de la Dordogne. Quelques femmes
figurent dans cette nouvelle catégories de victimes. On frappait aussi à Rome les femmes qui manquaient d'enthousiasme pour Néron ou pour Tibère.

IX.

DROME.

Membres de la Commission.

FERLAY, préfet.
LAPENE, général de brigade.
PAYAN-DUMOULIN, procureur de la République.

Il eut été difficile de trouver un homme plus digne que Ferlay de la confiance et de l'estime du dictateur. Ferlay a traversé toutes les professions, tous les partis, toutes les aventures. Il a été tour-à-tour avocat et avoué ; mais un banqueroutier se cachait sous sa toge. Il faisait faillite, il y a une vingtaine d'années. Cette banqueroute d'écus n'était que le prélude et l'image de la grande banqueroute d'opinions et de croyances, qui devait attacher à son nom l'éclat déshonorant des apostasies.

Le lendemain de la Révolution de juillet, Ferlay se plaçait dans les rangs des démocrates. On le voyait figurer bientôt après dans ce parti libéral sans cœur et sans esprit, qui marchait à la suite d'Odilon Barrot. Il inclinait plus tard vers la Légitimité et le dernier ministère de Louis-Philippe, avant de s'écrouler avec la monarchie, l'attira pour quelques jours sous son drapeau. Républicain le 24 février, il devint bonapartiste le 10 Décembre. Il -est arrivé ainsi à la préfecture de la Drôme. Il s'était associé quelque temps auparavant à une entreprise de remplacements militaires. C'était un marchand d'hommes, d'après l'énergique expression du peuple. Quel instrument pour la politique bonapartiste !

Ferlay avait devancé dans la Drôme l'heure de la terreur. Un système de compression enveloppait déjà le département avant le crime du 2 Décembre. L'état de siége y était établi depuis deux ans. Tout y était prêt pour ces exécutions violentes et sauvages, qui ont inauguré presque partout la dictature de Louis Bonaparte. Le préfet n'a reculé devant aucun excès. Non content de présider lui-même à l'enlèvement des citoyens dont le républicanisme l'inquiétait, il poussait publiquement à l'espionnage, et ses arrêtés barbares allaient menacer au fond des campagnes la pitié des paysans, qui ne refusaient pas un asile aux victimes.

Le général Lapène a été effacé par le colonel Coustau. C'est ce colonel, qui, après avoir fait une battue aux environs de Montélimart, est rentré dans la ville avec cent cinquante prisonniers enlevés aux villages voisins et suivis d'un canon couvert de lauriers. Il ne rougissait pas de parer la guerre civile. Le préfet l'avait accompagné dans cette honteuse expédition.

Payan-Dumoulin est le neveu de ce Payan dont Robespierre avait fait son secrétaire. Il invoquait ce souvenir après la Révolution de Février pour obtenir la place d'avocat général. Il s'est contenté depuis d'être simple procureur.

Un trait sans exemple dans les annales du barreau l'aurait écarté pour toujours, à une autre époque, des rangs de la magistrature. Il avait défendu, comme avocat, l'assassin Vietti, qui a porté sa tête sur l'échafaud. Il osa présenter une requête pour se faire adjuger, à titre d'honoraires, une somme de trente francs, que le meurtrier avait laissée et qui provenait de son crime. L'ordre des avocats s'en émut et le conseil de discipline lui infligea un blâme solennel.

Des ennemis de la République ont prêté leur concours à ces trois exécuteurs.

L'avocat Habod servait de conseil à Payan.

Un jeune homme, Rivière de Lamure, qui suivait le préfet à titre de secrétaire, semblait vouloir lui communiquer jusqu'aux emportements de son âge. C'était la violence à l'état de caprice et sous la forme de l'impertinence.

Il s'agissait un jour d'élargir un prisonnier. « C'est un socialiste redoutable, » dit le scribe du préfet. Comment l'avait-il reconnu ? Le malheureux portait un chapeau marron à larges bords. Il y cachait à coup sûr trois ou quatre révolutions plus ou moins sociales.

Cet étrange secrétaire s'opposait, le même jour, à l'élargissement d'un autre détenu, parce qu'il lui trouvait mauvaise mine et qu'il lui semblait dangereux pour l'ordre public.

CONDAMNÉ

A la déportation à Cayenne.

PEYRON, pharmacien.

CONDAMNÉS

A la déportation en Algérie.

ARNAUD DU PAVON , propriétaire.

Deux frères de ce nom ont été frappés en même temps.

BRETON , pharmacien.

DURAND , ALPHONSE, propriétaire.

Compris , l'année précédente , dans le complot de Lyon , Durand venait de subir la peine à laquelle il avait été condamné. Il a été repris par les proscripteurs de la Drôme au moment , pour ainsi dire, où il quittait la prison.

Un autre propriétaire , nommé Prosper Durand , a subi le même sort. Son nom mérite une place à part dans les souvenirs de la démocratie. Prosper Durand avait vu enlever son frère, qui était plus utile que lui à sa famille. Il prend la résolution de le remplacer. Il se présente aux agents de Louis Bonaparte: « Vous avez commis une erreur, leur dit-il ; ce n'est pas mon frère qui doit être arrêté ; c'est à moi que l'on en veut : conduisez-moi en prison. » C'était une victime qu'il fallait. Les valets du dictateur trouvèrent sans doute que celle-là valait l'autre et Prosper Durand prit la place de son frère.

FLACHAIRE , FLORIAN, propriétaire.

FARRE , limonadier.

GIRARD , AUGUSTE , propriétaire.

Il y a eu un autre déporté de ce nom.

MERCIER , tailleur d'habits.

STOUPANY , fils, confiseur.

TERRAS , cultivateur.

VINCENTY , propriétaire.

CONDAMNÉS

Au bannissement à temps ou à vie.

CHARBONNIER , césar , propriétaire.

PRILLARD , médecin.

STOUPANY , père , confiseur.

Le fils de Stoupany, condamné à Lambessa, était parvenu à gagner la frontière. Il était libre. La police de Louis Bonaparte a trouvé convenable de faire payer sa rançon à son père , en l'exilant lui-même. C'est un vieillard qui a plus de soixante ans.

CONDAMNÉS

A l'internement.

LARGER , ébéniste.

PAZIN , cafetier

Le département de la Drôme est l'un de ceux qui ont été le plus éprouvés. Que de martyrs ne compte-t-il pas ! On peut dire que le bonapartisme a épuisé sur lui toutes ses colères. (1).

X.

HAUTE-GARONNE.

Membres de la Commission.

BRET , préfet.

REVEUX, général de division.

DUFRESNE, procureur-général.

Deux séides de Louis Bonaparte , Maupas et Piétri , avaient précédé Bret à la préfecture de Toulouse. La République y était désarmée. Il ne s'agissait que d'exercer des vengeances contre le parti démocratique.

Le nouveau préfet, qui était tombé avec Louis Phi-

---

(1) La police bonapartiste a intercepté à plusieurs reprises les renseignements qui devaient mettre l'auteur en mesure de retracer les souffrances des républicains de la Drôme et de quelques autres départements. C'est acheter par une nouvelle honte le silence d'un jour. Le héros du 2 Décembre a beau étouffer la vérité. Il ne pourra dérober aucun de ses exploits à l'histoire. Ce que ce livre ne dit pas aujourd'hui, il le dira demain. L'auteur prend l'engagement solennel de le compléter. Aucun ostracisme ne l'empêchera d'aller chercher la vérité dans le puits où Louis Bonaparte prétend l'ensevelir.

lippe , mais qui avait su obtenir une pension de la Révolution victorieuse, pour reparaître plus tard avec le fils de
la reine Hortense , n'a pas manqué à ce rôle d'exécuteur.

Le général Reveux , ancien orléaniste comme lui , a
proscrit par ordre , mais sans zèle.

C'est le procureur-général Dufresne, qui a été l'âme et le
bras des colères bonapartistes dans la Haute-Garonne. Il
avait voulu conquérir là faveur du préfet Piétri qui était
encore à Toulouse dans les premiers jours de décembre et
qui , après la Révolution de février, l'avait fait renvoyer
de la cour d'appel de Bastia.

Un autre magistrat, le premier président Piou , a paru
rivaliser de zèle avec le procureur Dufresne. La cour de
Toulouse ayant évoqué l'affaire des troubles de Montauban ,
ces deux justiciers de Louis Bonaparte sont accourus dans
le Tarn-et-Garonne pour y donner le signal des poursuites.

Quelques semaines auparavant , à la rentrée des tribunaux , ils avaient prononcé, l'un et l'autre, un discours
sur le respect dû à la loi. Mais ce n'était qu'une comédie
judiciaire. Où sont les vieux parlements ? Ils respectaient
du moins le droit et ne faisaient pas de la justice la
risée du peuple.

CONDAMNÉS

A la déportation à Cayenne.

BROUSSEROL , JEAN.

LASSALLE , FÉLIX.

CONDAMNÉS

A la déportation en Algérie.

BODEAU , correspondant de la *Voix du Proscrit.*

CAZENEUVE , aubergiste.

CRUBAILLE , rédacteur de la *Civilisation.*

DELMAS , capitaine d'état-major.

DUPORTAL , rédacteur de l'*Émancipation.*

ESTRADE , JEAN, tailleur.

GODOFFRE , propriétaire.

LOUBEAU , cafetier.

MOREY , ex-huissier.

ROLLAND , tailleur de pierres.

CONDAMNÉS

Au bannissement à temps ou à vie.

AZERM , ancien Représentant du Peuple.

BAYARD , géomètre.

CAZALAS , chapelier.

LUCET , avocat.

PÉGOT-OGIER , ancien Représentant du Peuple.

VIVENT , négociant , membre de la commission départementale.

CONDAMNÉS

A l'internement.

BÉGUÉ , mécanicien.

BÉNI-BARDE , propriétaire , membre du conseil général.

BRUN , fabricant de toiles peintes.

JANOT , gérant de l'*Emancipation*.

MONDOUIS , docteur en médecine

MULÉ , ancien Représentant du Peuple.

ROQUELAINE , propriétaire , ex-maire de Toulouse.

XI.

GERS.

Membres de la Commission.

LAGARDE , préfet.

DE GÉRAUDON , général de brigade.

S^t-LUC COURBORIEU , procureur de la République.

Un préfet , qui avait servi d'instrument à toutes les passions monarchiques , Lerat-Magnitot, abandonnait le Gers au moment même où Louis Bonaparte mettait sa volonté à la place des lois. Il n'a pas voulu perdre l'occasion de s'associer au coup d'État et il a aidé son successeur , Lagarde, à disperser les républicains qui voulaient défendre la Constitution.

Ce nouveau préfet , en arrivant à Auch , s'étonnait de trouver un peuple tout ému du grand attentat, qui venait d'être commis contre la République. « J'ai été surpris, disait-il naïvement , de rencontrer à mon arrivée une assez vive agitation. » Pourquoi s'agiter en effet ? Est-ce que le droit vaut la peine qu'un peuple se remue ? Il est bien plus sage de glisser sans bruit dans les griffes du premier tyran qui se présente.

Le général Dupleix , qui commandait ce département , semblait mou à côté d'un pareil collègue. Il a été remplacé par le général Giraudon.

On n'a pas eu besoin de changer le procureur Courborieu. C'est une espèce de prétorien déguisé en magistrat. Il marchait , dès le premier jour , à la tête d'un escadron de hussards , contre les bureaux de l'*Ami du Peuple* où commençaient à se grouper les défenseurs de la Constitution. Il a continué son expédition dans l'ombre de ce tribunal secret , dont il a été le membre le plus ardent et le plus impitoyable.

St-Luc Courborieu appartient à une famille de Lot-et-Garonne, qui s'est taillé un patrimoine dans la fortune de ses voisins. Le petit-fils poursuit l'œuvre du grand-père. Mais c'est la proscription qui est son usure.

Un magistrat de Condom, le procureur Romand , ne s'est guère montré moins impitoyable que son collègue d'Auch.

14

On rencontre partout sous la toge cette rivalité honteuse de fureur et de colère.

CONDAMNÉS

A la déportation en Algérie.

ABADIE, JOSEPH.

AVRIL, PASCAL.

ADOUÉ, JOSEPH.

AGUT, JEAN.

ALEM-ROUSSEAU, avocat, ancien commissaire de la République, ancien Représentant du Peuple.

La commission du Gers condamne Alem-Rousseau à être relégué en Afrique. Mais l'arrêt ne l'atteint pas. Alem-Rousseau a eu le temps de se réfugier en Espagne avec quelques autres proscrits. Quelques mois après sa peine est commuée. Il passe de la catégorie des déportés dans celle des bannis. Le dictateur consentait à être aussi généreux que le hasard, qui lui avait dérobé sa victime. C'est ce qu'on appelle la clémence de Louis Bonaparte, et c'est pour célébrer de pareils efforts de générosité qu'on joue devant le desposte la tragédie de *Cinna*. Le vers majestueux de Corneille est condamné à lécher la botte de ce méchant histrion qui veut s'appeler Auguste.

AREXY, avocat, rédacteur de l'*Ami du Peuple*.

ARQUÉ, MARTIN.

ARRIVITZ, FRANÇOIS.

AYLIÈS, JOSEPH.

ANTIMES, JEAN-BAPTISTE.

BACQUÉ. ALEXANDRE.

Il y a un autre déporté de la même famille.

BAQUE, JEAN-BAPTISTE.

BEDOUT, FRANÇOIS.

BOURGADE, FRANÇOIS.

BOUÉ, BARTHÉLEMY.

Ce nom, comme celui de Bacqué, a fourni une seconde victime.

BONNET, BERNARD.

BOUZON, JEAN.

BASAX, PIÉRRE.

BAYLAC, JEAN, imprimeur.

Le Gers compte un autre déporté de ce nom. C'est des presses de Baylac que sortait l'*Ami du Peuple*, l'un des organes les plus avancés de la Démocratie. On a frappé à la fois la pensée et l'instrument.

BELLOC, PROSPER.

BRUNE, HYACINTHE.

BAJOU, MICHEL, fils.

BILLIÈRES, JOSEPH, fils.

BORDERÈS, AUGUSTIN.

BREUILS, ORENS.

BARTHÉRÉS, JEAN-MARIE.

BARRÈRE, BAPTISTE.

BASSAN, LOUIS.

BERGÈS, JULIEN.

Un second coup a frappé la famille de ce proscrit, qui a perdu un autre de ses membres.

BLOUSSON, LOUIS.

BOUSQUET, FRIX.

BRISSET, JEAN.

BROUSTET, CYPRIEN.

BUGARD, JEAN-BAPTISTE.

BRUCHANT, JACQUES, père.

BAYLET, JOSEPH.

BAZERGUES, BERNARD.

BORDES, FRANÇOIS.

BARBÉ, PIERRE.

BOURRIEST, JULIEN.

BROUSSES, LÉONCE, avoué.

CAILLAN, JEAN.

CAVÉ, PIERRE.

CASTEX , PIERRE.

CAZABAN , DOMINIQUE.

CANTELOUP , avocat.

CAZES , JEAN

CAZAVAN , JOSEPH.

CASTÉRA , FRANÇOIS.

On retrouve ce nom deux fois parmi les déportés du Gers.

CARBOUÉ , PIERRE.

CARTAING , JEAN.

CARDOURS , LOUIS.

Encore deux victimes enlevées au même foyer.

CORBY , JOSEPH.

CASSAGNE , JEAN.

CARRIER , HENRI.

CLAVÉ, JOSEPH.

CANDÉLOU , ADAM.

CAUBET , JEAN.

CHABUND , RIGAL.

CLAUSADE , LÉON.

COURREGE , JEAN.

COURTIADE , AUGUSTIN.

COUZIER , JEAN.

COUSSOULET , JOSEPH.

COUJET , GUILLAUME.

Un parent de Coujet a partagé son sort.

CASTAGNET , PIERRE .

CASSAET , JEAN-BAPTISTE.

CASTARÈDE, JEAN-MARIE.

CAPMARTIN , JEAN.

CAMPARDOU , CHARLES.

CESTAC , ANTOINE.

CABOS , HYACINTHE.

DALAS , JOSEPH.

DAULHIÈME , ADOLDHE , avocat.

Des chants politiques, étincelants de verve, avaient popu-
larisé dans le Midi le nom de Daulhième. L'avocat républicain prêtait, en se jouant, aux idées nouvelles, ce rythme
de la poésie , qui trouve tant d'échos dans le cœur des
masses. Chacune de ses chansons était une harangue.
C'était un infatigable tribun. Sa voix harmonieuse ,
portée de village en village , appelait partout le peuple sous
le drapeau de la République.

DEGERS , ISIDORE.

Le frère de Degers l'a suivi en Afrique.

DEBOUT , JOSEPH.

DUPUTZ, BAPTISTE.

DARROUX, THÉODORE.

Un autre membre de la même famille a été condamné aussi à la déportation.

DUFAUD, BERTRAND.

DUTEY, JEAN-MARIE.

DASSIS, GABRIEL.

DAUSSAS, JOSEPH.

DARBES, JEAN-MARIE.

DÉJUS, PIERRE.

DAUBAS, BAPTISTE.

DESPAX, MAURICE.

C'est le nom de deux frères enveloppés dans le même arrêt et transportés du même coup en Afrique.

DAUZÈRE, JOSEPH.

DUCASSÉ, LOUIS.

DUMAS, ROMAIN.

D'UCHEN, CYRILLE.

DURAND, EUGÈNE.

Un second Durand figure parmi les déportés.

DUMOULIN, AMBROISE.

DUFFAUT, ADRIEN.

DOAZAN, FRANÇOIS,

DUFRÉCHON , DOMINIQUE.

DESBARATS , ANTOINE.

DURRAD , JACQUES.

DAMBLAN , HENRI.

DEFFÉS , EDMOND.

Le frère de Deffés a subi la même peine.

DELAS , LOUIS , gérant de l'*Ami du Peuple*.

On compte dans le Gers quatre victimes de ce nom. C'est la famille du gérant de l'*Ami du Peuple* qui a été le plus éprouvée.

DESPALANQUES , MATHIEU.

DESPEIROUS , PIERRE.

DESPLATS , MARC.

DUBOSC , LAURENT.

DUFRÉCHON , DOMINIQUE.

DELÈS , JEAN-VICTOR.

DUCHIN , JEAN-PIERRE.

DUCOUSSO , ANTOINE.

Encore deux victimes du même nom et de la même amille !

DUBORD , JEAN.

DUVILLE , JEAN.

DUBAS , LAURENT.

DARROUX , JEAN-BAPTISTE.

DAURIAC , JEAN-MARIE.

DOMÈRE , PIERRE.

DOURS , PIERRE.

DUBLANC , NICOLAS.

DUCLOS , JEAN.

DUPRAT , JEAN-MARIE.

Il y a eu trois déportés de ce nom. La proscription le trouve de son goût.

DUPUY , RAPHAEL , cultivateur.

Le nom de ce proscrit rappelle aussi plusieurs victimes. Elisabeth, femme de Dupuy, a été condamnée à partager son sort. Leur fils , un jeune homme, s'est vu atteint du même coup. C'est toute une famille déracinée du sol. Il y a eu un autre Dupuy également déporté en Afrique.

DUR , AUGUSTE.

ESCOUBÈS , ISIDORE.

Le convoi , qui a enlevé Escoubès , emportait aussi un de ses parents.

ESQUINANCE , FRANÇOIS.

ESPAROS , BARTHÉLEMY.

ESTINGOY , BERTRAND.

FAGET , JOSEPH.

Un autre Faget figure au nombre des proscrits du Gers.

FAURÉ , GABRIEL.

Il en est de ce nom comme de celui de Faget : il a été frappé deux fois.

FLORENSAN , JEAN-MARIE.

FORGUES , RAYMOND.

FOURCADE , JEAN-BAPTISTE.

FITTE , RAYMOND.

Le frère de Fitte a été déporté avec lui.

FONTOULIEU , LOUIS.

FOURMIGUÉ , LUCIEN.

FEZAS , JACQUÈS.

FERRET , JACQUES.

FOUROUGNAN , ÉTIENNE.

GARDÈRES , JEAN.

GOUDOULA , JEAN-MARIE.

GASTINEAU , BENJAMIN , rédacteur en chef de
    l'A*mi du Peuple*.

GARAS , BERNARD.

GÈZE , JEAN.

GOUDOULIN , JOSEPH.

La proscription a pris à la famille de Goudoulin un autre de ses membres.

GALHET , CHARLES.

GRANGÉ , JEAN-BAPTISTE.

On trouve ce nom une seconde fois dans les arrêts des prévôts d'Auch.

HOURCADE , JEAN.

JULLIAN , PHILIPPE.

KÉVA , JOSEPH.

LABONNE , PAUL.

LABAT , HENRI.

LABADENS , GUILLAUME.

Toute une famille de ce nom a été reléguée en Algérie.

LAFFARGUE , CHARLES.

Le nom de Laffargue, comme celui de Labadens, a fourni quatre victimes.

LASSERRE , FRANÇOIS.

Encore trois proscrits.

LACAZE , BERTRAND.

Trois proscrits de plus.

LANDRE , JOSEPH.

LACROIX , JEAN-MARIE.

LANNES , ANTOINE.

LEBBÉ , JOSEPH.

LADOUX , GILLES.

LATERRADE , PIERRE.

LADOUÉS , FRANÇOIS.

LACLAVÈRE , JEAN.

LARRIEU , BERTRAND.

LACOSTE , JULES.

LACOUTURE , LOUIS.

LAFITTE , JEAN-MARIE.

LAGNOUX , GRATIEN.

LALANNE , ÉTIENNE.

LAMARQUE , avocat, ancien sous-commissaire de
la République.

Un autre Lamarque figure parmi les victimes. La proscription l'a pris à la charrue, comme un grand nombre de ces déportés.

LAPORTERIE , EDMOND.

LARTIGUE , ARMAND.

LASCOMBES , CYPRIEN.

Il faut ajouter à ce nom celui d'un autre Lacombes, appartenant à la même famille.

LAPAULLES , VINCENT.

LAUZIN , PIERRE.

LEBRUN, LÉON.

LESTRADE, limonadier.

LAGARDÈRE, FRANÇOIS.

LASMOLES, PIERRE.

LAGRAVE, PROSPER.

LAVEDAN, JEAN-MARIE.

LOURTRÈS, JEAN-MARIE.

LOUIT, BERNARD.

LUNAU, ANTOINE.

Un parent de Lunau a été enlevé avec lui.

MEILLAN, JEAN.

MOUCHET, RAYMOND.

A côté de Raymond Mouchet doivent figurer deux autres déportés du même nom. C'est une famille qui a perdu trois de ses membres.

MESSINE, JOSEPH.

MASSABÈRE, GUILLAUME.

MALHOMAN, ACHILLE.

MOURTEILLAN, FRANÇOIS.

MIRANNE, JEAN-MARIE.

MONDIN, BLAISE, fils.

MORÈS, MAURICE.

Le nom de Morès a fourni une seconde victime.

MORENS, AUGUSTE.

MARRE, MATHIEU.

MESPLÈS, JEAN-MARIE.

MONGÈS, GABRIEL.

Encore deux proscrits dans la même famille.

MARSAN, JEAN.

MAUMAS, FRANÇOIS.

MACARY, BARTHÉLEMY.

La même scène se répète. Deux déportés, comme plus haut.

MEIGNEN, PAUL.

MASSIGNAC, PIERRE.

NOTÉ, JOSEPH.

NOURRI, AUGUSTE.

NOULENS, JEAN-MARIE.

NOGUÈS, PIERRE.

NINOUS, ÉMILE.

OJARDIAS, LOUIS.

POUDÈS, JOSEPH.

PESAN, FRANÇOIS.

PÉDAILLÉS, FRANÇOIS.

PÉRÈS, JEAN.

On compte cinq Pérès dans les listes de la commission d'Auch. Ici, comme sur beaucoup d'autres points, les noms et les familles disparaissent sous les coups répétés de la proscription.

PRIEUR, VICTOR.

PUJOS, ALEXANDRE.

C'est encore un des noms les plus maltraités du Gers. Il est répété quatre fois dans les arrêts des commissaires d'Auch.

PUGENS, JEAN-MARIE.

Le fils de Pugens a été condamné à le suivre en Afrique.

PASCAU, JEAN-JACQUES.

PASSAMA, JOSEPH, avocat.

RÉCHON, BLAISE.

ROQUES, FRANÇOIS.

La proscription a recruté dix victimes dans les deux familles de Roques et de Réchon. Nous assistons de plus en plus aux *razzias* sauvages de la Kabylie.

RANSAN, JEAN.

RAYNAUT, FRANÇOIS.

SUBRAN, JOSEPH.

SARRAN, CERNIN.

SARRIAC, ADRIEN.

SALINÉ, JEAN.

SENTIS, FRANÇOIS.

SAUT, FRANÇOIS.

SABATHÉ, JOSEPH.

SAINTAYE , casimir.

SÉNAC , jean.

Ce nom a été frappé une seconde fois par la commission du Gers.

SOULÉS , hippolyte.

Il y a encore ici deux victimes et c'est la même famille qui les fournit.

SAUBOLE , dominique.

SEIGNOUROT , guillaume.

SOUMABIELLE , alphonse.

THIVER , sylvain.

TOULAN , antoine.

TAUZIN , godefroy.

THORE , françois.

TASTE , pierre.

TERRIL , jean-bappiste.

TURSAN , frix.

Le nom de Tursan figure aussi deux fois parmi les déportés.

TARISSAN , joseph.

TANAZAC , vital.

VERGÈS , jean.

VIDAL , joseph.

VIVÈS , THÉOPILE.

WEYMONT , LOUIS.

ZEPPENFELD , ÉDOUARD , sculpteur , ex-gérant de l'*Ami du Peuple*.

CONDAMNÉS

Au bannissement à temps ou à vie.

BOUBÉE, pharmacien , ancien Constituant.

DUPUTZ, représentant du Peuple.

Le représentant Duputz n'était pas compris dans les décrets du 10 janvier. Un ministre, son parent, l'avait dérobé aux coups de Louis Bonaparte. Mais il est tombé entre les mains des exécuteurs du Gers , qui l'ont envoyé en exil.

XI.

GIRONDE.

Membres de la Commission.

HAUSSMANN , **préfet**.

BOURJOLLY , général de division.

DEVIENNE , procureur-général.

La commission de la Gironde est l'une de celles qui ont été accusées d'indulgence par les courtisans de Louis

Bonaparte. Il est vrai qu'elle n'a pas dépeuplé le départment, que le bonapartisme livrait à ses caprices. Mais devant quel excès a-t-elle reculé? Cayenne, Lambessa, l'expulsion au-delà de nos frontières et cet autre exil du dedans qu'on appelle l'internement, elle a tout accepté et tout imposé à ses victimes. Elle a frappé, plus qu'une autre, les magistrats et les membres du conseil général. Les premiers ont été mal défendus par l'inviolabilité de la toge et les seconds par la dignité du mandat dont ils étaient investis.

C'est le préfet Haussmann, qui paraît avoir dicté lui-même toutes ces rigueurs. Il remplaçait depuis quelques jours le préfet Neveu, dont l'administration anti-républicaine s'appuyait principalement sur le commissaire Galerne, connu par ses concussions, et qui buvait fièrement à son inamovibilité dans des banquets ridicules; où le représentant Denjoy évoquait sans succès l'ombre éloquente de Vergniaud. Le département ne lui était pas inconnu. Il avait été sous-préfet à Blaye. Chassé de ce poste par la révolution de Février, il sut devenir conseiller de préfecture à Bordeaux. On l'accuse de s'être souvenu de Blaye, pour venger les injures de l'ancien administrateur. C'est ce qui explique pourquoi la population de cette ville a été plus rudement éprouvée que les autres.

On peut expliquer d'une autre manière les rigueurs qui ont frappé cette partie du département. Blaye avait un sous-préfet nommé Brestrof, qui s'est montré digne de servir la cause bonapartiste. Il était dirigé, dit-on, par son beau-père, Lalande, et le juge de paix Sébileau,

qui proposait, après la Révolution de Février, la candidature de l'ancien Pair d'Althou-Shée, dont il partageait
les ardeurs républicaines.

Tout semblait avoir été préparé d'avance pour la proscription dans cette malheureuse ville de Blaye. L'avoué
Rabolte était à la tête de la municipalité. Il avait pour adjoints
le médecin Drouet et l'avocat Girard. C'étaient trois
ennemis acharnés de la démocratie. Enfin le commandement
de la citadelle, où devaient être entassés des milliers de
proscrits, se trouvait entre les mains d'un officier, qui traînait dans tous les excès du pouvoir un nom jadis cher à la
Révolution. C'était un parent ; un neveu , dit-on , de ce
Lepelletier de Saint-Fargeau qui tomba , vers la fin du
dernier siècle , sous le poignard des royalistes.

Une autre ville de la Gironde , Lesparre , a eu à souffrir
également de ces fureurs subalternes. Le procureur de la
République, Beauregard, y présidait à toutes les violences ;
c'était lui qui, quelques mois auparavant, avait provoqué la destitution de l'avoué Achard à cause de ses opinions démocratiques. Il s'appuyait sur quelques-uns de ces agents obscurs
que la tyrannie ramasse partout dans les bas-fonds de la
société. L'un d'entr'eux , qui avait servi dans les douanes ,
Jean Meynieu , ne craignait pas de déclarer publiquement
qu'il regardait la délation comme le devoir d'un bon
citoyen. Il avait pour rival un ancien commis du greffe ,
engagé, comme lui, dans ce rôle honteux de dénonciateur.
Le nom seul de ce sbire bonapartiste est un outrage et
un défi à la conscience humaine : il s'appelle Mucius
Scœvola. Il a commencé par voler l'histoire.

Le procureur de la République à Libourne , Lacaze, s'est signalé à son tour par l'ardeur de ses poursuites. Il aspirait à découvrir une société secrète, pour envelopper plus facilement dans la proscription les citoyens les plus honorables de la ville. Un siége de conseiller a été donné à ce fougueux procureur. La magistrature , cette gardienne antique du droit , est devenue aussi une armée prétorienne. Il suffit, pour s'élever dans ses rangs, de frapper sans pitié les ennemis de César.

CONDAMNÉS

A la déportation à Cayenne.

ARDURA , FÉLIX , sabottier.

DORÉ , perruquier.

Le frère de Doré est devenu fou depuis son arrestation. Au moment du départ , il a couru au port et s'est jeté dans l'eau pour retenir la chaloupe, qui emportait son frère avec d'autres proscrits. Il a pu ainsi l'embrasser une dernière fois au milieu des injures de la soldatesque. Le lendemain, il errait dans les rues de Blaye en criant : « Qui veut acheter mon magasin ? je ne veux plus rester en France ; je veux aller rejoindre mon frère. Je donne ma boutique à celui qui me paiera le passage. »

CONDAMNÉS

A la déportation en Algérie.

CAUBET , armurier.

JOHANNET, professeur de langues.

MARTIN , huissier aux contributions.

MORANGE , porte-faix.

PELLETAN , forgeron.

TYPHON , agriculteur.

VIGIER , l'un des rédacteurs de la *Tribune*.

Ce poète heureux et facile , qui avait poussé comme une plante sous le soleil du midi, était aussi destiné à la déportation. Mais la prison l'a tué. Elle avait reçu un corps valide , un esprit plein de sève et de vie : elle n'a rendu qu'un cadavre. Poète du peuple, Vigier s'est éteint avec la République , cette épopée vivante des masses , trop longtemps réduites par la monarchie au silence de la servitude.

CONDAMNÉS

Au bannissement à temps ou à vie.

ACHARD , ancien avoué , ancien maire.

BELLOT DE MINIÈRES, juge, conseiller-général.

BOUTIN, avoué, ex-maire, conseiller-général.

BLOIS , maçon.

BOURGEOIS , tailleur.

CAUZIT , docteur en médecine.

CADUC , ancien avoué.

CELLERIER, juge au tribunal civil de Lesparre.

CLÉMENT-THOMAS , ancien commissaire général, ancien Représentant du Peuple, ancien commandant de la garde nationale de Paris.

CROUSARD, cordonnier.

DUZAN , ex-limonadier.

GORNET, médecin, ex-commissaire de la République.

Le frère de Gornet a été expulsé aussi du territoire français.

GRAVIER, propriétaire, ancien sous-préfet.

C'est le beau-frère de Caduc, condamné comme lui à
l'exil.

HERMITTE, avocat, journaliste.

JOUFFRE, menuisier.

Il n'a pas pu résister aux influences du sol africain.
Il mourait quelque temps après son arrivée en Algérie.

LALAURIE, médecin, conseiller général, ancien
maire de Bazas.

LANGLARD, ancien sous-préfet.

LAZARE, limonadier.

MAIGNE, médecin, conseiller général, ancien
sous-commissaire de la République.

OLLIÈRE, président du tribunal de commerce de
Blaye.

RÉGURON, tailleur.

ROBERT, ancien avoué.

ROYER, avoué.

Un professeur de ce nom a été condamné aussi au bannissement.

SAVIN, horloger.

SANSAS, avocat.

SCHOELCER, ébéniste.

SIMIOT, ancien Représentant du Peuple.

SOYER, propriétaire, conseiller d'arrondissement.

TANDONNET, conseiller général, rédacteur en chef de *La Tribune*.

Aucun journal n'avait contribué plus puissamment que *La Tribune* à répandre dans le midi de la France les idées démocratiques. Aussi tous ses rédacteurs ont-ils été frappés. Cet infortuné Vigier, que la tombe a dérobé à la proscription, était condamné aux rigueurs de Lambessa. Tandonnet a été banni. Trois autres rédacteurs, Hermitte, Sansas et Simiot, ont partagé son sort. Un quatrième rédacteur, Saugeon, a été soumis à la surveillance de la haute police, avec le gérant du journal, Dézarnault, qui venait de subir, pour délit de presse, un emprisonnement de quelques mois. Ne fallait-il pas punir ces courageux écrivains d'avoir tenu haut et ferme le drapeau de la République dans la ville du

Douze Mars, c'est-à-dire dans le foyer même des vieilles passions monarchiques?

TRESSE, propriétaire.

VIALLE, ancien négociant.

On a reproché a Vialle d'avoir fait un voyage à Londres quelques mois avant le coup d'État et d'y avoir vu Ledru-Rollin.

CONDAMNÉS

A l'internement.

ARNAUD-SAMONAC, propriétaire, ancien maire.

BAILLIAZ, docteur en médecine.

BEAUDIN, ancien candidat aux élections de l'Assemblée Constituante.

BRISSON, aîné, propriétaire.

CAMPAN, rédacteur en chef du *Courrier de la Gironde.*

CRUGY, gérant de la même feuille.

Le *Courrier de la Gironde*, inspiré par l'orléanisme, avait donné le signal des attaques les plus violentes contre la République et les républicains. Il traînait chaque jour dans la boue l'Assemblée nationale et saluait d'avance la première balle, qui frapperait la Constitution. Cette dictature, qu'il appelait à grande cris, l'a heurté lui-même dans son invasion sauvage à travers la France. Il arrive souvent à la force de blesser ses complices. Elle en fait quelquefois des victimes, jamais des martyrs. Le droit cependant, ce droit inviolable qu'ils ont poursuivi de leurs injures, les protège encore et les revendique à la tyrannie, dont ils ont été les fauteurs criminels ou niais.

CAVAILLIER, ex-greffier du tribunal civil.

CHAUMEL, fils, propriétaire.

DELCLOU, négociant.

DUCROS, NUMA, médecin.

FRAYSSINEAU, instituteur.

GARCEAU, propriétaire, ancien maire.

LENOIR, marchand de bois.

MAILLÉ, propriétaire.

MAITRE, HENRI, ex-directeur des messageries.

MERLET, conseiller-général, ancien maire.

Un autre Merlet, frère du précédent et membre, comme lui, du conseil général de la Gironde, a été interné en même temps dans l'une des villes du Midi.

ROUX, propriétaire, conseiller-général.

TISSANDIER, boulanger.

Les arrêts de la commission de Bordeaux comprenaient beaucoup d'autres victimes. Mais les peines qui les attendaient, ne leur ont pas été appliquées. Ce sont des armes que la police bonapartiste tient en réserve dans son hideux arsenal pour les besoins de l'avenir.

XIII.

HÉRAULT.

Membres de la Commission.

DURAND ST-AMAND , préfet.
ROSTOLAN , général de division.
DESSAURET , procureur-général.

Voici trois figures, qui valent la peine d'être considérées de près. La proscription leur a fait un piédestal lugubre et sanglant , qui ne doit rien perdre de sa hauteur , pour que le peuple , qui doit un jour les juger , puisse les voir à son aise.

Le plus effacé de ces trois proconsuls est le procureur-général Dessauret. Il fut directeur des cultes sous le règne de Louis-Philippe et la politique de Guizot n'eut pas de serviteur plus dévoué. C'était un de ces hommes qui font partie du bagage des gouvernements. Tombé avec la monarchie , il s'est relevé avec la présidence de Louis Bonaparte. Son caractère ne le poussait pas aux mesures impitoyables, qui ont inauguré la dictature du prétendu neveu de l'Empereur. Mais il a sacrifié la justice et l'humanité à son intérêt. Il faut frapper à tort et à travers pour garder la faveur du pouvoir.

C'est le même calcul qui pousse Durand-St-Armand. Il

a obtenu la préfecture de l'Hérault après celle de la Creuse, où il a su expier avec succès un républicanisme de quelques jours. Il veut au moins s'y maintenir. Qu'importe le prix ? Les ardeurs sanguines de son tempérament, qui le jetèrent jadis au-devant de la République et lui tinrent lieu d'idées, vont le servir merveilleusement dans le nouveau rôle qui lui est imposé.

La voie d'ailleurs lui a été tracée par son prédécesseur Balland, qui a été appelé depuis, comme directeur général, au ministère de la police. Jamais faveur ne fut mieux méritée.

Balland, avant de quitter Montpellier, s'était hâté d'ouvrir la liste des proscrits. C'est un ouvrier de la première heure dans cette hideuse besogne. Son rôle ne s'est pas borné la. Il a dirigé, de son nouveau poste, la plupart des coups, qui ont atteint les démocrates de l'Hérault. Des luttes généreuses avaient rempli sa jeunesse ; il fallait en effacer le souvenir. C'était un ancien soldat du carbonarisme, qui est même resté, dit-on, son créancier. Il pouvait se prévaloir de cette circonstance atténuante auprès du nouveau pouvoir ; mais il aspirait à des titres plus sérieux.

Durand-St-Amand n'a eu qu'à marcher sur ses traces. Plagiaire d'apostasie, il a dû être aussi un plagiaire de proscription, tant les sentiers de la honte sont déjà battus par les valets qui se pressent autour de Louis Bonaparte !

On ne peut en dire autant du général Rostolan. Il servirait au besoin de type. Comme il est entré bravement dans la proscription !

Le bruit se répand un jour dans Montpellier que le gouvernement incline vers la modération. Les commissions départementales n'étaient pas encore constituées. On avait remis le soin de frapper les démocrates à la justice éperonnée des conseils de guerre. Seulement, une circulaire du ministre de l'intérieur semblait prescrire de ne pas trop multiplier les arrestations, qui pouvaient devenir un embarras. Le général Rostolan envoie aussitôt son aide-de-camp à Paris, pour obtenir du gouvernement, au nom du salut public, la faveur de frapper les républicains, sans tenir compte de cette circulaire, qui n'avait du reste d'autre but que de masquer tant de rigueurs de quelques airs de clémence.

Quelques jours après, un bâtiment de Cette emportait vers l'Afrique un convoi de prisonniers, sortis des geôles de l'Hérault. A côté des hommes politiques compris dans le convoi, il y avait plusieurs victimes, que la violence avait ramassées au hasard et qu'aucune colère ne devait atteindre.

« Général, dit un officier à Rostolan, on vient d'embarquer des hommes qui ne méritaient pas vraiment d'être frappés. — C'est vrai, répond le proconsul de Louis Bonaparte ; on les a classés un peu légèrement ; mais les voilà partis ; il n'y faut plus songer. »

Vers la même époque, il se montrait encore plus dur envers le père du jeune Castelnau, qui allait être dirigé sur Lambessa.

« Est-il vrai, général, lui disait le père du proscrit, que le sort de mon fils est décidé et qu'il doit partir dans quelques jours ? — Vous le savez ? réplique Rostolan.

Eh bien , oui , il partira demain avec les autres. Mais dites lui bien , ainsi qu'à ses amis , que s'ils osent tenter quelque manifestation républicaine , je donnerai un exemple dont Montpellier se souviendra encore dans une centaine d'années. »

Voilà comment il déportait et voici de quelle manière il remplissait les prisons.

Un ouvrier typographe, nommé Roux, se présente un jour à son hôtel et lui dit: « Général, je viens vous faire connaître les noms de plusieurs citoyens qu'il est urgent de faire arrêter , si vous voulez empêcher une explosion. — C'est très bien , mon ami , voyons ces noms. — Général , c'est un service que je vous rends ; je m'expose en faisant cette démarche ; j'ai le droit d'attendre une récompense.—Que te faut-il ? — Quatre mille francs. Je ne livrerai la liste qu'à ce prix.—Va la chercher.—Je l'ai dans ma poche. » Le général n'a pas plutôt entendu ces mots, qu'il tire une sonnette. Deux gendarmes se montrent aussitôt. « Arrêtez cet homme et fouillez-le devant moi, » leur dit Rostolan. L'ordre est exécuté et la liste saisie. Le dénonciateur est conduit en prison, où le suivent de près ses victimes.

Il paraît que le vieux proscripteur avait pris goût à la besogne. Les pouvoirs extraordinaires, confiés aux généraux, devaient cesser, le jour où Louis Bonaparte convoquerait autour lui son parlement de valets. Un juge d'instruction , Peytavin, va trouver le général pour le prévenir que , la loi reprenant son empire, il est obligé désormais d'interroger les prisonniers et de leur appliquer les règles de la procédure. « Pas encore! pas encore ! s'écrie le général.

— Mais le décret ? — Il y a le délai des distances : je veux en profiter. » La proscription était devenue pour lui une sorte de domaine, qu'il défendait avec la passion d'un propriétaire.

Le général Rostolan s'était préparé à ce rôle odieux dans le commandement de l'armée française à Rome. C'était lui, qui après la chûte de Mazzini et de ses partisans, avait organisé la police au profit du pape et mis l'épée de la France dans les mains d'Antonelli. Il avait conquis, par cet exploit, le titre de citoyen romain, et pendant qu'il multipliait autour de lui les douleurs de la proscription, il invitait le public à visiter un tableau, qui le représentait dans sa gloire transalpine. Il jouait insolemment au héros, comme son maître.

Abandonné à lui-même, il n'aurait pas peut-être commis tous ces excès. Mais il avait cessé de s'appartenir. Il s'était fait l'instrument des royalistes, qui siégeaient dans le conseil municipal de Montpellier. Il frappait au nom de Louis Bonaparte, mais dans l'intérêt d'une faction bourbonnienne. C'était elle, qui inspirait secrètement toutes les mesures. Dans l'incertitude qui suivit le coup d'État, elle songea un instant à relever le drapeau de la Légitimité. Elle comptait entraîner une portion du Midi, et son triomphe lui paraissait d'autant plus sûr, qu'elle s'était débarrassée des républicains. Le temps lui a manqué pour cette tentative; mais elle a voulu témoigner sa reconnaissance au général Rostolan, en lui offrant une épée d'honneur. Le conseil municipal, où s'agitaient en secret toutes ces passions, ne comptait dans son sein

que des Légitimistes, dont les noms ne sauraient être isolés de ces événements. En voici la liste :

ANDUZE, ISIDORE, avocat.

AUZILLON, banquier.

BENAVENT-RHODEZ, propriétaire.

BLAVY, avoué.

BROUSSE, aîné, négociant.

DE CALVIÈRES, propriétaire.

CAIZERGUES, HENRI, juge-suppléant.

CHIVAND, notaire.

CHRÉTIEN, médecin.

DABIS, négociant.

DE DAX, propriétaire.

DESSALLE, propriétaire.

DUFFOUR, président du tribunal.

Ce magistrat avait siégé dans les cours prévôtales à
la chûte de l'Empire. Il a rajeuni, autant qu'il l'a pu,
ce hideux souvenir.

DUPIN, ex-banquier.

DURAND, ACHILLE, banquier.

DURAND, MARCELLIN, propriétaire.

ESTOR, AMÉDÉE, avocat.

GARNIER, ALEXANDRE, avocat.

DE GINESTOUX , AMÉDÉE , ex-colonel de la garde royale.

DE GIRAUD , propriétaire.

GRÉGOIRE , lieutenant-colonel retraité.

GRENIER , EUGÈNE , avocat.

KEITTENGER , marchand de fer.

KUHUNHOLTZ , médecin.

LESSELIÈRE-LAFOSSE , médecin.

LENTHÉRIC , professeur.

DE MASSILLAC , conseiller à la Cour d'appel.

MAXIME , avoué.

PERÉDIN , EUGÈNE , propriétaire.

DE PINA , propriétaire.

PARMENTIER , propriétaire.

DE PAUL , ex-officier de la garde royale.

POUJOL , AMÉDÉE , avocat.

REY, ADOLPHE , négociant.

VERNHETTE , conseiller à la Cour d'appel.

DE VICHET , médecin.

Ennemis de la République et des républicains , heureux de pouvoir venger les injures de la monarchie, la plupart de ces conseillers ont servi avec zèle les colères du coup d'État.

Pour achever de connaître dans l'Hérault les exécuteurs

des hautes œuvres du bonapartisme, il faut lire le hideux procès-verbal dans lequel la commission de Montpellier a renducompte de ses exploits. Voici le texte de ce document, qui mérite une place à part dans l'histoire des crimes de la tyraunie.

Les commissaires rappellent les séances dans lesquelles ils ont siégé , au mépris de toutes les lois; puis ils ajoutent :

« Vu les décisions rendues jusqu'à ce jour et qui se divi-sent ainsi :

1° Transportations à Cayenne	10
2° Transportations en Algérie , 1er dégré . .	798
3° Transportations en Algérie , 2e degré . .	776
4° Renvois devant le conseil de guerre. . .	97
5° Expulsions du territoire français . . .	57
6° Éloignements momentanés.	9
7° Internements	42
8° Renvois en police correctionnelle. . . .	15
9° Mises sous la surveillance de la police	527
10° Mises en liberté pure et simple	55
Total	2,166

» Attendu que les travaux de la commission sont ter-minés[1].

» Déclarons que la commission mixte de l'Hérault est dissoute. »

Il ne manque au bas de ce procès-verbal que trois noms de Cosaques ou de Tartares, chargés de décimer le peuple français après une invasion , en vertu du droit san-glant de la guerre.

Ces grands maîtres dans l'art de proscrire avaient eu, dans l'Hérault même, des prédécesseurs dignes d'eux.

Les départements soumis à l'état de siége, avant le régime des commissions mixtes, avaient, chacun, une commission militaire. Celle qui siégeait à Montpellier se composait de Dillon, chef d'escadron, de Siguemortes, capitaine et de Rambaud, officier de même grade.

Toutes les peines avaient été épuisées, pour ainsi dire, par ce singulier tribunal. Le général, qui était chargé d'inspecter ces juges de caserne et leurs jugeries, avait dit en passant à Montpellier : « Je n'ai rien à faire ici. » C'était Dillon qui était l'âme de toutes ces rigueurs. Il disait un jour, d'un air de triomphe, en montrant un dossier qui contenait les noms des citoyens dont le sort lui était livré : « Voici le cahier des douleurs. Que de gens voudraient pouvoir y lire ! Ah ! le tour de l'armée est venu. Il faut que nous prenions notre revanche de février. Tout cela est destiné à Cayenne ou à Lambessa. »

Quel malheur pour l'histoire que ce *cahier de douleurs* écrit par Dillon et ses collègues soit resté fermé ! C'est une page qui risque de manquer aux annales du bonapartisme.

CONDAMNÉS

A la déportation en Algérie.

ABERLIN, tailleur de pierres.
ANDRÉ, cultivateur.

AYMES , FRANÇOIS , menuisier.

AURIOL , rédacteur du *Montagnard*.

AUBAGNAC , serrurier.

AUDIBERT , commis-négociant.

ALIBERT , ÉTIENNE , cultivateur.

Trois cultivateurs de ce nom figurent parmi les déportés de l'Hérault.

ANGLADE , tonnelier.

ABBAL , cultivateur.

ALIPE , ARNAUD , facteur rural.

ALLÈGRE , MATHIEU , marchand de fruits.

ASTRUC , ANDRÉ , maréchal.

AUTEBON , JEAN-PIERRE , cultivateur.

ALQUIER , JEAN , cultivateur.

ATGER , MANUEL , avocat, rédacteur de l'*Indépendant* et de l'*Hérault socialiste*.

AZAIS , cultivateur.

ALINAT , cordonnier.

AUBERT , LOUIS , garçon de café.

BRESSON , FÉLIX , brasseur.

BEAUME , avoué.

L'avoué Beaume , avant d'être déporté en Afrique, a été dépouillé de sa charge , comme tous ses collègues. C'était

partout le même spectacle. L'ostracisme était accompagné
de la spoliation. Parmi les juges, qui ont destitué Beaume,
figurait un magistrat, nommé Peytavin. Il était furieux
contre le prévenu, parce qu'ayant voulu l'interroger au nom
du coup d'État, il en avait obtenu cette réponse : « Je ne
vous reconnais point ; vous avez cessé de représenter le
droit. » Il demandait qu'on vengeât l'honneur de la magistrature audacieusement outragée et il opinait pour la mesure la plus rigoureuse. L'iniquité était appelée à couvrir
la honte du juge.

BAILLE, PIERRE, charretier.

BELIN, rédacteur du *Suffrage Universel*.

BOURRET, CYPRIEN, cordonnier.

BAUMADIN, JEAN, tonnelier.

BLAYAC, JACQUES, tailleur d'habits.

Il y a eu dans l'Hérault un autre déporté de ce nom.

BAUMADIN, ALEXIS, tonnelier.

BIOLAC, PIERRE, cultivateur.

BOUTON, PAUL, cultivateur.

BONNET, ANDRÉ, propriétaire.

BOULSIER, PIERRE, cultivateur.

BOUSQUET, LOUIS, ébéniste.

C'est un des noms les plus maltraités par le général
Rostolan et ses collègues. On le retrouve six fois dans
leurs arrêts.

BESSIL , GUILLAUME , arrimeur.

BRIVES , PIERRE , cultivateur.

Le nom de Brives a été recherché et poursuivi, comme un crime défini par le Code pénal. Ne fallait-il pas punir le représentant du peuple, qui porte ce nom, de l'avoir rendu populaire par son inaltérable dévouement à la cause démocratique? La proscription est allée chercher, au fond d'une campagne , un de ses filleuls , parce qu'il avait le tort de s'appeler comme lui. Pierre Brives , son frère , ne pouvait être ménagé. Sa sœur, devenue veuve , avait un fils, que le bonapartisme s'est hâté de lui prendre. Un autre de ses neveux a été enlevé dans des circonstances vraiment singulières et qui caractériseraient au besoin ce gouvernement de soldats ivres , infligé à la France. Des agents se présentent au domicile du jeune homme. Ils ne venaient pas précisément pour l'arrêter. Ils en voulaient à son père. Mais le père était mort depuis dix-huit mois. Que faire en face d'une tombe ? Nos oiseaux de proie ont besoin d'une victime. Ils s'emparent du fils et l'amènent, la chaîne au cou. D'autres parents du représentant de l'Hérault ont été victimes des mêmes violences.

BALESTRIER , entrepreneur.

BERNARD , JOSEPH , bouchonnier.

BERNARDY , FRANÇOIS , peintre.

BONNARIE , commis-négociant.

BRUN , GEORGE , entrepreneur.

BRUNEL , THÉODORE , mécanicien.

BEDOS , propriétaire.

BERIDOT , JACQUES , cordonnier.

BARTHÉLEMY , MAURICE , charpentier.

BUAND , JOSEPH, scieur de long.

CASTELNEAU, avocat.

CASTEL , entrepreneur.

Un bijoutier et un cultivateur de ce nom ont eu le même sort.

CHALLIÈS, EUGÈNE, boucher.

Le frère et le cousin de Challiès ont été déportés aussi en Afrique.

CLERGEAN, commis-négociant.

CAYLUS , JOSEPH , propriétaire.

CHARTANIER , mécanicien.

CHANTEREAU , cultivateur.

CAMBON , serrurier.

COLRAT , ALEXANDRE , serrurier.

COMBES , cultivateur.

Il y a eu deux autres proscrits dans la même famille.

CONGNES , JEAN , cabaretier.

COURIER-ROUSSEL , cultivateur.

CAISSO , JACQUES , boucher.

CLAUZON , BENOIT , cultivateur.

CAUSSE , ANTOINE , instituteur.

COURÈGE , FRÉDÉRIC , cordonnier.

CROS , ISIDORE , portefaix.

CAUSSAC , PIERRE , homme de peine.

CROUZAT , docteur en médecine.

Le père du docteur Crouzat est un ancien officier qui a servi sous l'Empire. Craignant pour son fils qui était détenu, il se rend auprès du général Rostolan et lui demande quel est le sort qu'on destine au prisonnier. « Comment ! lui dit le général ; vous osez vous intéresser à ce misérable! » Le vieux officier se retire et s'adressant directement à Paris, il obtient que son fils lui soit rendu. Mais Rostolan refuse de lâcher sa proie. Il fait déclarer par le journal de la préfecture que la confiance du gouvernement a été surprise et il dirige le docteur Crouzat sur l'Algérie.

CHRISTOL , propriétaire.

CAZELLES , ex-sous-officier , ancien candidat du Rhône.

CARQUET , cultivateur.

COURTOIS , marchand de bois.

CALAS , musicien.

CHAUSY , cultivateur.

COURONNE , cultivateur.

CHAUVARD , tanneur.

CHAVERNAC , agent de remplacement militaire.

DIGEON , bâtonnier de l'ordre des avocats.

L'un des coups les plus odieux de la proscription dans le Midi a été l'emprisonnement de Digeon et surtout son envoi en Afrique. C'est l'un des avocats qui honorent le plus la toge. Il était depuis plus de vingt ans la gloire du barreau de Montpellier. La veille du jour fixé pour le départ des proscrits, il ignorait encore le sort qui l'attendait. On était convaincu généralement que la liberté allait lui être rendue. C'était son influence que le gouvernement avait voulu frapper dans un moment décisif; mais il se garderait bien de toucher à cette tête blanchie par l'étude. Le prisonnier partageait lui-même cette espérance. Entouré, dans la prison, d'une foule de jeunes gens que l'exil allait emporter de l'autre côté de la mer, il leur prodiguait ses encouragements et ses avis. Il savait que son fils allait être enlevé avec eux. Mais la fermeté du citoyen étouffait la douleur du père.

« Vous êtes dans la fleur de l'âge, disait-il à ces jeunes républicains que sa parole suspendait à ses lèvres. Soyez avares de votre jeunesse: vous la devez à la patrie et à la République. Qu'aucun de vous ne se laisse abattre. Les tyrannies ne durent pas, et le droit finit toujours par triompher de ses bourreaux. L'union, la concorde , cette douce et tendre amitié, qui doivent relier des frères, vous rendront l'exil moins dur et moins amer. Nos adieux ont pour théâtre une prison, comme des adieux de crimi-

nels; mais nous ne tarderons pas à nous revoir heureux
et libres. »

C'était le lendemain que le convoi devait partir. La porte
de la prison s'ouvre avant le jour et le premier nom, que la
proscrition appelle, est celui du grand avocat.

Quelques instants après, le vieux Digeon traversait les
rues de Montpellier, ayant son fils à sa droite, et un autre
jeune homme, Castelneau, à sa gauche. Il avait la chaîne
au col. Derrière lui marchait toute une cohorte républicaine, vouée à la déportation. C'étaient ces jeunes gens
qu'il avait charmés tant de fois par sa parole. La ville,
triste et morne, assistait en silence à ce convoi, qui semblait
emporter toutes les forces de la patrie. Ce vieillard, qui
passait sous ses yeux, à la tête de cette jeunesse, moisson-
née dans sa fleur, c'était le droit proscrit, l'avenir enchaîné,
l'esprit français livré au bourreau, comme un vil criminel.

Transporté ainsi en Afrique, Digeon a été promené de
camp en camp avec les autres proscrits et puis interné
dans une ville du littoral. Mais il a eu le bonheur d'échapper
à ses geôliers et de gagner les îles Baléares.

« Nous sommes enfin sortis des griffes de Louis Bonaparte, écrivait son fils, il y a quelques jours ; mon père a
reculé longtemps devant une tentative d'évasion, qui nous
conduisait droit à Cayenne, si elle avait échoué. Mais les
atrocités dont avons été les témoins et dont on nous menaçait personnellement l'ont enfin décidé.

» Cinq transportés, enfermés au camp de Douéra, ont
été condamnés à mort pour cause d'insubordination. Ils

avaient refusé simplement de travailler aux routes, sous un soleil de quarante dégrés.

» Il y a quinze jours, on nous a signifié que, si nous ne faisions pas acte de soumission au président, nous serions dirigés sur un chantier de travaux publics.

» Nous avons refusé la soumission : l'honneur nous le commandait.

» On nous a donné l'ordre de rentrer au camp de Birkadem.

» Il n'y avait plus à hésiter : nous sommes partis secrètement pour Palma , où nous attendait l'accueil le plus sympathique. »

Un journal bonapartiste, rappelant l'évasion de Digeon et de son fils, n'a pas craint de les qualifier de parjures, parce qu'ils ont manqué de fidélité à la prison.

DONADIEU , cultivateur.

DUMOUTIEL , HENRI, perruquier.

DECAMP , LÉON , agent-voyer.

DUCROS , JOSEPH , imprimeur.

DELOUSTEAU , JACQUES , maçon.

DUMAS , braconnier.

DIEUDONNÉ , CÉSAR , propriétaire.

DELON , LOUIS , berger.

DURAND, NOEL , propriétaire , ex-maire.

On retrouve quatre fois ce nom parmi les déportés de l'Hérault.

DANNOS , ANTOINE , cultivateur.

DECUT , propriétaire.

DAUREL , propriétaire.

Un docteur en médecine , nommé aussi Daurel , a été relégué en Algérie.

DELAUR , propriétaire.

ENCONTRE , ISAAC , cultivateur.

ESPÉRON , propriétaire.

ESCALE , cultivateur.

ESCANDE , MANUEL , maréchal.

ENSAQUÉ , cultivateur.

ENJALBERT , maçon.

FAGES , passementier.

FRANCÉS , agent de remplacement.

FULCRAND , VERDIN , brasseur.

Ce nom , comme celui de Durand , est reproduit quatre fois dans les arrêts de la commission de Montpellier.

FILATRE , cordonnier.

FISQUET-DESHAIS , ex-sous-officier.

FELINE , AUGUSTE , propriétaire.

FOURNIES , LOUIS, propriétaire.

FALCON , propriétaire.

FARGUES , cultivateur.

FABRE , ÉTIENNE , perruquier.

FALGAS , PIERRE , propriétaire.

FOUILLAT , cloutier.

GIRARDOT , commis-négociant.

GERVAIS , OSCAR , ancien commissaire-général de
la République.

Un pharmacien de ce nom a été aussi condamné à la
déportation.

GAILLARD , teinturier.

GELY , tourneur en chaises.

Encore quatre victimes , appartenant à la même famille.

GIL , cultivateur.

GRAS , JEAN , cultivateur.

GALIBERT , JOSEPH , cultivateur.

Le même ostracisme a frappé un de ses parents.

GRANAL , PIERRE , cultivateur.

GOIRAU , JACQUES , cultivateur.

GILLES , ANTOINE , cultivateur.

GAUROUX , LOUIS , propriétaire.

GOURAUD , ÉTIENNE , propriétaire.

GAIRAND , JOSEPH , boucher.

GAHUZAC , ANSELME , plâtrier.

GRÈS , PIERRE, cultivateur.

GANIDEL , menuisier.

GENICÈS , propriétaire.

GROS , tailleur d'habits.

HERMEN , boulanger.

HIPPOLYTE , PIERRE , bouquiniste.

HATOI , VICTOR , ajusteur.

HIBRAT , JEAN , tourneur.

ISTIER , PIERRE, cultivateur.

Les proscripteurs de l'Hérault ont pris à la famille
d'Istier un autre de ses membres.

JALABERT , cultivateur.

Un boulanger de ce nom a été aussi relégué en Afrique.

JAUSSAN , cordonnier,

JULLIAU , ALBERT , cordonnier.

JEANTET , DANIEL , cafetier.

JARLAN , tailleur.

JAMES , ancien percepteur.

JULLIEN , cultivateur.

L'Hérault compte trois autres déportés de ce nom et
parmi eux se trouve un jeune homme qui est le fils de l'une
des victimes.

JARLIER , charron.

LAUNEL , commis-négociant.

LAUNINOT , carrier.

LAROQUE , MICHEL , tapissier.

LEPRINCE , DOMINIQUE, homme de lettres.

La mère de Leprince court l'embrasser au moment de rejoindre le bateau qui devait l'emporter en Algérie. Un officier, qui présidait à l'embarquement, la repousse avec brutalité. L'écrivain prend la défense de sa mère et adresse des reproches au lieutenant de Louis Bonaparte. On l'accuse d'avoir manqué de respect à la discipline. Il est chargé de chaînes et c'est dans cet état qu'il traverse la Méditerranée.

LAPLANCHE , menuisier.

LABAT , JACQUES, cultivateur.

LAUDES , cultivateur.

LESCURE , cultivateur.

LAFON , cultivateur.

LAURÈS , cultivateur.

Il y a eu un autre déporté de ce nom.

LIGNON , cultivateur.

LOYER , ANTOINE , chiffonnier.

LAURENT , PIERRE , ébéniste.

MOUGIER , limonadier.

MASBON , boucher.

MAURIN , propriétaire.

MOULINIER , propriétaire.

MIQUEL , tonnelier.

MIGAIRON, CYPRIEN , clerc d'avoué.

C'est le cousin de l'avoué Beaume et il était attaché à son étude.

MONNIER , CASIMIR , cordonnier.

MAURAS , HENRI , cultivateur.

MAS , ANTOINE , fileur.

MANAL , LOUIS , fils , cultivateur.

MAYRAN , LOUIS , tanneur.

MASSE , PIERRE , cultivateur.

MARTIN , EUGÈNE , agent d'affaire.

La proscription a pris aussi un cultivateur de ce nom.

MAURY , voiturier.

MILLE , ancien huissier.

MICHEL , taillandier.

MOREAU , cultivateur.

MARAVAL , boucher.

MOULINIER , FRANÇOIS , peintre.

MAZET , propriétaire.

NOUGARET , cultivateur.

NICOLAS , berger.

NICOLAU , JEAN-PIERRE, aubergiste.

OULLIÉ , GUSTAVE , cultivateur.

Un autre membre de la même famille a été frappé de la même peine.

PINTARD , limonadier.

PLANTEL , jardinier.

PEYRE , horloger.

PEUCH , cultivateur.

PALOT , fabricant de cartes.

POULEAU , PIERRE , cordonnier.

PELEGRY , propriétaire.

PLANET , FERDINAND , menuisier.

PONS , JOSEPH , cultivateur.

PASCAL , propriétaire.

PEYRAS , BAPTISTE , aubergiste.

PLOS , EUGÈNE , propriétaire.

QUERELLE , perruquier.

RONZIER-JOLY , propriétaire , candidat du parti démocratique.

Son fils a été déporté avec lui.

ROSSIGNOL , ébéniste.

RIVIÈRE , tailleur.

REGLET , ébéniste.

RONQUETTE , maçon.

RONSIEUX , serrurier.

RODIÈRE , ANATOLE , typographe.

RICARD , forgeron.

La proscription a enlevé un autre membre de la même famille !

RAVAILLE , JOSEPH , cultivateur.

ROUQUAIROL , JACQUES , cultivateur.

ROGIS , LOUIS , tailleur.

REY , propriétaire.

ROUZIERE , cultivateur.

ROQUES , cultivateur.

ROCHE , HIPPOLYTE , cordonnier.

RAYAUND , PIERRE , homme de peine.

RIBES , JEAN-BAPTISTE , portefaix.

C'est encore le deuxième proscrit de son nom.

SICARD , boucher.

SIMONET , fabricant de chaises.

SALVAGNAC , tonnelier.

SEGUIER , cultivateur.

Un autre Séguier figure également parmi les déportés de l'Hérault.

SANGUINÈDE , ESPRIT , lithographe.

SABATIER , PIERRE , cultivateur.

Ce nom a été aussi frappé deux fois.

17

SINGLA, ANNE, veuve.

Arrachée à sa famille pour être jetée en prison et bientôt après dirigée vers Lambessa, la veuve Singla n'a pas cessé un seul instant de déployer le courage le plus viril. Elle communiquait sa fermeté et son énergie à tous ceux qui l'environnaient. Ses quatre enfants lui ont été amenés sur le rivage, au moment où le bateau à vapeur allait l'emporter vers l'Algérie. « Sois sage et travaille bien, a-t-elle dit à l'aîné ; tu es maintenant le père et la mère de tes frères. » Cette femme grossière et inculte, renfermée jusqu'alors dans l'étroit horizon de son village, devient tout-à-coup une héroïne sous les coups de la persécution. Le peuple durant ces mauvais jours, a rencontré dans ses rangs plus d'une Cornélie.

SAVY, JOSEPH, cultivateur.

SALÈLES, cultivateur.

SOMMA, FRANÇOIS, agent d'affaires.

TAILHADES, ARMAND, contre-maître.

TABOURIECH, ALEXANDRE, tisserand.

THOMAS, BARTHÉLEMY, maçon.

TESSIER, PAUL, cultivateur.

TOURIER, PLACIDE, cordonnier.

TREZY, PIERRE, domestique.

TINDEL, PIERRE, propriétaire.

Compromis dans le mouvement de Béziers et forcé de

chercher un asile , Tindel s'était dirigé vers le village de
Marseillan. Il y avait été accueilli par les frères Mimar. Il
déjeunait avec ses compagnons sur les bords du bassin de
Tau, quand il apprend qu'une colonne du 35ᵉ se porte , à
marche forcée, vers sa retraite. Que faire? Tindel et ses amis
se jettent dans une barque et cherchent à gagner le bord
opposé. Le détachement les apperçoit. Un feu roulant de
peloton est dirigé sur les fugitifs. Les frères Mimar essayent
de l'arrêter en indiquant par leurs gestes qu'ils vont revenir
au rivage. Ils virent en effet de bord, tandis que Tindel se
jette à l'eau pour échapper aux satellites du dictateur. Il est
assez heureux pour gagner la rive. Mais les douaniers le
saisissent au moment où il aborde et courent le livrer
à la cohorte prétorienne.

A son arrivée, Tindel est accablé d'injures et de menaces. Les fusils des soldats se baissent sur sa poitrine.
« Vous n'oserez pas me tuer, leur dit-il, en se posant devant eux dans la plus fière des attitudes; vous êtes trop lâ-
ches. » Tant de courage étonne les soldats; ils hésitent devant ce meurtre et relèvent leurs fusils.

Tindel est conduit d'abord à Marseillan, puis dans les
prisons de Cette, avec les frères Mimar et un cultivateur ,
nommé Laget, que la colonne avait enlevé, en passant,
avec ses deux fils, au milieu de sa vigne. Un honorable vieillard , du nom de Ban , est emmené avec eux, et il
reçoit en marchant un coup de bayonnette. Son crime était
d'avoir donné asile aux fugitifs. C'est un homme d'une
intégrité proverbiale. Les habitants de Marseillan disaient
et disent encore : *honnête comme Ban.* Il a expié sa

générosité par une détention de quatre mois au fort Saint-Pierre.

> THIBAITENE , cultivateur.
>
> TOULOUSE , propriétaire.
>
> TONDUEL , cultivateur.
>
> VALENTIN, françois, marchand d'habits confectionnés.
>
> VACHE , auguste, aubergiste.
>
> VAQUIER , jean, cultivateur.
>
> VASSAS , antoine , propriétaire.

La proscription a enlevé à la fois le fils et le père.

> VALLAT, louis, tonnelier.
>
> VARNIET, pierre, cordonnier.
>
> VERNEY , auguste, propriétaire.
>
> VERNAZOBRE, cultivateur.
>
> VERGUET, distributeur du *Suffrage universel*.
>
> VIDAL, père, négociant.

Les deux fils de Vidal ont été compris parmi les déportés. Il en a été de même de ses deux neveux. Un autre Vidal figure au nombre des bannis. C'est un membre de la même famille.

> VIGIÉ, marchand.
>
> VIGIER, cloutier.

Ce nom a été frappé une seconde fois.

VIÉ, JOSEPH, meunier.

VINAS, menuisier.

CONDAMNÉS

Au bannissement à temps ou à vie.

AUTERIVE, FRANÇOIS, propriétaire.

ANTERRIEU, DIEUDONNÉ, avocat.

BOURELLY, avocat.

BOISSIEUX, AMÉDÉE, ex-notaire.

BOUVIALLA, commis-négociant.

BOUCHET-DOMMENQ, propriétaire.

BOYER, MAURICE, médecin.

COULONDRE, ALPHONSE, propriétaire.

CHABRIER, PASCAL, ex-sous-officier.

Le bruit courait que le jeune Chabrier allait être déporté. Sa mère se rend chez le colonel Berthier, chargé de présider un conseil de guerre. Elle lui parle avec vivacité de la jeunesse de son fils, qui a vécu longtemps en dehors de Montpellier et qui ne peut donner aucune inquiétude au gouvernement. « Mais son père? » dit le colonel. Le père du jeune Chabrier était en effet un grand criminel. Il fut l'adversaire constant de la monarchie, et l'avènement de la République avait été pour lui la récompense d'une longue série de luttes et de sacrifices. Le colonel aurait pu ajouter que l'oncle de notre proscrit avait péri sur l'échafaud au retour des Bourbons, et que les fils des victimes ne peuvent qu'être importuns aux héritiers des bourreaux.

CAVAIN, JACQUES, médecin.

DEDUC., EMMANUEL, propriétaire.

DELMAS, FLORENTID, propriétaire.

FABRE, ESPRIT, clerc de notaire.

FOURNIER, GUSTAVE, médecin.

FULCRAND, CLAUDE, bottier.

GAZAGUE, rentier.

GUITER, EUGÈNE, avocat, ancien préfet, rédacteur en chef du *Suffrage universel*.

Un habitant de Montpellier, qui s'intéressait au sort d'Eugène Guiter, s'était rendu auprès du commandant Dillon, président de la commission militaire, chargée de statuer en premier ressort sur les prisonniers. La conversation s'engage sur les événements. Le commandant Dillon, dans un langage plein de violence, déclare hautement que l'armée est appelée à prendre une revanche terrible de la révolution de février et qu'elle n'y manquera pas. L'exorde était peu rassurant. Le visiteur se hasarde toutefois à prononcer le nom d'Eugène Guiter.

« Quant à celui-là, s'écrie Dillon, son compte est fait.

— Vous avez donc examiné son dossier ?

— Non, mais il est destiné à Cayenne.

— Je ne croyais pas m'adresser à un ennemi politique, mais à un juge ; je me retire.

— Un moment : je veux vous être agréable ; dites à votre protégé de choisir entre Cayenne et le conseil de guerre avec une peine afflictive et infâmante.

— C'est bien rigoureux. N'y a-t-il pas d'autres peines ? La déportation en Algérie, par exemple ?

— Lambessa ? C'est trop près. On en revient. »

Guiter est le fils du Représentant du Peuple, qui se trouve compris dans les décrets de bannissement. Un de ses oncles a été aussi frappé dans les Pyrénées-Orientales.

GIBELY, FERDINAND, propriétaire.

GÉLY, ÉTIENNE, propriétaire.

KARVALESKI, STANILAS, médecin.

LAFONT-FULCRAND, propriétaire,

LUSSIGNET, FRANÇOIS, rentier.

PELZILADE, étudiant.

PAGÈS, LOUIS, propriétaire.

RAYMOND, GUSTAVE, banquier.

ROQUES, fils aîné, tanneur.

ROUCH, ÉTIENNE, avocat.

RÉDIER, ALEXANDRE, commis-négociant.

VIDAL-NAQUET, négociant.

La justice militaire a secondé dans leurs fureurs le général Rostolan et ses collègues et concouru à dépeupler l'Hérault. Voici les noms de ses victimes.

ALENGRY , JEAN , cultivateur.

ANDRÉ , PIERRE , cultivateur.

BEL , PIERRE , cultivateur.

BEAUMONT , LUCIEN , cultivateur.

BOYER , JEAN , paveur.

BARTHÈSE , JEAN-BAPTISTE , serrurier.

BONNAFOUS , JUSTINIEN , plotier.

BONEPAYRE , JEAN , cultivateur.

BERBIGÉ , ALEXANDRE , fileur.

Un frère de Berbigé a été livré avec lui aux conseils de guerre.

BONIFACE , PHILIPPE , serrurier.

BOUFFARD , FRANÇOIS , tailleur.

BAISSE , ANTOINE , jardinier.

BONNARIE , MICHEL , tonnelier.

BASSAS , FRANÇOIS, journalier.

CAMBORE , ÉTIENNE, plâtrier.

CARRIÈRE , JEAN , tanneur.

On voit figurer quatre fois ce nom devant les juges éperonnés de l'Hérault. C'est une famille entière abandonnée au bon plaisir du sabre.

COLAS , ÉTIENNE , vacher.

CADELARD , père , cultivateur.

COUTELON, JEAN, plâtrier.

COEURDACIER, entrepreneur de travaux.

CRESSONS, PAULIN, agent de remplacement.

CHAMBOU, MAXIME, roulier.

CAUMETTE, FRANÇOIS.

DELPECH, JEAN, tisserand.

DENIS, ANDRÉ, cultivateur.

ÉTIENNE, ANDRÉ, cultivateur.

FARRET, JEAN, cordonnier.

FULCRAND, MICHEL, jardinier.

GALIBERT, JEAN, cultivateur.

GALZY, MICHEL, serrurier.

GARDY, LOUIS, chauffournier.

LAURENT, JOSEPH.

LAUZE, ISAAC, tisserand.

LAVERGNE, EUGÈNE, plâtrier.

LIGNON, URBAIN, cultivateur.

Ce nom reparaît une seconde fois devant les tribunaux militaires de l'Hérault. On l'a rencontré déjà dans la catégorie des déportés.

MAME, PIERRE, propriétaire.

MALATERRE, cultivateur.

MAUREL, PIERRE, cultivateur.

MAS, HIPPOLYTE, cultivateur.

MICHEL, HERCULE, cultivateur.

MERCADIER, PIERRE, tailleur.

PAGÈS, JACQUES, teinturier.

Il y a eu un autre victime de ce nom.

PÉRET, CASIMIR, distillateur.

PECH, JEAN, cultivateur.

PETIT, GABRIEL, cultivateur.

POURSINES, CLAUDE, cultivateur.

PRADAL, cultivateur.

ROUX, ANDRÉ, cultivateur.

REY, LOUIS, limonadier.

ROBERT, PIERRE, plâtrier.

RUFFET, PIERRE, limonadier,

SAVY, FÉLIX, portefaix.

SALASC, JOSEPH, cultivateur.

SALLÉLES, JEAN, tonnelier.

SALVAN, LOUIS, tonnelier.

TRIADOU, PIERRE, tailleur d'habits.

TROUSSELIE, ALEXANDRE, cultivateur.

VIDAL, PIERRE, jardinier.

VERGELY, PIERRE, sergent de sapeurs-pompiers.

La peine de mort a été prodiguée par les conseils de

guerre : elle a frappé Beaumont, Barthèse, Colas, Cadelard, Carrère, Delpech, Denis, Frié, Galazy, Gardy, Laurent, Malaterre, Mas, Mercadier, Michel, Pagès, Pradal, Triadou, Vène et Vidal. Que de têtes jetées à l'échafaud au nom de Louis Bonaparte!

Ceux des prévenu, qui ont échappé à la guillotine, n'ont guère été mieux traités. La plupart sont condamnés à expier au-delà des mers, dans une enceinte fortifiée, leur résistance au coup d'Etat.

Deux colonels, Dumont et Bauchetet, présidaient les conseils de guerre, qui se sont jetés dans cette débauche de pénalités. Les commissaires du gouvernement étaient le commandant Bourelly et le capitaine d'Auvergne.

XIV.

ISÈRE.

Membres de la Commission.

CHAPUIS-MONTLAVILLE, préfet.
HUGUES, général de brigade.
MASSOT, procureur-général.

Un furieux s'est rencontré parmi ces trois commissaires. Le général Hugues, qui succédait au général Parthouneau, semblait vouloir imiter la modération de son prédécesseur.

Massot, chef du parquet de Grenoble, reculait aussi devant la violence, malgré l'exemple que lui donnaient partout ses collègues. Chapuis-Montlaville seul s'est jeté dans la persécution avec une sorte d'ivresse.

Il y avait, sous Louis-Philippe, un député qui siégeait sans éclat sur les bancs de la gauche, entre cette opposition sans règle et sans doctrine, que dirigeait Odilon-Barrot et cette autre opposition plus énergique et plus décidée, dont Ledru-Rollin était quelquefois l'interprète. Ce député faisait à l'insu du public de petits discours et de petits livres. Il avait publié depuis quelque temps un résumé historique sur le Dauphiné, dans lequel il parlait, comme les royalistes, du vaincu de Waterloo, qu'il accusait *d'avoir rompu son ban*. Plus tard, il avait accolé une préface lourde et prétentieuse à ce livre si net et si ferme de Sièyes sur les grandes destinées qui attendaient le Tiers-État. A une époque plus récente, il avait écrit quelques pages emphatiques sur Mazagran et ses défenseurs; ce qui le fit nommer pendant quelques jours l'*inventeur de Mazagran*. Il était fier jusqu'à l'impertinence de ces tristes productions. « Vous avez votre parole, disait il aux orateurs de la Chambre; mais moi j'ai ma plume. »

Rejeté dans l'ombre par les électeurs après la chûte de la monarchie, il est devenu préfet sous Louis Bonaparte. Le faux neveu de l'Empereur, qu'il avait tant insulté, lui a confié l'administration du département de l'Isère. Le nouveau préfet s'est placé d'un bond au premier rang des bonapartistes. Tout ce qui sentait la république a été exposé à ses coups. Gardes nationales, municipalités, instituteurs, il a tout poursuivi, tout brisé, comme s'il avait voulu ouvrir d'avance la voie à la plus honteuse des dictatures. Il n'a eu qu'à continuer son rôle après le coup-d'Etat, pour seconder les desseins criminels de l'aventurier impérial.

Ses emportements et ses violences, dans ces jours tragiques, ont déplu à son propre parti. Quelques bonapartistes de l'Isère ont adressé des plaintes à l'Elysée contre la fougue de leur complice. Chapuis-Montlaville y a perdu le titre de sénateur, qui lui avait été promis ; mais il a été envoyé à Toulouse, où il ne manquera point de marcher sur les traces des Maupas et des Piétri dont il méritait de recueillir la succession,

Il y a porté le surnom de *Charigny le furieux*, qui lui a été infligé par la population de Grenoble. Charigny était un charlatan très-connu dans l'Isère, qui se vantait de sauver tout le monde avec un de ses topiques. Le topique merveilleux et souverain de Chapuis-Montaville, c'est Louis Bonaparte. Il ne se contente pas de le présenter à la foule, comme ce héros de la foire : il le lui impose, les armes à la main.

CONDAMNÉS

A la déportation en Algérie.

COTTIN, AUGUSTE, chapelier.

GAUTHIER, JOSEPH, cordonnier.

CONDAMNÉS

Au bannissement à temps ou à vie.

BEAUP , cantonnier.

BOREL ,ÉMILE , mécanicien.

CALVAT , LÉON , gantier.

DE CEIRASSE , propriétaire.

DELLHY , homme de lettres.

FRAPPAT , EUGÈNE , instituteur.

FAYEN , ALEXANDRE , rentier.

GASTON , médecin , conseiller-général.

HÉBERT , menuisier.

MESSIMILI, remouleur.

PIRODON , ancien percepteur.

Ces proscrits n'ont pas été les seules victimes de Chapuis-Montlaville et de ses collègues. Un grand nombre de républicains de l'Isère, poursuivis et traqués par la police, ont été contraints d'abandonner leurs foyers et de chercher un asile sur le sol libre de la Suisse.

XV.

LANDES.

Membres de la Commission.

JAUBERT . préfet.

NEPVEU , chef de bataillon.

DUPEYRÉ , procureur de la République.

Digne cousin du ministre Fortoul , le préfet Jaubert s'est élevé , comme lui , à force de bassesse. Il s'était abrité , le lendemain de la révolution , sous le nom de Manuel, qui fut à un autre époque l'allier puissant de la liberté et dont quelques neveux sans pudeur et sans âme ont fait aujourd'hui le valet du despotisme. Son tempérament , son caractère , le désir surtout de voiler aux yeux du pouvoir sa rare incapacité , en montrant un soldat à la place d'un administrateur , ne le disposait que trop aux mesures les plus rigoureuses.

Mais il a rencontré, dès l'origine, une certaine résistance dans le procureur Dupeyré.

On proposait à ce magistrat de reconnaître le héros du 2 Décembre : « Comment, pourrais-je, dit-il, adhérer à un gouvernement qui a violé toutes les lois, moi qui suis chargé depuis plus de vingt ans de les faire respecter. »

Un romain du beau temps de la République n'aurait pas

mieux dit. Peut être n'aurait-il pas été si éloquent ; mais il eût rejeté sa toge, en invoquant les dieux, ces gardiens immortels du droit. Dupeyré a conservé la sienne. Un instant de dignité avait suffi pour épuiser l'énergie virile de cette grande âme.

Le substitut de ce procureur, un jeune homme, qui s'appelle Burgurieu, avait renoncé à ses fonctions, en entendant le langage de son chef. Il a suivi, depuis, son exemple et il fait maintenant au tribunal d'Alby des réquisitoires criards au nom de Louis Bonaparte. La corruption des vieux, comme l'ombre des grands arbres, descend toujours sur les jeunes.

Un médecin et un avocat, Dufau et Soubiran, que Mont-de-Marsan a vus tour-à-tour à la tête de sa municipalité, ont contribué plus puissamment que ces magistrats d'humeur si facile à contenir les colères de l'indigne neveu de Manuel. Les pères de ces deux citoyens avaient porté à une autre époque le poids des orages politiques ; ils ont eu la sagesse de s'en souvenir.

Ces influences généreuses semblaient devoir dérober le département à la persécution. Mais il s'est rencontré là, comme ailleurs, un de ces agents secondaires, qui s'efforcent d'échapper à l'obscurité de leur rôle par l'illustration du mépris, et dont l'odieuse persévérance condamne un jour l'histoire à se baisser tristement, pour ramasser l'ordure de leur nom dans quelque coin obscur et honteux des affaires publiques.

Sentetz est le nom de ce proscripteur en sous-œuvre. Comme tant d'autres augures du pouvoir, qui veillent si plaisamment sur l'avenir du monde, il a voulu sauver l'ordre social et il a réclamé des victimes. On recrute pour la violence comme pour la débauche. Triste et douloureux spectacle, qui ne manque jamais de se produire dans ces jours de deuil, où des gouvernements impies cherchent à s'asseoir sur les ruines des lois!

A côté de ce nom, et plus bas, si c'est possible, dans cette classe honteuse de proscripteurs ténébreux, se montrent un juge-de-paix et un maire, Lubet-Barbon et Bonnefemne. Placés dans un centre paisible, qui semblait devoir échapper à toutes les tempêtes, ils ont su y ouvrir une arène de proscription. C'est à eux que la petite ville de Hagetmau doit tous les coups qui l'ont frappée.

CONDAMNÉS

A la déportation en Algérie.

SALLIÈRES, cultivateur.

Ce malheureux paysan, avant d'être dirigé sur Lambessa, a passé plus de six mois en prison. Le procureur de la république près le tribunal de Dax, frère du procureur de Mont-de-Marsan, magistrat ignorant et niais, qui fait bégayer piteusement la loi du haut de son siége, accusait gravement Sallières d'avoir caché quelque part deux cents livres de poudre. » Combien vaudraient-elles?» demande notre laboureur, et quand il en sait le prix: « Si je les avais, s'écrie-t-il, je me hâterais d'acheter un champ. » On a tenu au secret plus de quarante jours ce

Spartacus en sabots. Qui sait s'il n'aurait pas voulu acheter le champ du magistrat ridicule qui l'interrogeait, ou de quelque autre séide aussi grotesque de Louis Bonaparte?

CONDAMNÉS

Au bannissement à temps ou à vie

DARRACQ, ULYSSE, pharmacien.

C'est un des naturalistes les plus distingués de notre époque. Mais il ne croit pas que l'étude des oiseaux ou des insectes dispense le savant des devoirs du citoyen ni des soucis de la chose publique.

DURRAN, ERNEST, rentier.

Les parents de ce proscrit avaient été poursuivis, au retour des Bourbons, par les alliés et les admirateurs des Cosaques. Un de ses oncles fut même attiré dans un guet-à-pens par quelques royalistes, qui trouvaient sans doute que la politique de leur maitre n'était pas assez impitoyable. Il y a des noms et des familles qui ont le glorieux privilège d'exciter dans tous les temps la colère des ennemis de la liberté.

LAPORTE, propriétaire, ex sous-commissaire de la République.

Une perquisition est faite chez Laporte au moment où il va être arrêté. La police découvre dans un coin quel-

ques lignes dont elle ne peut percer le mystère. Elles
cachaient évidemment une trame, une conspiration, un
de ces mots d'ordre à l'usage des révolutionnaires.
C'était au moins un formulaire de barricades. Quelques
mots d'allemand, indéchiffrables pour la police, causaient
toutes ces terreurs. Le procureur de Dax en a eu, dit-
on, des insomnies. Il n'est pas philologue, hélas! et il
trouve que le français, *né malin*, lui donne assez d'embarras. La découverte de ces lignes cabalistiques n'a pas
peu contribué au bannissement de Laporte, que son républicanisme éprouvé signalait déjà aux exécuteurs bonapartistes.

MAUMEN, prêtre-desservant.

L'abbé Maumen avait insulté pendant trois ans la République et les républicains. C'était un torrent continuel
d'injures contre les hommes et les institutions. Le pam-
phlétaire en soutane, pour agir plus puissamment sur
les masses, parlait la langue des paysans, un de ces
idiomes faciles et harmonieux, qui semblent se jouer entre
l'Italien et l'Espagnol, ces deux grandes voix du Midi. Ses
libelles rimés n'avaient été l'objet d'aucune poursuite. Ils
avaient même paru avec une sorte de faveur dans le
journal de la préfecture. L'évêque d'Aire les protégeait
avec des regrets hypocrites. On en nourrissait les âmes
dévotes. C'était *Vert-Vert*, qui jurait comme autrefois.
Seulement, il avait appris à jurer contre la démocratie,
et ses jurements charmaient l'oreille de ses maîtres. Après
le 2 Décembre, l'insolent perroquet a voulu crier contre

le dictateur. Il a été mis en prison et condamné à deux ans de bannissement. Sa chanson, cette fois, menaçait Louis Bonaparte d'une mort prochaine et annonçait le retour de l'impuissant héritier des Capet. Mais qu'importe? Où est le procès? Où est le jury? Où est le jugement? C'est toujours une victime de la tyrannie. Justice partout, justice pour tous, même pour le prêtre sans cœur et sans âme, qui puise la haine dans l'Evangile, cette source inépuisable d'amour, et dont la robe déshonorée traîne impudemment sur nos places publiques, dans le bruit et le tumulte de nos querelles!

CONDAMNÉS

A l'internement.

BETSELÈRE , tailleur de pierres.

BARRÈRE , cordonnier.

Le frère de Barrère , peintre en bâtiment , a été frappé de la même peine.

CASTAGNOS , commerçant.

CAMONSEIGT , cordonnier.

DOLIBOS , tanneur.

DUFAU , CONSTANT , conseiller municipal,

DUPOY , JEAN , propriétaire.

DUTOYA , coutelier.

DULAU , THÉODORE , avocat , conseiller-général.

FERRAND, négociant, ancien militaire.

C'est un vieux soldat de l'Empire, couvert d'honorables cicatrices. Mais il a le tort de croire que Louis Bonaparte n'a pas gagné la bataille d'Austerlitz.

GAUBE, docteur en médecine.

GEORGE, coiffeur.

GARDÈRES, cloutier.

LABURTHE, propriétaire.

LAFERRÈRE, victor, propriétaire.

LAFFARGUE, docteur en médecine.

LAVIGNE, tailleur.

LHOSTE, aîné, négociant.

LESPÉRAXE, secrétaire de maire.

MASSIE, propriétaire.

MOUMIET, docteur en médecine.

PERRIS, libraire.

PEYRAUD, tailleur.

SARTHOU, propriétaire.

TOMIEU, hector, ancien sous-officier.

TOULOUSE, aubergiste.

VIROS, neveu, négociant.

XVI.

LOT.

Membres de la Commission.

DUHAMEL , préfet.

PELLAGOT , colonel.

LE SUEUR DE PEREZ , procureur de la République.

Ancien rédacteur de la *Gazette de France* , le préfet Duhamel s'est souvenu de son origine et, en bon légitimiste, il a poursuivi avec vigueur les républicains. Les deux villes de Gramat et Figeac ont eu à souffrir principalement de ses violences , parce qu'elles ne l'avaient pas accueilli, à son passage , comme un Turgot ou un Colbert.

Il s'était signalé, dès le lendemain du coup d'État, par une circulaire injurieuse contre la devise républicaine qu'il avait proscrite des monuments publics. Après avoir sauvé ainsi la société , ce grand capitaine de l'ordre s'est fait décerner une épée d'honneur.

Un seul fait signalera suffisamment le colonel Pellagot. Cet officier a publié un arrêté menaçant des lois militaires tous les citoyens qui donneraient asile aux proscrits et il n'a pas reculé plus tard devant l'exécution de cette menace.

Le procureur de la République , le Sueur de Perez est un de ces magistrats emportés qui nous montrent tous

les jours la loi sous la forme d'une Furie. Ne parlez à ces
justiciers en colère ni de Beccaria, ni de Servan, ni de tous
ces esprits généreux, qui ont cherché à introduire l'humanité dans le Code pénal des peuples modernes. Ils
préfèrent de Maistre avec son éloge du bourreau.

Perez était connu pour ses emportements avant l'attentat
de Louis Bonaparte. Il avait poursuivi avec acharnement
la presse républicaine du Lot. Le 2 Décembre lui a permis
de se montrer avec toute la véhémence de son caractère.
Il a dit publiquement qu'il regrettait que la peine de mort
fût abolie et qu'on ne pût envoyer à la guillotine le rédacteur en chef du *Réformateur* et quelques-uns de ses coré-
ligionnaires. Les victimes que ses haines royalistes lui
signalaient semblaient ne pas lui suffire. On l'a vu adresser
d'odieuses provocations à des citoyens paisibles, qui gémis-
saient à l'écart sur la ruine des libertés publiques. Il a été
décoré par le dictateur. Qui méritait mieux que lui ce signe
d'asservissement ? La croix ressemble aujourd'hui à ces
ceintures que portaient les courtisanes romaines et sur lesquelles brillait en caractères d'or cette inscription honteuse : *J'appartiens à Tibère, j'appartiens à Néron.*

Un premier châtiment a déjà été infligé à Perez pour sa
complicité honteuse avec les brigands du 2 Décembre. Un
oncle assez riche, dont il devait être l'héritier, avait été
chassé en Espagne par la terreur bonapartiste. Il apprend
dans sa retraite que son neveu est l'un des plus ardents à
proscrire : il change son testament et meurt quelques jours
après.

CONDAMNÉS

A la déportation à Cayenne.

CHAPOU , employé aux chemins de fer.

DAYMA , cabaretier.

LABROUSSE , ancien huissier.

C'est le neveu du représentant Labrousse que la proscription bonapartiste a oublié au milieu de ses fureurs. Nul
cependant n'était plus digne de ses coups. Banni de France
par la monarchie de Louis-Philippe et réfugié à Bruxelles
où il dirigeait un vaste établissement d'instruction publique, il rendit plus d'un service pendant le dernier règne
à la famille Bonaparte, qui envoie aujourd'hui ses parents mourir à Cayenne. Sénèque parle d'un lion , qui ,
voyant son bienfaiteur exposé dans le cirque , accourut
pour le sauver. Ce lion doit paraître un animal bien stupide
au héros du 2 Décembre et à ceux qui l'entourent.

SEGUY , marchand de cuirs.

CONDAMNÉS

A la déportation en Algérie.

BÉRAL , avocat, ancien procureur de la République.

BEDUER , boulanger.

BRUGÈRE , tailleur d'habits.

BAILLY , horloger.

BERGOUGNOUX , vétérinaire, maire.

COSTES , sculpteur sur pierre.

CLARY , ancien instituteur.

COMBARIEU , ex-conducteur des ponts-et-chaussées.

CALMELE , limonadier.

COUTURE , ex-instituteur.

DILBAS , cordonnier.

DELORD , juge au tribunal de Cahors.

FROMENTÈZE , ancien instituteur.

GARD , tailleur.

GRÉFFEL , ex-surnuméraire de l'enregistrement.

GAUZEUR , propriétaire , ex-commandant de la
garde nationale de Figeac.

JOURDANET , propriétaire.

LABRUNIE , enfant âgé de quinze ans.

On a prétendu que le jeune Labrunie avait sonné le tocsin
dans une commune du Lot pendant les événements du 2 Décembre et c'est pour expier ce crime qu'il a été relégué
en Afrique.

LESCURE, ex-surnuméraire des finances.

LIGONIE , père, secrétaire de la mairie.

MARLET, rédacteur en chef du *Réformateur du Lot.*

MIRET, ancien percepteur, beau-frère du représentant Lafon.

MASSIP, employé à l'hopital de Figeac.

Ce proscrit avait été recueilli par son beau-père Abel, perruquier à Figeac. En vertu de l'arrêté du colonel Pellagot, Abel a été conduit, la chaine au cou, dans les prisons de Cahors.

MISPOULET, cafetier.

NASTOR, tailleur de pierre.

ORLIAC, chapelier.

PRADEL, ancien huissier.

PECHMEJA, rédacteur du *Réformateur*.

RIBEYROLLES, cloutier.

SAHUT, maitre de pension.

SARRE, peintre au daguerrotype.

THOMAS, employé des tabacs en retraite.

TOURTOUDE, menuisier.

TAULE, cafetier.

TRASSY, propriétaire

TULLE, propriétaire.

TURLAU, ex-instituteur.

VAYSAC, cabaretier.

VANEL, perruquier, ancien maire.

Ceux de ces proscrits qui n'avaient pu se dérober aux

sbires de Louis Bonaparte ont été enlevés des prisons de Cahors dans les derniers jours de Mars. On leur avait lu avant
le départ une instruction du général Delachaize , le digne
successeur du colonel Pellagot. Cette instruction qui semble
avoir été emprunté à quelque peuple barbare , contenait les
dispositions suivantes.

« Le convoi sera escorté. Un gendarme à pied sera placé
dans chaque voiture. Les fusils seront chargés pour assurer
la sûreté du convoi et surtout en cas de tentative d'invasion.

» Deux grenadiers choisis parmi les meilleurs tireurs
du bataillon seront placés sur chaque voiture pour ajuster
au besoin ceux qui chercheraient à s'évader.

» Les détenus devront obéir immédiatement aux injonc-
jonctions de ceux commis à leur garde ; ils s'abstiendront
de crier, de chanter et de parler avec les gens de l'extérieur.

» Si les détenus pendant le voyage n'avaient pas un main-
tien convenable et s'ils ne conformaient pas strictement aux
prescriptions ci-dessus , ils subiraient toutes les mesures
de rigueur que le commandant de l'escorte jugera à propos
d'employer. »

CONDAMNÉS

Au bannissement à temps ou à vie.

LHERMINIE , ministre protestant.

VALRIVIÈRE , propriétaire , conseiller général.

CONDAMNÉS

A l'internement.

CAYREL , huissier.

CÉLARIÉ, avocat.

DAYNAC, propriétaire, ancien maire.

DESPRAT, ex-percepteur.

DUBEIF, rentier.

DRULHER, propriétaire.

GREZIS, fils, propriétaire.

GUIZET, ancien instituteur.

MONTEIL, propriétaire, ancien maire.

POUZALGUES, propriétaire,

La police bonapartiste a traîné Pousalgues en prison, parce qu'il avait répondu par un bulletin négatif au plébiscite proposé par le dictateur.

XVII.

LOT-ET-GARONNE.

Membres de la Commission.

DE PREISSAC, préfet.
TATAREAU, général de brigade.
SORBIER, procureur général.

Des actes violents avaient déjà signalé, avant le 2 Décembre, le préfet de Lot-et-Garonne. Flottant et irrésolu entre l'orléanisme et la légitimité, mais royaliste au fond de

l'âme, il ne demandait qu'à déployer sa haine contre
la Révolution, dont il acceptait le salaire, comme tant
d'autres hyppocrites. On l'avait vu poursuivre avec acharnement tous les instituteurs soupçonnés de répandre dans
les campagnes l'esprit démocratique. Il avait fait aussi la
guerre, une guerre implacable, aux municipalités républicaines. Quel séide pour la dictature bonapartiste qui va
ouvrir bientôt une nouvelle carrière à ses fureurs !

La nouvelle du coup d'État n'est pas plutôt arrivée dans
le département que Pressac se met en mesure de tomber
sur les citoyens restés fidèles à la loi. On lui annonce que
Marmande et Villeneuve se préparent à défendre la Constitution. Il écrit aux magistrats municipaux de ces deux villes
et les menace de les faire passer par les armes, s'ils osent se
lever pour la défense du pacte national. Il donne, en même
temps, des ordres impitoyables contre les auteurs de toute
tentative populaire.

On avait envoyé de Paris le général de Grammont qui,
après avoir fait une loi en faveur des animaux, ne pouvait
guère se montrer cruel envers les hommes. Cet officier
supérieur, en arrivant à Villeneuve, avait demandé ce
qu'on reprochait à un grand nombre de citoyens, qui venaient
d'être incarcérés. On lui répond qu'ils ont résisté au coup
d'État. « Ils n'ont fait que leur devoir », dit-il sans détour.
Cette réponse est rapportée au préfet qui se plaint au gouvernement de tant de respect pour la loi et obtient un général
convaincu, comme lui, que le droit est au bout des bayon-
nettes.

C'était la force, la force sans règle et sans frein, qui

s'emparait tout-à-coup de cette belle partie du Midi. La proscription ne suffisait point au farouche proconsul qui dominait le département. Il aurait voulu pouvoir interdire aux républicains l'eau et le feu, non-seulement en France, mais même à l'étranger. La femme d'un proscrit, qui avait été ramené successivement des frontières de la Suisse et de la Belgique et qu'un nouveau caprice allait jeter en Espagne se plaignait devant lui de tous ces voyages, qui imposaient des charges trop onéreuses à son mari. « C'est ajouter la ruine à l'exil, disait-elle ; et que deviendront nos enfants ? Tous ces frais vont dévorer ce qui nous reste. — Tant mieux, s'écrie le préfet, si nous ruinons les républicains ; voilà bien ce que nous voulons. »

Le général qui avait remplacé Grammont et sur lequel s'appuyait Preissac, avait nom Tatareau. Il s'est prêté sans scrupule à toutes les mesures de compression. Non content de poursuivre les citoyens qui avaient voulu prendre les armes contre une odieuse dictature, il a lancé un arrêté sauvage contre ceux qui leur donneraient asile.

Tant d'emportement pouvait convenir à un soldat ; mais un magistrat a d'autres allures. Le procureur général Sorbier ne s'est pas précipité aussi violemment dans la proscription ; il y est entré sans bruit : il s'y est glissé, pour ainsi dire, avec la finesse d'un homme de robe. Il avait déjà montré auparavant cette réserve d'hypocrisie. Ses coups du reste n'en sont que plus sûrs. Plusieurs officiers ministériels se trouvaient compromis. Il ne se hâte pas précisément de les faire inscrire sur les listes de déportation ou de bannissement, mais il les fait dépouiller de leurs charges.

Ce magistrat cauteleux avait commencé sa carrière en
Corse. Il y fut envoyé, après la révolution de juillet,
comme substitut du procureur-général de Bastia. Ce procureur était Cabet, le futur apôtre de l'Icarie, dont il partageait, dit-on, les doctrines.

Il était réservé à des agents subalternes d'aller au-delà
de ces trois commissaires. La haine a eu ses tribunaux dans
la plupart des villes du département et on a vu se lever
partout cette lie de colères et de vengeances que remuent
trop souvent les discordes civiles.

C'est surtout la ville de Marmande qui a été le théâtre de
ses fureurs.

Une espèce de comité avait été nommé pour remplacer le
conseil municipal, qui était engagé dans la résistance. Tous
les ordres de proscription partaient de ce comité et comme
les principaux membres n'avaient pas même le courage de
leurs passions, c'était un carrossier, appelé Ségalas, qui mettait son nom au bas des arrêtés. Misérablement asservi
aux intérêts de sa profession, il croyait hypothéquer ainsi
la confiance de quelques familles opulentes. Il ne dressait
pas les listes, il les signait. Il aperçoit un jour sur l'une de
ces listes le nom de son neveu, officier de santé dans la
même ville. Le cri de la chair et du sang étouffe ses lâ-
ches calculs, la plume lui tombe des mains et la proscription
s'arrête. Parmi ses complices, se trouvait l'ingénieur Joly,
petit-fils du général Ramel, tristement égaré dans les passions, qui égorgèrent son aïeul à la fin de l'Empire. On a
remarqué également le président du tribunal civil, Brous-
teau, et le lieutenant de gendarmerie Flayelle, qui après

avoir attaqué une colonne de Républicains à Sainte-Baseilhe, avait pris lâchement la fuite.

Triste et honteuse alliance de la toge et du sabre ! On la rencontre partout dans ces jours de deuil, qui ont passé sur la France.

La ville de Nérac n'a guère été plus heureuse que celle de Marmande. Elle a eu aussi ses proscripteurs officiels et officieux.

Il aurait suffi du procureur de la République, Tordat, pour satisfaire toutes les rancunes du bonapartisme. Mais le maire de la ville, Laroze, un de ces avocats qui parlent des lois sans y croire, comme autrefois les prêtres des Dieux, s'est associé publiquement à ses poursuites. Un légitimiste de Lavardac, nommé Trenquelléon, s'est mis également de la partie. Il avait salué la République de ses acclamations après les journées de Février. Il avait même hasardé un discours public, où l'oncle de Louis Bonaparte était appelé l'*Ogre de Corse*, comme dans les beaux jours de la Restauration. Mais c'était le temps des grandes hypocrisies. Le 2 Décembre l'a rendu à lui-même et il ne l'a que trop prouvé en poursuivant avec ardeur les démocrates des environs. Il y a dans l'âme de ces partisans du passé un ferment immortel de haine et de persécution, qui ne manque jamais de se réveiller en face de la Révolution et de ses soldats, lorsque la force les abandonne.

CONDAMNÉS

A la déportation en Algérie.

AMOUREUX, JEAN, cultivateur.

ADEYRE, JOSEPH, boucher.

AMION , JEAN , charron.

ARBOUIN , JEAN, propriétaire.

AUSADE , filassier.

ANDURAN , JOSEPH , cultivateur.

BARRIEL , JEAN , tailleur.

BARTHE , maréchal-ferrant.

BAZAILLAS , fils , tourneur.

BOURSAC , instituteur privé.

Il y a eu un autre déporté de ce nom : il remplissait les fonctions d'huissier.

BOUISSET , charpentier.

BRAGAYRAC , tonnelier.

BORDES , JEAN, chapelier.

La proscription a pris aussi son frère.

BONAN , JEAN , menuisier.

BROUSSE , ANTOINE , charpentier.

BARBIÈRES , LEON , instituteur.

Un autre Barbières, appartenant à la même famille , compte parmi les déportés de Lot-et-Garonne.

BARDET , PIERRE , ébéniste.

Ce nom a été frappé aussi une seconde fois.

BARITEAUD , agent d'affaires.

BERBINEAU , ABRAHAM , armurier.

BERYAT , JACQUES , carrier.

BERGUIN , FRANÇOIS , tailleur.

BÉZIAT , JEAN , tonnelier.

BOSSE , PIERRE , charpentier.

Il a été relégué en Algérie avec un autre membre de sa famille.

BONTET , PAUL , aubergiste.

BARON , PIERRE , aubergiste.

BARRAT , boulanger.

BERGÈS , ANTOINE , chantre à la cathédrale.

BOUSQUET , JEAN , propriétaire.

BARRÉRE , BLAISE , cafetier.

BERNARD , JULES , instituteur.

BOUÉ , DENIS , ex-piqueur.

BUSQUET , FRANÇOIS , carrier.

BAREYRE , JEAN , tisserand.

BEYLARD , menuisier.

BILLAUD , filassier.

BLOUIN , CYPRIEN , cultivateur.

BOI , MARTIAL , praticien.

BREBION , THÉODORE , boulanger.

BROUSSAUD , JEAN , charron.

BROUSTET , forgeron.

BRUZAC, PAULIN , cultivateur.

Toute une famille de cultivateurs, connue sous ce nom, a été arrachée à ses paisibles travaux et jetée à quatre cents lieues de la patrie où le bonapartisme lui a préparé une tombe, comme à tant d'autres victimes. La république des paysans s'annonçait : il fallait, à tout prix, l'empêcher de naître. De là cette fureur de persécution qui, dans le Midi principalement, est allée chercher tant de laboureurs au fond des campagnes. Quel serait le sort des vieux partis monarchiques, ou que deviendrait la royauté sous toutes ses formes, si la République prenait un jour racine au milieu de ces populations rurales qui se retrempent sans cesse dans le sol et qui, rajeunies d'âge en âge par le contact de la nature, semblent porter avec elles des printemps éternels !

BUFFIN , JEAN , maçon.

BUYTEL , BERNARD, aubergiste.

Un parent de Buytel l'a suivi à Lambessa.

BURLAU , ALPHONSE , épicier.

CAGNEUX , maçon.

CARRAZÉ , instituteur.

CHABRIÈRE, tisserand.

CARBONNEAU , PIERRE , tonnelier.

COMPEYRAT, docteur en médecine.

CORTÈGE, JULES, plâtrier.

CADILLAN, fils, bouchonnier.

CAPDEJÈDE, JEAN, tailleur,

CASTANDET, ÉTIENNE, forgeron.

CAMAROQUE, aubergiste.

La femme de Camaroque a été aussi transportée en Afrique.

CARRÉ, JEAN, journalier.

CAPDEVILLE, JEAN, charpentier.

CASTAING, JOSEPH, agent d'assurances.

CABARROQUES, ÉTIENNE, cafetier.

CAILHAVET, HENRI, avocat.

CAPURON, JEAN, tapissier.

La proscription a pris un autre membre de la même famille.

CARRÈRE, LOUIS, teinturier.

CASTEX, BERNARD, tuilier.

COL, JOSEPH, cultivateur,

CELOUSTAL, Guillaume, négociant.

CAILLÈS, aîné, charpentier.

CAMPS, tailleur.

CANTILLON, CHARLES, pharmacien.

CHABAN , PIERRE , cultivateur.

COLIN , JEAN , forgeron.

CONSTANTIN , DENIS , charpentier.

COSTALLA , GERMAIN , menuisier.

CHAUBARD , PIERRE , cafetier.

CLAVERIE , JEAN, cafetier.

CORNIER , JEAN, géomètre.

DAVEZAC , typographe.

DELBOS , JEAN , menuisier.

DELPECH , ARMAND , avocat.

DEYRES, ancien instituteur.

Le père et le fils ont été frappés. Ils appartenaient l'un et l'autre à l'enseignement.

DIÉ , ANTOINE , commis-négociant.

DONNADIEU , cordonnier.

DUBAR , JEAN , typographe.

DEYTIER, fils , rentier.

DARNOSPIL , ÉTIENNE , entrepreneur.

DARQUÉ , ADOLPHE , tailleur.

DENUX , JEAN , bouchonnier.

DESCAMPS , JEAN , notaire.

Le notaire Descamps venait d'acheter deux études que la proscription lui a prises. Plusieurs officiers ministériels

ont subi le même sort dans le département de Lot-et-Garonne. Autant de gagné pour les notaires dévoués au bonapartisme. « C'est ma maison d'Albe qui me perd, » disait, à
Rome, un proscrit du temps de Sylla. Que de fois ce mot
aurait pu se répéter pendant ces jours de terreur, que Louis
Bonaparte a jetés sur la France !

DELPOUY, propriétaire.

DIDOIN, PIERRE, bouchonnier.

Deux autres membres de la même famille ont été envoyés
en Afrique.

DUPRAT, PIERPE, charpentier.

DURBAN, JEAN, ex-avoué.

DANEY, JEAN, tourneur.

DARCOS, JEAN, boulanger.

DUPUY, BERTRAND, boulanger.

DURAND, BERNARD, notaire.

Un menuisier de ce nom a eu le même sort.

DUSSIONET, JEAN, menuisier.

DATIA, JOSEPH, cordier.

DAUZON, ÉUGÈNE, avocat.

DEMAIL, PIERRE, ébéniste.

DESPLATS, JOSEPH, menuisier.

DUGASSAU, JEAN, propriétaire.

DOLIÈS, PIERRE, maçon.

DANDURAN, JACQUES, propriétaire.

DARBLADE, JEAN, scieur de long.

DAVASSE, HIPPOLYTE, sellier.

Son frère a été enveloppé avec lui dans la même proscription.

DERENS, JEAN, boulanger.

Il a eu aussi un frère déporté en Algérie.

DELFOUR, RAYMOND, maçon.

DELHOMME, BERNARD, ancien instituteur.

DELSUC, JEAN, fabricant de bouchons.

DENIS, FRANÇOIS, bouchonnier.

DIEULAFAIT, JOSEPH, maçon.

DUBRANA, JOSEPH, tisserand.

DUBROCA, GUSTAVE, propriétaire.

DUFAURE, PIERRE, bouchonnier.

DULAURET, propriétaire, adjoint au maire.

DESAYDES, fils, paveur.

DESPORTES, AUGUSTE, serrurier.

DUBREUIL, ÉTIENNE, cultivateur.

DUBRUNET, JEAN, cordier.

DUCASSE, JEAN, limonadier.

Ce nom a fourni quatre victimes. L'un de ces déportés appartenait à l'armée navale.

ESCARGNEL , PIERRE, carrossier.

ESCALUP, HIPPOLYTE, boulanger.

FONTAINE , ANTOINE, manœuvre.

FOURNIER , grainetier.

FOURNEL , HENRI, avocat.

Renfermé dans la prison d'Agen, qui est située en face de sa demeure, Fournel avait écrit à sa femme de se montrer aux fenêtres de l'étage le plus élevé avec son enfant encore en bas âge. Ces tendres communications pouvaient adoucir l'horreur de l'emprisonnement. Elles ont paru un crime à la police, qui a fait sceller les volets de la maison.

FITTES, PIERRE, cultivateur.

FLOURENS , ANTOINE, notaire.

FOUSIQUE , JEAN , marchand de balais.

FAURE , JEAN, avocat.

FABRE-CHIRAC, FRANÇOIS, négociant.

FIEUZARD , JEAN, tisserand.

GALAU , GÉRARD , cordonnier.

GEORGES , ANTOINE , cordonnier.

GUEZAR, EDMOND, cabaretier.

GALBAU, BENJAMIN, propriétaire.

GALINIER, PROSPER, marbrier.

GARDETTE, BERNARD, entrepreneur.

GAROSTE, pharmacien.

GARRIGUES, JEAN, ex-piqueur.

GALINON, JEAN, charpentier.

GAUTHIER, menuisier.

GLORY, ANTOINE, tisserand.

GOUBIL, SIMON, boulanger.

GUERRE, RAYMOND, charpentier.

HUBERT, JEAN, épicier.

IMBERT, JOSEPH, sabotier.

Deux autres républicains du nom d'Imbert ont été condamnés à la déportation : ils appartiennent à l'une de ces
familles agricoles que la République avait conquises. C'est
le père et fils.

ISASTRE, VALENTIN, clerc d'avoué.

JAUZENQUES, JEAN, tonnelier.

JEAUFFREAU, BARTHÉLÉMY, ex-gendarme.

JOYEUX, fils, cultivateur.

JABOT, JEAN, cultivateur.

JAMET, aubergiste.

JANDREAU, maçon.

LABADIE, instituteur.

LABAU, JULIEN, entrepreneur.

LACAM, CLAUDE, tailleur.

LARRIBEAU, prêtre desservant.

Il y a eu un autre déporté de ce nom. C'est le frère de ce prêtre.

LOBIS, ÉTIENNE, marchand de bois.

Le fils de Lobis a été compris dans l'arrêt qui jetait son père en Algérie.

LUGEOL, ex-receveur d'enregistrement.

LABARRIÈRE, ANTOINE, pharmacien.

LABURGADE, ANTOINE, cordier.

LACLOTTE, ARMAND, charpentier.

LAMARQUE, DOMINIQUE, aubergiste.

Ce nom a fourni une seconde victime.

LAPOUJADE, JEAN, forgeron.

LABAILS, JEAN, cultivateur.

LAFARGUE, JEAN, maçon.

LAFITTAU, ALEXIS, avocat.

Le frère de l'avocat Lafittau, notaire à Marmande, a été expulsé du territoire de la République.

LAPEYRIE, PIERRE, boucher.

LASSAGNE, LOUIS, coutelier.

LASSALLE, FRANÇOIS, potier.

LAURENT, HENRI, charpentier.

LAVILLE, ÉTIENNE, marchand de merceries.

LÉBRE , PIERRE , aubergiste.

LESTREM , JEAN , tisserand.

LABORDE , AUGUSTE , négociant.

LAMI-SERRET , ancien gérant du *Républicain*.

LAMOTHE , GUILLAUME , cordonnier.

LAROCHE , JEAN , marchand.

Il est parti pour l'Afrique avec son fils qui a été enveloppé dans la même condamnation. Une de ses parentes, Rose Laroche, a été aussi déportée.

LEBRAIRE , FRANÇOIS , cantonnier.

LERMET , menuisier.

LACROIX , PHILIPPE , bouchonnier.

LAFITTE , ACHILLE, praticien.

Ce nom est celui de deux autres proscrits , un maçon et un cantonnier.

LALANNE , JEAN , potier.

Un autre Lalanne a été atteint du même ostracisme.

LAPORTE , JEAN , coutelier.

LARBES , CHARLES , forgeron.

LARROT , JEAN , forgeron.

LANGA , PIERRE , carrier.

LAFFONT , ÉTIENNE, tonnelier.

LAPEYRÈRE , menuisier.

LAUSSUT, VINCENT, menuisier.

LORMAND, JEAN, peintre.

LUBERT, MARIE, femme Thouret.

LARCHÉ, PIERRE, tonnelier.

MARCEPOIL, AUGUSTE, cordonnier.

MASCALA, PIERRE, boulanger.

MESTADIÉ, tailleur d'habits.

MANDIS, JACQUES, tailleur de pierres.

MARRE, LOUIS, instituteur.

Un limonadier de ce nom a été aussi dirigé sur Lambessa.

MASSAC, JEAN, bouchonnier.

MENDEVILLE, JEAN, chevrier.

MÉRIC, PIERRE, prêtre.

On retrouve ce nom une seconde fois parmi les déportés de Lot-et-Garonne.

MARRENS, JULES, cultivateur.

MAUBOURGUET, LAZARE, boulanger.

Le boulanger Maubourguet avait quatre filles : elles ont été enlevées avec leur père et conduites à Blaye pour être dirigées sur l'Algérie. L'une d'entr'elles était mariée à un aubergiste, Camaroque, dont le nom figure parmi les déportés.

MAINVIELLE, JEAN, propriétaire.

MASSABEAU, cafetier.

MERLE , JEAN , tailleur de pierres.

MANCET , CHARLES , bouchonnier.

MARCADET, BERNARD, propriétaire.

MERAIL, JEAN, maçon.

MOREAU, coiffeur.

Il y a eu un autre Moreau condamné à la déportation.

MORET , FRANÇOIS , cordonnier.

MACUIR , JEAN , roulier.

MARIN , ÉTIENNE , peintre.

MONMAYOU , JEAN , arquebusier.

MAINVILLE , PHILIPPE, charpentier.

MAUROUX , boulanger.

NASSE, FRÉDÉRIC, propriétaire, membre du conseil
général.

NOPSÈQUE , FRANÇOIS , boulanger.

ORLIAC , ANTOINE, négociant.

PANDELLÉ , JOSEPH , typographe.

Ce nom est celui d'un autre proscrit du même départe-
tement.

PATUREL , MATHURIN , menuisier.

Jeanne Branot, épouse de Paturel, a été condamnée à
partager son sort. Le département de Lot-et-Garonne est
l'un de ceux où la proscription s'est acharnée le plus sur les
femmes.

PIET , François , cordonnier.

POITEVIN, Alphonse , vétérinaire.

POUVERGUE, Gérard , maître de bateaux.

PETIT-LAFITTE, propriétaire, ex-maire.

PIRAUBE, Pierre, charpentier.

PLURIMET, Pierre, cultivateur.

POMMEAU, Georges , tourneur.

POUJOULAT, Anne , femme Castaing.

Anne ou Anette Poujoulat était attachée à la maison de l'ancien maire du Mans , Petit-Lafitte, comme femme de confiance. Les sbires de Louis Bonaparte se présentent et lui demandent de faire connaître la retraite de Petit-Lafitte, qui, après avoir résisté généreusement au coup d'État, avec la municipalité , venait de se dérober aux vengeances du bonapartisme. Elle refuse de trahir ce secret. On l'amène à la mairie sous prétexte de lui faire subir un interrogatoire , et elle ne reparaît plus. Mêlée et confondue, sans respect pour la pudeur , avec une foule de prisonniers, elle est envoyée à Blaye et dirigée bientôt sur Lambessa.

PONCHARREAU , père , boulanger.

POUIL , Pierre , bouchonnier.

PAJESKI, François , cordonnier.

PENIN , Jean , cultivateur.

PERROT . propriétaire.

Le fils de Perrot a été condamné à le suivre en Afrique. Il y a eu encore un autre déporté du même nom.

> POUS , JEAN , domestique.
> PELLEGRY , propriétaire.
> QUILLATEAU , laboureur.

Ce nom a fourni une seconde victime.

> ROCHE , PIERRE , tailleur de pierres.
> ROY , JEAN , boulanger.
> RIGAL , SYLVAIN , charpentier.

Un autre Rigal , frère de Sylvain , a été dirigé sur l'Algérie.

> RIGAUD , officier.
> RATIER , JEAN-BAPTISTE , tisserand.
> RISON, PIERRE , cordonnier.
> RONCA , cordier.
> RONGER , peintre en bâtiments.

La femme de Ronger a été enlevée par le même convoi qui emportait son époux. C'est ainsi que les proscripteurs du 2 Décembre ont témoigné souvent de leur respect pour la famille.

> ROBERT , JEAN , instituteur.
> ROUX , PIERRE , menuisier.

RAMPILLON, cordonnier.

RONBERTY, cordonnier.

RONDET, PIERRE, cordier.

SAINTARAILLES, ÉDOUARD, avocat.

L'avocat Saintarailles est le beau-frère de Gustave Dubroca, qui figure également parmi les proscrits.

SERRES, ANTOINE, teinturier.

SOUBRIÉ, JEAN-BAPTISTE, instituteur.

SCIERS, JEAN, maréchal ferrant.

SEIGNE, PIERRE, prêtre.

L'abbé Seigne, qui se trouvait renfermé à Blaye avec deux autres prêtres, martyrs, comme lui, de la foi républicaine, avait consrvcé en prison l'habit ecclésiastique. C'était un scandale aux yeux des agents de Louis Bonaparte. Ils résolurent de le faire cesser. De là une scène que l'Inquisition aurait pu envier à la citadelle de Blaye. Un jour que les prisonniers se promenaient, comme à l'ordinaire, sur la place d'armes, ils voient venir un peloton de soldats, au milieu desquels ils remarquent l'abbé Seigne. Près de lui marchaient le sous-préfet Gérard, le curé de la ville, Durand et le commandant de la place, Lepelletier St-Fargeau. L'infortuné prêtre semblait protester par son attitude contre quelque acte de violence. Les prisonniers s'approchent et apprennent qu'il va être dépouillé de sa soutane.

« Je ne quitterai pas mon habit, s'écriait l'abbé, je ne l'ai pas déshonoré. »

Il est entraîné dans une chambre et là, en présence

sence du commandant et du curé , le sous-préfet lui adresse ces paroles : « Au nom de la loi , je vous ordonne de vous dépouiller de l'habit ecclésiastique.— »Jamais» , répond le prisonnier. «Soldats, ajoute le sous-préfet, déshabillez cet homme. »— Les soldats , entourent le prêtre et lui enlèvent la soutane par lambeaux. On lui offre alors le costume de la prison. Il le refuse ; mais les soldats , reçoivent l'ordre de l'en revêtir malgré lui. C'est avec ce costume qu'il reparait au milieu des prisonniers, qui, pour le dérober à cet outrage, font venir un marchand d'habits et lui achètent une redingote.

SÉGUIN , françois , menuisier.

SERÉ-LANAUZE , propriétaire.

Un autre Seré a été condamné aussi à la déportation

SOUSSIAL , joseph , cordonnier.

SUDERJE , jean, serrurier.

SIRVEN , jacques, menuisier.

SINGLANDE , notaire.

SABLAYROLES , françois , instituteur.

SABATTE , catherine , bouchonnière.

SAINT-GÈNES , charpentier.

SARRAU , jean, agriculteur.

SAUVAGE , charles , cultivateur.

SÉNAT , jean , cordonnier.

SOCQUES , jean , cordonnier.

SERIN , ALEXANDRE , maçon.

SOUBIRAN , JOSEPH , boucher.

Trois frères de ce nom ont été frappés en même temps.
La proscription a ici le même caractère que dans la Nièvre,
les Basses-Alpes, l'Hérault et quelques autres départements.
Elle ne se contente pas d'atteindre quelques citoyens suspects à la tyrannie : elle moissonne, elle emporte des
familles entières, qui disparaissent tout à coup du sol, où
elles semblaient avoir pris racine.

SULETIL , GABRIEL , cultivateur.

SÉGUR , GUILLAUME , tourneur.

TAMAGNAN , PIERRE , cultivateur.

TAUZIET , BERNARD , propriétaire.

TARTAS , JEAN , cafetier.

TERRIER , STANISLAS, cordonnier.

THUILIER , VINCENT , fabricant d'allumettes.

TILLET , ÉTIENNE , cultivateur.

TINCHON, JEAN , tailleur.

TRANCHE , aubergiste.

TRÉJAUT , JEAN-BAPTISTE , instituteur.

TRUBELLE , RAYMOND, propriétaire.

TURON, ADOLPHE , entrepreneur.

TESTUT , PIERRE, marchand de bois.

VERDOLIN , ANDRÉ , avocat.

VIVENS , LOUIS, avocat.

VIGNIÈRES, PIERRE, cafetier.

VIDAL , ANTOINE , bourrelier.

VEYRIES, JACQUES , tailleur.

VALDY , BERTRAND , cultivateur.

VERGNES, PIERRE , jardinièr.

VAQUIÉ, LOUIS, menuisier.

VIGUIÉ , propriétaire.

VIGNAUD , PIERRE, plâtrier.

CONDAMNÉS

Au bannissement à temps ou à vie.

BACARIS , avoué.

BORDERIES , LEON , propriétaire , ex-maire.

COLONGES , JULES , notaire.

ESTÈVE, ANTOINE , manœuvre.

HUGONEL , LÉANDRE , propriétaire.

LAFITTAU, ADOLPHE, notaire.

MARBOUTIN , LOUIS , propriétaire.

MONTHUS , docteur en médecine.

RICARD , ADOLPHE , propriétaire.

VERGNES , PAUL , avocat , ancien Représentant du Peuple.

Il faut ajouter à ces noms le nom d'un autre proscrit,

qui a trouvé la mort dans l'exil. Verdun-Lagarde, maire de
Puymiclan , avait quitté sa commune pour se dérober à un
mandat d'arrêt , lancé contre lui. Caché à Paris pendant
quelques semaines, il avait gagné la frontière et s'était retiré
à Bruxelles. Quelques jours après il y mourait, laissant une
somme de cent mille francs environ , pour fonder dans le
Lot-et-Garonne une école d'agriculture.

XVIII.

BASSES-PYRÉNÉES.

Membres de la Commission.

LAGARDE , préfet.
GRAMMONT , général de brigade.
DE MOULON , procureur-général.

Le préfet Lagarde a été tiré d'un régiment de cavalerie
pour être investi de hautes fonctions administratives. Quand
le pouvoir sort d'une caserne , les magistrats ne sauraient
avoir une autre origine. Ce juge éperonné a rempli son rôle,
comme il convient à un vrai soldat , qui reçoit l'ordre de
faire feu.

On ne pouvait pas mieux attendre du général Grammont
que du préfet Lagarde. C'était deux sabres dans la même
main ; ils ont frappé ensemble en obéissant au même signal.

Autre spectacle avec le procureur Moulon. Mais qu'y ont gagné les victimes ? Cet exécuteur doucereux n'a pas été au fond moins dur que ses deux collègues.

Il y a des hommes de loi, qui cachent toutes les violences sous les plis de leur toge : modérés dans leurs emportements et presque onctueux au milieu de leurs fureurs, ils représentent dignement la tyrannie à ces époques de civilisation, où la force ne peut guère sévir qu'avec hypocrisie.

Voilà Moulon. C'est le Code pénal doré sur tranche.

CONDAMNÉS

A la déportation en Algérie.

CAPO DE FEUILLIDE, rédacteur en chef de *l'Éclaireur des Pyrénées.*

Défenseur intrépide de la Constitution et des droits du peuple, Capo de Feuillide a déployé le plus grand courage contre l'usurpation bonapartiste. Il haranguait la foule du haut d'une croisée et l'appelait aux armes. On envoie des soldats pour le saisir. « Vous n'aurez que mon cadavre, » leur dit-il, et il prêche encore l'insurrection contre le parjure qui a déchiré le pacte national. Les soldats s'arrêtent devant ces paroles et se retirent.

LEVAILLANT, négociant.

CONDAMNÉS

Au bannissement à temps ou à vie.

CHAHO , rédacteur du *Républicain de Vasconie* et membre du conseil-général.

CASSAGNE, fils , négociant.

COSTADOAT , EMMANUEL , avocat.

DANTON , avocat.

DINDABURU, propriétaire , membre du conseil général.

LABARRÈRE , propriétaire.

PLANTIÉ , ancien sous-préfet.

CONDAMNÉS

A l'internement.

DELISSALDE, commandant de la garde nationale de Bayonne.

MINVIELLE , AUGUSTE . notaire.

PLANTIÉ , négociant.

C'est le père de l'ancien sous-préfet de ce nom, qui a été banni,

LAMAIGNÈRE , AUGUSTE , avocat.

SYLVA , ÉMILE , négociant.

XIX.

HAUTES-PYRÉNÉES.

Membres de la Commission.

MASSY , préfet.

MORIN , colonel.

FOURCADE, substitut du procureur de la République.

Un magistrat loyal et courageux a contribué puissamment à contenir les colères, qui menaçaient les Hautes-Pyrénées.

Les citoyens les plus honorables et les plus dévoués à la République avaient été enlevés à leurs familles et jetés dans les prisons. D'anciens Représentants du peuple , des membres du conseil général , des avocats , des médecins étaient sous les verroux ou en fuite. La commission se réunit à Tarbes. Le procureur de la République , Bayle , prend la parole.

« Je ne reconnais pas à des ministres, dit-il, le droit de faire de moi un juge par une circulaire. Si j'accepte le rôle qu'ils me donnent , c'est dans l'intérêt de mes concitoyens ; car je suis bien décidé à ne prononcer aucune condamnation. »

Ces sentiments auraient dû entraîner les autres membres; mais le préfet Massy était décidé à trouver des coupables. Il a pris au hasard quelques noms dans les rangs de la démocratie, comme un gage de son zèle et de son dévouement à la cause de l'usurpateur.

Quelques jours après, le procureur Bayle était révoqué ; son substitut Fourcade l'a remplacé d'abord dans le sein de la commission et puis au parquet. Bayle avait été nommé depuis le 2 Décembre. C'était une erreur du bonapartisme, qui ne s'est pas trompé en lui donnant Fourcade pour successeur. Que va représenter ce jeune magistrat dans le prétoire? La complicité la plus honteuse de la justice avec l'attentat le plus odieux, qui ait jamais été commis contre les institutions d'un peuple libre !

CONDAMNÉS

Au bannissement à temps ou à vie.

BÉZIADE, instituteur.

BARESQUE, tanneur.

CORRÉGE, ancien brigadier-forestier.

GIGNOUX, ex-officier comptable.

PARADE, menuisier.

PARATJE, épicier.

SOULÉ, LOUIS, avocat.

TOUGET, cultivateur.

CONDAMNÉS

A l'internement.

BARÈGES, ancien instituteur.

MOMUS, EUGÈNE, avocat.

LACOSTE, professeur de dessin.

XX.

PYRÊNÉES-ORIENTALES.

Membres de la Commission.

DULIMBERT, préfet.
RAMBAUD, général de division.
LEGRAND, procureur de la République.

Le procureur Legrand et le général Rambaud ont dû appliquer à leur collègue le mot qu'Alexandre disait de Philippe : « Il ne nous laissera rien à faire, » s'écriait le jeune Macédonien, en suivant d'un œil jaloux les triomphes de son père.

Il en a été de même du préfet Dulimbert. Il a condamné, pour ainsi dire, à l'oisiveté tous ceux qui l'environnaient.

Ce grand capitaine de l'armée bonapartiste s'appelait Pougeard, avant la Révolution de Février. On le voit bientôt après se glisser dans la République sous le nom de Dulimbert. Aucun souvenir ne le recommandait. Mais il avait tant de zèle, tant de dévouement pour la cause du peuple ! Ce zèle et ce dévouement se tempèrent à mesure que Louis Bonaparte, secondé par les royalistes, empiète sur la République. Le coup d'Etat en fait un soldat, un général prêt à fondre, l'épée à la main, sur tous les citoyens, qui refusent de courber la tête sous la nouvelle dictature. Il est dans la patrie de ces hardis miquelets qui protégèrent de leur audace les derniers jours de l'Empire. Il semble aspirer à leur rôle ; mais les miquelets, qu'il commande, ne tirent que sur les citoyens.

Organiser la terreur dans le département a été l'œuvre de quelques heures pour le fougueux préfet. Son ardeur belliqueuse réclamait d'autres exploits. Il se hâte de décimer la population de Perpignan ; puis, il prend le commandement d'une colonne et court à l'ennemi. L'ennemi, c'était Estagel, l'un des cantons démocratiques du déparmeut, le berceau de cette famille Arago que la science dispute à la politique. Deux femmes, Madame Mathieu et Madame Laugier, sœur et nièce de l'ancien président de la Commission exécutive, venaient d'arriver dans le département. Elles étaient à Estagel ou elles allaient s'y rendre. Quel moment pour frapper !

Le préfet entre dans Estagel, comme un conquérant. Il fait arrêter quinze citoyens, entr'autres un membre de la famille Arago et les remettant à l'officier qui dirige la colonne : « Si la population remue, lui dit-il, acculez les prisonniers dans un coin et déchargez sur eux un feu de peloton. »

Tout était calme. La population surprise au milieu du sommeil, ignorait encore ces excès. Vers huit heures, quelques hommes se montrent dans les rues. Ils sont accueillis par une fusillade et plusieurs d'entr'eux tombent dans leur sang. On voulait relever les victimes : le préfet s'y oppose. Le parent d'un de ces malheureux vient demander la permission de lui porter quelques secours. « C'est mon fils, s'écrie-t-il en versant des larmes. —Qu'est-ce qui me le prouve?» répond le farouche magistrat et il repousse le suppliant.

Ce hideux exploit n'avait pas satisfait son ambition. Il attendait mieux de sa fortune. « Çà n'a pas marché ici, disait-il, j'aurais donné mille francs de ma poche pour que ces misérables fissent mine de bouger. J'en poussais cent cinquante sur la place et je tirais dessus. »

Avant de partir d'Estagel, il donne ordre à madame Mathieu et à madame Laugier de s'éloigner immédiatement du village et de quitter le département dans les vingt-quatre heures. L'expédition était terminée. Le préfet se dirige vers Perpignan. Il rôdait comme une sentinelle autour de la charrette, qui emportait les prisonniers et il avait mis dans sa poche la clef de leurs menottes. Ce n'était plus qu'un ignoble geôlier, voyageant en quelque sorte avec sa prison.

Il était difficile de continuer longtemps ce rôle. Dulimbert a su descendre plus bas, si c'est possible, après tant de bassesse et de cruauté.

Dans les premiers jours de décembre, il remplaçait partout les maires électifs par des administrateurs de son choix. Il ordonnait à ces nouveaux maires d'armer les habitants dont ils pouvaient répondre et ces gardes nationaux étaient autorisés à tirer sur tout individu, qui ferait mine de fuir. C'était donner le droit de mort à toutes les passions violentes. Un ami de l'ordre, Gineste, décharge un jour son arme sur un paysan inoffensif, qui passait devant lui. Il voulait l'empêcher de prendre la fuite !

Quelque temps après, une jeune fille d'Arles-sur-Tesch avait demandé comme une faveur d'accompagner en prison Madame Battle qui était conduite à Perpignan. Ce dévouement paraît séditieux au préfet. Il ne frappe pas la jeune fille ; mais il se venge sur sa mère. C'était une pauvre femme qui vivait avec six enfants du produit d'une auberge. Son établissement est fermé, parce qu'elle a eu l'infamie, d'après le langage du préfet, de permettre à sa fille d'accompagner madame Battle en prison.

Vers le commencement de mars, douze prisonniers sont rendus à la liberté. L'un d'entr'eux ne sort pas avec les autres, parce que cette nouvelle l'a pris à l'improviste et qu'il a besoin de quelques instants pour prendre ses effets. Quand il se présente à la grille, il la trouve fermée. Il dit qu'il est libre et que s'il n'est pas déjà sorti, c'est qu'il a voulu, avant de partir, donner la main à ses camarades. On le retient sous les verroux; mais on en réfère au préfet. « Ah! les prisonniers sont ses camarades? s'écrie-t-il; eh bien! qu'il reste avec eux. »

Tant d'excès avaient ému jusqu'aux amis du gouvernement. Quelques-uns d'entr'eux écrivent à Paris pour se plaindre de ses fureurs. Le préfet l'apprend. Il se hâte d'envoyer des émissaires dans tous les villages, avec des listes de souscription pour l'achat d'une épée d'honneur, qui doit lui être donnée par la reconnaissance publique. Les paysans, malgré la terreur qui règne, hésitent à donner leurs noms. Cette épée d'honneur, c'est un impôt sous une nouvelle forme, et les impôts ne sont que trop lourds. « Ne craignez pas de souscrire, leur disent les

agents de Dulimbert, nous ne vous demanderons pas un sou;
mais il nous faut votre signature. » Les listes se cou-
vrent ainsi de noms. Quand elles sont remplies, le préfet prend la poste et se rend auprès du ministre : « On
m'accuse, dit-il, d'irriter les esprits par un excès de
rigueur; voici ma réponse. » Et il montre tous ces témoignages d'estime et de sympathie, qu'il a su conquérir.
Le barbare proconsul était plus que justifié.

Tel maître, tel valet. Dulimbert a été servi par des
agents, qui méritaient de marcher à ses côtés.

Le plus zélé de ces agents a été sans contredit le
maire de Pia. Ce magistrat, nommé Beringo, convoquait
de temps en temps des paysans sous prétexte de patrouille. Les campagnards accouraient à la mairie, et
Beringo les expédiait à Perpignan, où ils allaient grossir
le nombre des détenus. On doit à ce farouche séide du
bonapartisme un nouveau mode de vote. Il présidait au
20 décembre le bureau de sa commune. Il avait placé
deux pistolets chargés sur la table, et à mesure que les
paysans lui étaient amenés par les gendarmes, il indi-
quait aux électeurs avec l'un des pistolets le bulletin qu'il
devait déposer. Si jamais le pinceau de quelque peintre
venge le vote universel des hontes de cette servitude, il
devra représenter le maire Beringo, un pistolet à la
main, en face de l'urne captive. Ce violent recruteur
de suffrages mérite de servir de symbole à cet asservissement odieux et criminel de la volonté nationale.

Trois autres noms doivent figurer à côté de cet étrange
proconsul de village, Aragon, Ducruc et Darbel. Riva-

lisant de zèle dans leurs odieuses poursuites, ils nt coontribué tous les trois à charger la liste des proscrits.

Aragon est un riche propriétaire de Millas. Sa fortune territoriale, qui est considérable, a été taillée par la Révolution dans les biens des Emigrés. C'est aujourd'hui un ennemi du peuple. Non content d'appeler partout autour de lui les coups de la proscription, il est allé frapper à Paris un ouvrier de Millas, nommé Narac, qui avait quitté le département depuis plus de trois ans, et qui, dans des discussions politiques, l'avait écrasé du poids de sa verve populaire. Ce mauvais tribun de campagne s'est vengé lâchement, par la dénonciation et par l'exil, des échecs de sa parole.

Ducruc était inspecteur de l'enseignement primaire à l'avènement de la République. Il chercha à devenir l'un des chefs de la démocratie. Candidat pour l'Assemblée Constituante, il se retira devant le nom d'Etienne Arago. L'année suivante, il siégeait comme juré devant la haute-cour de Versailles et ce fut l'un de ceux qui s'acharnèrent le plus contre Guinard, ce martyr héroïque du droit. On lui attribue l'arrestation de Conte, juge-de-paix d'Estagel. C'était son cousin. Il le sacrifiait à sa rancune et à son ambition. Voilà les Brutus du bonapartisme !

Quant à Darbel, il n'a pas une figure aussi tragique. Il a frappé sans calcul et sans colère. Jamais la force ne se montra plus naïve dans ses emportements. Nommé par le préfet, maire d'Estagel, il a indiqué, sur son invitation, les habitants qui devaient être frappés. Il se présentait quelque temps après à l'Observatoire de Paris. « Que venez-vous faire ici ? lui demande Madame Mathieu. — Je n'ai pas voulu visiter Paris , sans venir vous apporter mes hommages , répond Darbel. — Vos hommages , après ce que vous avez fait dans les Pyrénées orientales ! — Je ne vous comprends pas. » N'avez-vous pas désigné les habitants d'Estagel aux coups du préfet ? — Il fallait bien que je les désignasse ; le préfet ne les connaissait pas. — C'était la bêtise au service de la barbarie. Tous les vices du cœur et de l'esprit devaient trouver leur place dans cette grande débauche du pouvoir.

CONDAMNÉS

A la déportation à Cayenne.

AUBRY, JOSEPH , colporteur.

ATIEL , JOSEPH, portefaix.

ALIBERT, PIERRE, journalier.

Un autre Alibert a été envoyé également dans la Guyane.

ANDRILLO , FRANÇOIS , journalier.

BAYLARD, JOSEPH , domestique.

BARATE , JACQUES, garde-champêtre.

BENIZET , JOSEPH , menuisier.

BALDIE , ABDON , maréchal-ferrant.

BRUNET ,PIERRE , marchand de lait.

BATAILLE , JEAN , vacher.

BOUET , ÉDOUARD , ancien avoué.

COLOMER ,ᴳᵁᴵᴸᴸᴬᵁᴹᴱ , tailleur de pierres.

CLERGUE , ᴘᴵᴇᴿᴿᴇ , journalier.

DIUMENJA , ᴬᴺᵀᴼᴵᴺᴱ , briquetier.

DOMINGO , ᴬᴺᵀᴼᴵᴺᴱ, cultivateur.

DOMENECH , ˢᴱᴮᴬˢᵀᴵᴱᴺ , journalier.

FONROUGE , ᴶᴱᴬᴺ , charcutier.

FABRE , ᴶᴬᶜᵠᵁᴱˢ , laboureur.

FINATEU , ᴶᴼˢᴱᴾᴴ , cordonnier.

FRANCÈS , ᴶᴼˢᴱᴾᴴ , marin.

GAUZE , ᴶᴱᴬᴺ⁻ᴮᴬᴾᵀᴵˢᵀᴱ , ferblantier.

ISARD , ᴾᴿᴼᶜᴴᴬᴵᴺ , journalier.

LAMBERT , ᴿᴬᴾᴴᴬᴱᴸ , journalier.

MOLINI , ᴸᴼᵁᴵˢ , taillandier.

Deux autres membres de la même famille ont été dirigés sur Cayenne.

PLANTIER , ᴶᴼˢᴱᴾᴴ , cordonnier.

PIQUÉ , ᴶᵁᴸᴵᴱᴺ , aubergiste.

PALLOURE , ᴶᵁᴸᴵᴱᴺ , portefaix.

PUIG , ᴶᴼˢᴱᴾᴴ , instituteur.

PLA , ᴶᴱᴬᴺ , journalier.

SARRADEIL , ᴶᴱᴬᴺ , tisserand.

SAJELLOTTI , ᴶᴼˢᴱᴾᴴ , scieur de long.

Un de ses parents a subi le même sort.

SABATÉ , ÉTIENNE , scieur de long.

SERRE , JOSEPH, cultivateur.

SEDÈS , LOUIS , cultivateur.

CONDAMNÉS

A la déportation en Algérie.

AUGUSTE, MICHEL.

ADUI, JEAN.

AMIGUES, ANDRÉ.

AUSSEIL, JOSEPH.

ANDREU-CALLEILLE, ANTOINE.

ANDRILLO, ÉTIENNE.

C'est le parent du proscrit de ce nom, qui a été jeté à Cayenne. La même famille a vu déporter un autre de ses membres en Algérie.

ANGEL, ANGE.

ALBERNY, JOSEPH.

AMOUREUX, FRANÇOIS.

Il y a eu aussi un second proscrit dans la famille d'Amoureux.

AMIGOS, JEAN-JACQUES.

ANDREU, JOSEPH.

AZAMS, JOSEPH.

ANSOLA , ANTOINE.

BATAVE, PIERRE.

BARTÉS, MICHEL.

BARTINOLE, BERNARD.

BRUT, ALEXIS.

BILLÉL, THOMAS.

BOURDIÉNEILL, JOSEPH.

BRIN, FRANÇOIS.

BATLLET, MICHEL.

Un frère de Batllet a eu la même destinée.

BOURGES, BAPTISTE.

BARRERA, FRANÇOIS.

BAUDREN, BARTHÉLÉMY.

BERTRAND, JACQUES.

BIGER, JOSEPH.

BAILL, EMMANUEL.

BAUN, JEAN.

BALLAND, JOSEPH.

BASSAIT, BONAVENTURE.

BONAFOSSE, LOUIS.

BORREIL, JACQUES.

BOUTET, ÉTIENNE.

BORDES, FRANÇOIS.

BLAZY, HONORÉ.

BALAT-RIPOUL, JOSEPH.

BOTEILLO, JOSEPH.

BOUCHADEL, ÉTIENNE.

BRUNET, BARTHÉLÉMY.

BOUVIÉ, EMMANUEL.

BAILS, JACQUES.

BARDETIS, DOMINIQUE.

BRUSSON, ÉTIENNE.

CLOMER, ANTOINE.

CAZALS, ANTOINE.

COMES, JOSEPH.

CANALS, LAURENT.

CAPILLIÈRE, JOSEPH.

CLERGUE, JEAN.

Le nom de Clergue figure deux fois parmi les déportés des Pyrénées-orientales.

CANTU, ANDRÉ.

CALBARDURE, JOSEPH.

CALVET, MOURAGUES.

CAMPDORAS, SÉBASTIEN.

COSTE, DOMINIQUE.

CODERC, THOMAS.

CARRÈRE, AZEMA-JEAN.

CAMPIGNA, PIERRE.

CAZEMAVE, PAUL.

CALAS, PIERRE.

CORTITE, VINCENT.

CABANER, RAYMOND.

CABASSU, JOSEPH.

CHAMPELL, JEAN-BAPTISTE.

CAYROL, DOMINIQUE.

CASSANGES, JOSEPH, fils.

CAPEILL, FERRÉOL.

CAUDÈRE, FRANÇOIS.

CONSTANT, GASPARD.

CORONAT, JOSEPH.

CANAL, FRANÇOIS.

COUDÈRES, HONORÉ.

CANDORAS, JEAN.

CIVIL, JEAN.

CANAVEILLE, FRANÇOIS.

CAUX, JEAN.

DELMAS, JACQUES.

DURAND, JOSEPH.

On retrouve ce nom dans la catégorie des exilés. La proscription prend des deux mains.

DELHOSTE, JACQUES.

DAUJON, FRANÇOIS.

DAUNÉS, BAUDILE.

DRILLES-TIFFOU , LOUIS.

DELORT , MICHEL.

DELPRAT , JACQUES.

DUQUES, JACQUES.

DELCOS, PALLADE.

ESCUDIÉ , HIPPOLYTE.

C'est le nom de deux proscrits qui ont été dirigés en même temps sur l'Afrique.

ESCOFETTE , MICHEL.

ESTÈVE , JOSEPH.

ESPINASSE , PIERRE.

ESTIRACH , JACQUES.

Un parent d'Estirach a été enveloppé dans la même condamnation.

FOURCADE , JEAN.

FOURNIÉ , MICHEL.

FRANC , PIERRE.

FIGNIÈRES , FRANÇOIS.

FOLIN , FRANÇOIS.

Le nom de Folin est répété trois dans les arrêts de la commission de Perpignan.

FRAIXONNET , SENNEN.

FABÈS , JEAN, cadet.

FORNER , JEAN.

FAITY , ANTOINE.

FRATISSIER , ALEXANDRE.

FRUILET , MASQUE.

FROCA , PIERRE.

FRUITX , JOSEPH.

FABRÈS , JOSEPH.

FRIGOUL , EMMANUEL.

FAUXONNET , THOMAS.

GAYCHET , JEAN.

GOYER-LAFONTAINE.

Madame Lafontaine n'a pu résister à la douleur d'être séparée de lui. Au moment où le navire allait lever l'ancre et emporter son époux , elle est tombée en proie à une violente crise de nerfs. C'est en vain que tous les soins lui ont été prodigués. Elle rendait bientôt après le dernier soupir , sans avoir pu recouvrer l'usage de ses sens. Goyer-Lafontaine avait commandé , vers la fin de l'Empire , une compagnie de ces braves Miquelets , qui défendaient si bien nos frontières. Il est allié à la famille Arago.

GOUY , MICHEL.

GAUZEIL , JEAN.

GILIS , LOUIS.

GATONNES , JOSEPH.

GIROLT , FRANÇOIS.

GATEN , ÉTIENNE.

GRAN , JEAN.

GAUSSE , ANTOINE.

GUITARD , FRANÇOIS.

GUIRAUD , JEAN-BAPTISTE

GIRALTE , JOSEPH.

IZARD , SIMON.

JÈRE, joseph.

Ce nom a été l'un des plus maltraités par la proscription. On le retrouve quatre fois dans les arrêts furieux du préfet Dulimbert et de ses collègues.

JOUANE, JERÔME.

JAUME , FRANÇOIS.

JONCLA , VINCENT.

JOLY , ANDRÉ.

JAUPART , MICHEL.

LAMBERT , JOSEPH.

LAPORTE , BLAISE.

LAVAN, MATHIEU.

LAVAIL , ANTOINE.

La proscription a pris aussi un de ses parents.

LABATTAT , JOSEPH.

LASSALLE , BARTHÉLÉMY.

LACOMBE , FERRÉOL.

LANES , PIERRE.

MARCÉ , BARTHÉLÉMY.

On compte dans les Pyrénées-Orientales trois déportés de ce nom.

MARTRE , ANTOINE.

MARSENAC , ANDRÉ.

MASCLES , JOSEPH.

MIQUEL , JOSEPH.

MALET , BERNARD.

MAILLAC , LOUIS.

MONCHOUS , JULES.

MAGNA , LOUIS.

MAS , JOSEPH.

MOUSSONS , ÉTIENNE.

MATHIEU , ÉTIENNE.

MANAULT , PIERRE.

MAURY , JACQUES.

Une seconde proscription a frappé le nom de Maury.

MAUSANG , ANTOINE.

MARQUÉ , JEAN.

MIR , JACQUES.

MOSNON , ÉTIENNE.

MODAT , HONORÉ.

MOLINÉ , JULES.

Un autre Moliné figure parmi les victimes de ce départe-
tement.

NOGUÈS , FRANÇOIS.

NICOLAU , JACQUES.

Le frère de Nicolau a été enlevé avec lui.

OLIVE , JOSEPH.

Il y a eu deux autres proscrits de la même famille.

PONTIC , HENRI.

PONS , ANTOINE.

PIQUÉ , fils aîné.

PEROUSSE , HIPPOLYTE.

PÉLISSIÉ , ANTOINE.

PUJOL , MARTIN.

PRADAL , ANDRÉ.

PUGNAUD , FÉLIX.

PINET , AUGUSTIN.

PAGÈS , MICHEL.

Le nom de Pagès a fourni aussi deux nouvelles victimes.
Un père a été frappé avec son fils.

PORTÈS , PHILIPPE.

PARAMY , CYR.

PUJET , JOSEPH.

PAULO-GUICHON , JACQUES.

ROHER , JEAN.

ROLLAND , MICHEL.

ROCA , JOSEPH.

RISPAND, GAUDÉRIQUE.

RIBER , JOSEPH.

RIBÈRE , HYACINTHE.

La famille de Ribère a perdu un autre de ses membres.

RAYNAL , FRANÇOIS.

RIBEIRAC, JOSEPH.

RIBOT , ANTOINE.

RONS, FRANÇOIS.

RIGAUD , JEAN.

ROGER , JACQUES.

ROMEN, ANTOINE.

RICARD, JEAN-SYLVESTRE.

REYNAL , PIERRE.

RICHARD , ALEXIS.

ROQUET , FRANÇOIS.

RIBEIL , HENRI.

SALES , AUGUSTE.

Un parent de Sales a été condamné à partager son sort.

SILAUT , ÉTIENNE.

SALVADOR, PIERRE.

SABARDÉIL, JOSEPH.

SALVAT , FRANÇOIS.

SALY , SÉBASTIEN.

SANSA , JOSEPH.

SIGNE , PIERRE.

SIMON , JOSEPH.

SERRES , SÉBASTIEN.

SANTONIL , BERNARD.

SAILLANT, ANTOINE.

SOLER , JOSEPH.

Ce proscrit est le troisième de sa famille.

SANTALO , JOSEPH.

SURJUS, FRANÇOIS.

SURÈS , JEAN.

TARROQUE, PHILIPPE.

Il y a eu aussi trois déportés de ce nom. C'est une autre famille enlevée du sol.

TASTU , JOSEPH.

TERRASSE, MARTIN.

TIGNÈRES, NAPOLÉON.

Ce nom a été frappé une seconde fois par les proscripteurs des Pyrénées-orientales.

TISSÈRE , ARNOLD.

TORREILLES , ÉTIENNE.

Encore un nom qui rappelle deux victimes.

TOURNET , EMMANUEL.

TROGNAND , ANTOINE.

TAURIMACH , JOSEPH.

La proscription a pris du même coup le père et le fils.

TRICOIRA , DOMINIQUE.

TAURIACH , VINCENT.

VERDAGENT , FRANÇOIS.

VIDAL-TRILLES , JEAN.

Un autre Vidal a été condamné aussi à la déportation.

VILAR , FRANÇOIS.

VIGO , JEAN-BAPTISTE.

La famille de Vigo a fourni une seconde victime.

VILLA , IGNACE.

VILLANOVA , THOMAS.

VINSAC , JOSEPH.

La plupart de ces déportés sont des cultivateurs qui ont été enlevés de leurs champs , comme la moisson dans un jour de tempête. Ils fécondaient par leur travail les flancs des Pyrénées et gagnaient chaque jour , à la sueur de leur front , le pain de leurs familles. A leur départ , plus de mille enfants , devenus orphelins , sont tombés dans la plus profonde misère. L'exil de leurs pères était pour eux l'invasion de la faim.

> La famine , comme une louve ,
> Entre , en hurlant , dans la maison,

a dit un de nos poètes populaires, qui semblait caractériser d'avance cette situation lugubre (1),

CONDAMNÉS

Au bannissement à temps ou à vie.

BILLÈS , PAUL.
BOLNIX , VICTOR.

Un autre membre de la même famille a été expulsé aussi du territoire de la République.

CONTE , PIERRE.

Deux femmes , parentes de Conte , assistent à son enlèvement et le voient emmener , les fers aux mains, comme le dernier des malfaiteurs. Elles s'approchent pour lui adresser quelques mots d'adieux On les repousse avec des

---

(1) Pierre Dupont, *le Chant du Pain.*

injures que l'histoire ne peut pas recueillir , même quand
elle est condamnée à suivre des brigands dans une caverne.
Ces deux femmes, dont la proscription outrageait la douleur,
étaient la sœur et la nièce de François Arago.

COUSSAMICE , CHRISTINE.

CAMPS , LOUIS.

DURAND , JACQUES.

FABRE , JEAN-PIERRE.

FRAICHE , ÉTIENNE.

FARINES , ACHILLE.

GUITER , RIN-JOSEPH.

C'est le frère du représentant Guiter qui a été compris
dans les décrets de bannissement. On a vu aussi le nom de
son neveu parmi les proscrits de l'Hérault.

GACHET , JOSEPH.

HUBERT, EUGÈNE, fils.

JAMBERT, AUGUSTIN.

PARIS, RAPHAEL.

PAGÈS, PHILIPPE.

PICAS, ancien représentant du peuple.

RAMONET, HYACINTHE.

ROGÉ, HONORÉ.

SALGUES, FRANÇOIS.

SALIÉ, GAUDÉRIQUE.

VILLAROGE, ESCUDIÉ.

VIGNAUD, HONORÉ.

VERDAGUER, BRUNET.

XXI.

TARN-ET-GARONNE.

Membres de la Commission.

DUFAY , préfet.

BOURJADE , général de brigade.

GAYRAL , procureur de la République.

Servir la tyrannie , la servir avec zèle et rester dans l'ombre , c'est ce qui arrive quelquefois aux dévouements les plus obstinés. Tel a été le sort du général Bourjade , qui a disparu , pour ainsi dire, dans l'éclat de ses deux collègues.

Il faudrait détacher quelques pages de Gil-Blas ou de Gusman d'Alfarache pour tracer dignement le portrait de l'aventurier que Louis-Bonaparte a placé à la tête du département de Tarn-et-Garonne.

Jeune encore , Dufay servait dans les gardes-du-corps. Il appartenait à la même compagnie que Leroy ou Saint-Arnaud , le futur ministre de la guerre. Ce fut là l'origine d'une amitié qui n'avait rien , comme on le pense , de ces fraternités viriles et héroïques, qui honorent la vie militaire et dont l'antiquité nous a offert plus d'un exemple. La Révolution de Juillet éclate. Le trône des vieux Bourbons est brisé et la garde royale disparaît avec les autres institutions monarchiques. Dufay, livré à lui-même, se jette dans une carrière d'aventures qui sont loin de rappeler un héros de Plutarque. Ses forces et ses ressources s'épuisent bientôt dans cette poursuite ardente des jouissances les plus vulgaires. Un exploit de tapis vert vient tout à coup le remettre à flot. Il quitte brusquement l'Europe et court se livrer au-delà de l'Océan à la traite des noirs. Ce trafic impur, pratiqué avec audace, le rend maître d'une fortune assez considérable. Il revient en France et après de nouvelles entreprises, qui ne promettaient guère pour l'avenir un défenseur de la propriété et de la famille, il s'établit aux environs de Toulouse, où il achète les ruines du château de Launaguet. Ce nom aristocratique et quelque peu féodal accompagne depuis cette époque son nom plébéien.

Au milieu de cette vie orageuse et agitée, Dufay avait été toujours lié avec son ancien compagnon d'armes. On prétend même que, dans les derniers temps, il fournissait des suppléments de solde à l'avide général. Le deux décembre devait lui rendre ce qu'il avait prêté. Quelques jours après l'attentat, son ami l'envoyait à Montauban, comme préfet de Tarn-et-Garonne.

L'ancien négrier était incapable d'administrer ; mais il possédait la première des qualités aux yeux de Louis Bonaparte : il était prêt à traiter les républicains comme ces pauvres esclaves, qu'il avait promenés sur les marchés du Nouveau-Monde. Des légitimistes influents, Scorbiac, Gironde, St.-Félix et quelques autres devaient l'aider à diriger ses coups. Aucun des proconsuls du nouveau régime n'avait été mieux préparé à se jouer insolemment de la liberté et de la vie des citoyens.

« Il faut le frapper avec rigueur, disait-il un jour en parlant d'un détenu ; ce misérable a déclaré que, libre ou en prison, il serait toujours l'ennemi du Président. »

Gayral, procureur de la République, n'a pas eu un passé aussi romanesque. Royaliste sous la monarchie, il devient républicain après la Révolution de Février. Le commissaire général, Joly, se présente à Montauban. « Citoyen, lui dit Gayral en lui offrant ses hommages, vous avez bien mérité de la patrie. » Il lui décerne en même temps le titre pompeux de *sauveur de Toulouse.* Il voulait conserver par toutes ces bassesses la place qu'il tenait de la royauté. Mais ces adulations ne le sauvèrent point. Une ambition moins opiniâtre aurait battu en retraite. Notre procureur éconduit parait s'attacher avec plus d'ardeur à la République.

Aucun système, aucune théorie ne trouve son esprit rebelle. Il disserte sur le travail, la propriété et le crédit, comme un libre penseur. « Le code civil doit être modifié profondément, dit-il avec affectation, le moment est venu d'en écarter enfin le fétichisme de la propriété. » Ces déclamations répétées l'aident à reconquérir le siége qu'il avait perdu. Qu'est devenu, depuis, cet étrange disciple de Proud'hon ?

Hésitant et irrésolu après le coup d'État, parce que le succès était encore douteux, il se montre ardent et passionné,

quand la force a triomphé de droit. Son zèle bonapartiste
ne recule devant aucun excès. Il a l'enthousiasme du Code
pénal. Avec quelle fureur il s'acharne contre les républicains !

Il rencontre un jour la fille du greffier Ansas, sœur de
l'avocat de ce nom, qui s'était dérobé aux recherches de
la police. « Mademoiselle, lui dit-il avec emportement, si
votre frère ne s'est pas constitué prisonnier avant midi,
votre père sera destitué. C'est moi qui m'en charge. Votre
frère est républicain : son parti est vaincu : il faut qu'il
tombe. »

Pendant que cet étrange magistrat servait ainsi les fureurs
du bonapartisme, un homme dont il avait épousé la fille,
le conseiller-général Bères, était incarcéré dans un département voisin et subissait toutes sortes d'outrages pour sa foi
républicaine. La proscription entrait ainsi dans la maison
même du proscripteur.

Ce lâche courtisan de la force et de la fortune n'en a point
paru déconcerté. Il a répondu au deuil par la joie et dans
une de ces fêtes injurieuses, auxquelles le dictateur condamne la France, on l'a vu pavoiser sa maison avec un luxe
inaccoutumé. Malheureusement pour lui, mais heureusement pour la conscience humaine, il a trouvé dans sa femme
la plus généreuse résistance. La fille du proscrit s'est souvenue de son père, qui souffrait pour la République; elle
s'est souvenue de son oncle, qui fut l'un des géants de la
Convention et arrachant les drapeaux qu'un odieux calcul
avait déployés devant sa douleur, elle les a foulés publiquement aux pieds. La famille était vengée du plus sanglant
des outrages.

Le procureur Gayral n'en a que mieux conquis la faveur du gouvernement : il est aujourd'hui conseiller à la
cour d'appel de Toulouse.

Un juge, nommé Broca, a su rendre plus odieuse encore,
si c'est possible, cette prostitution de la justice. Il était
chargé d'instruire le procès des démocrates. On l'a vu recueillir sans pudeur des témoignages offerts par la passion
ou arrachés à la faiblesse. Il n'a pas même craint d'interroger des enfants de douze ans et comme il n'en obtenait
pas les réponses qu'il désirait, après s'être emporté en
menaces :

« Vous êtes donc républicains, » s'écrie-t-il tout-à-coup ?

— «Nous le sommes, répondent les jeunes témoins, et nous
ne voulons pas mentir. »

Le juge les renvoie en disant : «Voilà ce qu'on leur apprend
dans les colléges de l'Université ! »

Montauberry et d'autres agents subalternes, comme on en
voit éclore partout dans ces saturnales du pouvoir, servaient
d'instrument à ce magistrat et l'aidaient à préparer les
fables hideuses de ses rapports.

Ces violences, dont Montauban était le centre, se répé-
taient sur d'autres points du département, surtout à Moissac. Le maire de la ville, Pérès, en était l'âme. Il avait
tremblé pendant quelques heures devant la résistance que
les citoyens opposaient au coup d'État, et comme on l'appelait à la mairie : « Je ne veux pas me faire tuer, » disait-il.
L'arrivée de quelques troupes lui rendit son courage. Il
avait promis qu'il ne serait fait aucune arrestation, si l'ordre n'était point troublé. Mais il a gardé sa parole à la façon

de Louis Bonaparte. On l'a vu présider lui-même aux arrestations. Il était secondé par ses deux adjoints, Vidal et
Bousquet, qui partageaient ses fureurs. Quand la commission eut rendu ses arrêts, il déclara publiquement que tant
qu'il aurait du pouvoir, les proscrits de Moissac ne rentre-
raient pas. Pérès est le beau-père de ce colonel Garderens,
qui a figuré, comme un chef de Cosaques, dans les événements de Paris.

CONDAMNÉS

Au bannissement à temps ou à vie.

ANSAS, avocat, ancien substitut du procureur de
la République.

BERTAL, HIPPOLYTE, avocat.

Avant de partir pour l'exil, Bertal, qui avait déjà passé plusieurs mois en prison, s'est vu interné pendant quelques jours
à Montauban. C'était un délai que les prévôts bonapartistes
accordaient aux proscrits, pour régler leurs affaires ; mais
comme ils craignaient que quelque victime leur échappât,
ils leur avaient donné la ville pour prison. Le jeune avocat
apprend que son père, qui demeurait dans une ville voisine,
est dangereusement malade. Il veut accourir auprès de lui ;
mais la police l'en empêche. Que lui importent les droits et les
devoirs de la famille ? Le vieillard meurt en maudissant les
bourreaux qui lui enlèvent son fils à cette heure suprême.
Bertal demande à lui rendre les derniers honneurs. Mais il
est encore repoussé. Sa mère est aveugle. Privée, la veille,

de son époux et brisée encore par la douleur , elle a été obligée de faire un voyage pénible pour dérober à la proscription le plaisir d'embrasser son fils.

BOUSQUET , aîné , limonadier.

CHABRIÉ , VICTORIN , avocat.

CONSTANS , ISIDORE , avoué , conseiller d'arrondissement.

L'avoué Constans était resté étranger à tout mouvement politique ; mais il avait un frère qui avait été porté aux dernières élections par le parti républicain. On a remarqué aussi que le général Bourjade, l'un des proscripteurs , était beau-père d'un autre avoué, qui exerçait ses fonctions dans la même ville.

COURTÈS, cordonnier.

FLAMENS, avocat, ancien substitut du procureur de la République.

LAMBERT , châtreur.

LEYGUE , ARMAND , propriétaire , ex-commissaire de la République.

Armand Leygue habitait Toulouse au mois de décembre. La commission de la Haute-Garonne le comprend dans ses poursuites ; mais il en est quitte pour quelques semaines d'emprisonnement. A peine a-t-il recouvré la liberté, qu'il se voit frappé par la commission de Tarn-et-Garonne. Quand le despotisme laisse tomber sa chaîne d'une main, il la reprend bien vite de l'autre.

MANAU, avocat.

MENIGUÉ, JOSEPH, cordonnier.

MONIÉ, ELOI, négociant.

POUMARÈDE, FÉLIX, négociant.

Le frère aîné de Poumarède a été sur le point d'être expulsé à sa place. Cette substitution était due à une erreur de nom. On avait voulu atteindre le cadet; mais c'était l'aîné qui était inscrit sur la liste fatale. La méprise était manifeste. « Qu'importe, s'écriait cet étrange préfet dont on vient de lire les aventures ? Il faut qu'il parte. » L'autorité était engagée et il n'était pas convenable qu'elle eut tort. Ce n'est que plusieurs jours après que Poumarède aîné s'est vu débarrassé de ces poursuites. Le véritable proscrit avait franchi la frontière.

SERRES, marchand de parapluies.

CONDAMNÉS

A l'internement.

BAYRON, HENRI, vétérinaire.

BERGER, ROGUE, clerc d'avoué.

BESSIÈRES, marchand de fruits.

BUSSON, AUGUSTE, commis.

CASTERA, menuisier.

DELBERT, négociant.

Le frère de Delbert a été aussi interné dans une ville du Midi.

DELPUCH, étudiant en théologie.

DOUSSET, marchand de volailles.

LEYGUE, tailleur.

MANAU, JOSEPH, négociant.

C'est le frère de l'avocat Manau qui a été expulsé du territoire de la République.

PAGÈS, LUC, portefaix.

RACIA, ANTONIN, tailleur.

XXII

VAR.

Membres de la Commission.

PASTOUREAU, préfet.

LEVAILLANT, général de brigade.

BIGORIE, procureur de la République.

Une douloureuse fatalité ou plutôt un odieux calcul livrait le Var, dans les premiers jours de décembre, à trois hommes qui lui étaient étrangers. C'était la proscription que le dictateur lançait, les yeux fermés, sur cette portion du Midi.

Les commissaires de Draguignan ont frappé en effet à tort et à travers, comme des aveugles.

Mais aucun n'a si bien rempli son rôle que le préfet Pastoureau, qui a montré, dès le premier jour, par un fait éclatant, comment il entendait traiter les républicains dont le sort lui était remis.

Cet administrateur furieux parcourait le département avec une colonne militaire. Il arrive aux environs d'Aups, où le sang des défenseurs de la Constitution avait été répandu à longs flots par la main des soldats. On lui amène un fuyard qui venait d'être arrêté sur la route. Il lui adresse quelques questions et, tirant brusquement un pistolet d'une des poches de la calèche, il lui brûle la cervelle. Le lieute-nant de l'Elysée voulait montrer à ceux qui l'entouraient comment on sauve l'ordre social.

Un pareil encouragement ne devait pas être perdu. Un jeune homme de vingt-deux ans, sur lequel s'est égaré le nom illustre de Colbert, donnait la chasse aux républicains avec un escadron de gendarmerie. On en arrête deux. Ils sont fusillés sur le champs et c'est l'indigne héritier du grand ministre de Louis XIV, qui commande lui même le feu. Cet exploit ne le satisfait point. Les corps des deux victimes ne sont pas plutôt tombées qu'il se précipite de son cheval et plongeant son épée dans les entrailles des deux cadavres : « Gendarmes, s'écrie-t-il d'un air de triomphe, je vous donne l'exemple ; exterminons ces buveurs de sang. » Quelques heures auparavant, le père de ce forcéné, que les démocrates tenaient entre leurs mains, avait pu s'éloigner librement et il rendait lui-même hommage à la générosité de ses adversaires. Le jeune Colbert a été décoré par Louis Bonaparte.

Cette fureur sauvage semblait avoir gagné dans le Var tous les ennemis de la République. Il y avait parmi eux comme une contagion de violence. On voyait des prêtres s'associer par leur langage à ces emportements et à ces excès. L'abbé Doze, qui visitait parfois la prison de Draguignan, prodiguait aux détenus les injures les plus grossières et ne craignait pas de leur déclarer *qu'on leur laverait à tous la tête avec du plomb.*

CONDAMNÉS

A la déportation en Algérie.

ABEILLE , LÉON.

ABBE , JOSEPH.

ACHARD , ÉTIENNE , sellier.

La proscription a pris deux républicains de ce nom.

ALLÉGRE , JOSEPH.

ALLUMAU , PIERRE , chapelier.

ALTER , DANIEL , cafetier.

ALEXIS , PIERRE.

Ce nom a été frappé aussi une seconde fois.

ALPHÉRON , CHARLES.

AIGUIER , HIPPOLYTE.

AGARD , THÉODORE.

AMBARD , CHARLES.

ARMAND , PASCAL.

ARNAUD , DOMINIQUE.

AUDEMARD , ANTOINE.

Les quatre noms qui précèdent ont fourni chacun deux victimes. C'est la proscription déchirant coup sur coup le cœur des familles.

ANDRIEU , JUSTIN.

AMIEL , TIMOLÉON.

AUDIBERT , JEAN-BAPTISTE.

ARÈNE , JEAN-BAPTISTE.

ARCHIER , JOSEPH.

ARDISSON , JEAN-BAPTISTE.

ARNOUX , THOMAS.

AUBRÉGAT , ex-instituteur.

AUTRAU , ADOLPHE.

AUMÉRAT , ALPHONSE.

AUVET , JOSEPH.

AYCARD, BALTHAZAR.

BAGARRY , FRANÇOIS.

Il faut ajouter à ce nom celui d'une seconde victime.

BARLATIER, MARIUS.

On trouve parmi les déportés du Var quatre Barlatier. Nous assistons à l'extermination des noms et des familles, comme dans l'Hérault, la Nièvre et quelques autres départements.

BARRAL, CHARLES.

BASSET, ANTOINE.

BAUGIER, PAULIN.

BERNE, ANDRÉ.

Il y a eu deux déportés de ce nom.

BERNARD, LOUIS.

Cinq victimes s'offrent ici à la fois.

BÉRENGUIER, ÉTIENNE.

En voici trois autres, sans compter une femme de la même famille, que la proscription a jetés dans le même convoi.

BENOIT, AUGUSTE.

BLACHAS, MARIUS.

BLANC, VINCENT.

Le nom de Blanc figure quatorze fois dans les arrêts de

la commission du Var. Deux ou trois familles ont perdu du même coup tous leurs membres.

BORGA, SATURNIN.

BOEUF, FORTUNÉ.

C'est le nom de trois victimes.

BOURGUIGNON, JEAN-BAPTISTE.

BONNAUD, JEAN-BAPTISTE.

BONIN, JEAN-BAPTISTE.

BOYER, FRANÇOIS.

Il y a eu aussi trois déportés de ce nom.

BRAY, MARTIN.

BRÉMOND, JOSEPH.

BREGAT, BARTHÉLÉMY.

BRISSE, LOUIS.

BROCHIER, CÉLESTIN.

BROQUIER, LOUIS.

BUISSON, OSCAR.

BOBET, FERDINAND.

BOUFFIER, JOSEPH.

BONNET, FRANÇOIS.

BOUIS, FRANÇOIS.

BOURGE, PIERRE.

BELLON, LAURENT.

BRUN, JOSEPH.

BROCARD, SATURNIN.

BOUNIN, JOSEPH.

BOUILLÉ, VICTOR.

BOUILLON, BARTHÉLÉMY.

BLUZET, MARTIN.

BRUNET, LOUIS, clerc d'avoué.

Le nom de Brunet apparaît deux fois parmi les déportés du Var. Il en est de même des trois noms précédents.

BURLE, PIERRE.

CABANON, HONORÉ.

CAUTERE, ALPHONSE.

CARTIER, JOSEPH, cultivateur.

CAMATTE, HONORÉ.

CAUVIN, AUGUSTE.

CARMAGNOT, VICTOR.

CASTELANNET, VICTOR.

CAUSSEMILLE, ANTOINE, cultivateur.

CANOLLE, SIMÉON.

CARLU, FRANÇOIS.

CASTON, MARIUS.

CASTINET, LOUIS.

CAVALIER, FRANÇOIS.

CAY, HILARION.

CHABAUD, HONORÉ.

CHABERT, JOSEPH.

CHAIX, MARIUS.

C'est aussi le nom de deux victimes.

CHEYLAN, JACQUES.

CLAVEL, LOUIS,

CLÉMENT, PIERRE, fabricant de chaux.

CLÉRIAN, GABRIEL.

Il faut ajouter à ce proscrit cinq autres victimes du même nom. La proscription a rapproché, pour les envelopper dans les mêmes vengeances, des oncles et des neveux.

CHARLES, ALEXANDRE.

CORDEIL, BONAVENTURE.

COLLE, JOSEPH.

CORDOUAN, ANTOINE.

CONSTANTIN, JOSEPH.

COUADOU, MARTIN.

CODOU, CALIXTE.

On compte cinq déportés du nom de Codou. Plusieurs de ces proscrits ont été pris dans le sein de la même famille.

COULOMB, HONORÉ.

Un parent de Coulomb a été relégué avec lui en Algérie.

COUDROYER, JEAN-BAPTISTE.

COQUILLAT, PIERRE.

CYRILLE, FRANÇOIS, conducteur de diligences.

DARDÉ, VICTOR.

DAVID, MARIUS.

DAUPHIN, CÉLESTIN.

DAUMAS, AUGUSTE.

Il a été frappé avec un de ses parents.

DEMAIN, GABRIEL.

DEPEILLE, AUGUSTIN.

C'est le deuxième proscrit de son nom.

DISPAR, ÉDOUARD.

DOL, ANTOINE.

DOLONNE, JOSEPH.

DOUGOUY, JOSEPH.

DUMAS, MARIE.

Il y a eu un autre Dumas envoyé en Algérie.

DUBOIS, ALEXANDRE.

DUCROS, JEAN-BAPTISTE.

DURAND , PASCAL.

ÉQUÉ , CASIMIR.

ÉTIENNE , MARIUS.

ESCLAPON , PIERRE-HENRI.

ESCALLUC , PIERRE , forgeron.

ESPITALLIER , HENRI.

EYRIÈS , AUGUSTE.

Le nom d'Eyriès et celui d'Espitallier figurent deux fois dans les arrêts de la commission de Draguignan.

ESQUIER , LÉON.

FABRE , FÉLIX.

Plusieurs familles ont été frappées sous ce nom qui a fourni six victimes.

FANY , JOSEPH.

FARNET , AUGUSTE.

FAVRE , LOUIS.

FAUCHIER , JACQUES.

FAYOSE , ANTOINE.

FÉLICON , JEAN-BAPTISTE.

FLORENS , CASIMIR.

FLORENT , JOSEPH.

FLANDIN , PANCRACE.

GAILLARDY , FRANÇOIS.

GANDOLPHE , SUFFREN.

GARNÉOUX , LOUIS.

GARCIN , ANDRÉ , cordonnier.

GARNIER , CASIMIR.

GARACHON , JEAN-BAPTISTE.

GASSIN , JOSEPH.

GAUTHIER , CLAUDE.

La proscription a pris aussi un de ses parents.

GARIEL , ALEXANDRE.

GASTINEL , ANTOINE.

C'est le deuxième proscrit de sa famille

GIBELIN , GABRIEL.

Il a été aussi le deuxième proscrit de son nom.

GIRAUD , FERDINAND.

Le double ostracisme continue.

GIRARD , HUGUES , tanneur.

GOIRAN , MARIUS.

Il y a encore ici deux victimes.

GOUÉS , FERDINAND.

GRAVAGNE , MICHEL.

GRANIER , LOUIS.

25

GUIEN , AUGUSTE.

GUIOT , LOUIS.

GUÉRIN , HIPPOLYTE.

Le nom de Guérin a été frappé deux fois. Il en est de même de ceux de Guiot et de Guien.

GUIBAUD , DENIS.

GUICHARD , ANDRÉ.

Deux nouvelles victimes.

GUIGON , AUGUSTIN.

Encore une double proscription.

GUILLEN , HONORÉ.

HÉBRÉARD , LOUIS.

HUGUES , CYRUS , pharmacien.

Un parent de Hugues l'a suivi en Afrique.

HENRY , ANTOINE.

C'est aussi le nom de deux victimes.

ICARD , LAURENT.

Voici une famille tout entière que la proscription emporte de l'autre côté de la Méditerranée. Six hommes, enveloppés dans le même arrêt, ont été jetés dans le même

convoi. Une jeune femme, Césarine Icard, a été condamnée
à partager leur sort.

ISNARD , ANDRÉ.

La femme d'Isnard a été aussi déportée.

IMBERT , FRANÇOIS , charron,
JACQUEMIN , LOUIS.
JAUBERT , FRANÇOIS.
JAUME , TIMOTHÉE.
JASSAUD , ANDRÉ.

Une seconde condamation a frappé le nom de Jassaud.
Le nom de Jaume a été aussi proscrit deux fois. Il faut en
dire autant de celui de Jaubert. Ce ne sont plus des individus isolés , mais des familles que le bonapartisme recrute
pour la déportation ou pour l'exil.

JOULARD , HIPPOLYTE.
JOFFRET , JACQUES.
JUCHAN , JOSEPH.
LAFAGE , PIERRE.
LAMBERT , HONORÉ.

C'est avec un de ses parents que Lambert a été jeté en
Algérie.

LALLIER , LOUIS.

LAPAUT , ÉMILE.

LATIL , FRANÇOIS.

LAURI , ALEXIS.

Encore deux victimes prises au même foyer.

LAURENT , AUGUSTIN.

LAVAGNE , AUGUSTE.

LAZARE , ANTOINE.

LAZERME, AUGUSTE , cordonnier.

LOMBARD, JUSTIN.

Ce nom rappelle quatre proscrits , atteints du même ostracisme.

LONGEON , XAVIER.

Le nom de Longeon a été encore plus éprouvé que celui de Lombard. Il compte cinq victimes , entr'autres deux femmes.

LUQUET, JOSEPH.

MAILLET, MARIUS.

MAILLE , BARTHÉLEMY.

MARTEL , JOSEPH.

MARCHETTY , BARTHÉLÉMY.

MARGEAT , BAPTISTE.

MARSEILLE , LOUIS.

MARTIN, FRANÇOIS.

MAUREL, LAZARE.

MARCEL, BENJAMIN.

Douze proscrits pour trois noms. Tel est le chiffre des victimes dans les familles de Marcel, de Maurel et de Martin.

MAUNIER, AUGUSTE.

MAUNIEL, GRÉGOIRE.

MARIUS, JEAN-BAPTISTE.

MASSE, CASIMIR.

MAURIN, PASCAL,

MÈGE, AMBROISE.

MÉRÉE, PIERRE.

MÉNARD, PAUL.

MEYNIE, CAPELLE.

MICHEL, FRÉDÉRIC.

Il y a eu trois déportés de ce nom.

MINGRAND, AUGUSTE.

MIREUR, LOUIS.

MONGE, ANTOINE.

MONTAGNE, HONORÉ.

MONTAUD, JULIEN.

MOULAN, THOMAS.

MONISSON , MARIUS.

NÈGRE, LOUIS.

NICOLAS , CÉSAR , professeur.

Le nom de Nicolas est reproduit cinq fois dans les arrêts de la commission du Var.

NOEL , FRANÇOIS.

ORGUES , ANDRÉ.

OLIVIER , CHARLES.

C'est le quatrième proscrit de ce nom.

PABAN , PHILIPPE , menuisier.

La famille de Paban a perdu un autre de ses membres.

PARDIGON , AUGUSTE,

PASCAL , LOUIS , avocat.

Il y a eu un autre déporté de ce nom.

PASTORET, HONORÉ, avocat.

PARIS , VICTOR.

PAULY , FRANÇOIS.

PAYAN , ALEXANDRE.

PERRIMOND, PIERRE.

PELLICOT, GUSTAVE, avocat.

Un perruquier de ce nom a été aussi déporté en Afrique.

PELAS, JULES.

PELLOZE, ALPHONSE.

PELLEGRIN, ANTOINE.

PEYRE, NOEL.

PERLATTÉ, DOMINIQUE.

PISSARNELLE, JACQUES.

PONS, ADRIEN.

On trouve un autre Pons parmi les républicains du Var que la proscription a frappés.

PORCELLY, ANTOINE.

PORTAL, ATHANASE.

POUSSEL, BAPTISTIN.

PORRE, FRANÇOIS.

POZIER, JOSEPH.

PORTANIER, LOUIS.

POURQUIÉ, FRANÇOIS.

RABEL, LOUIS.

RAGOUS, CASIMIR.

RAPHARD, BLAISE, cultivateur.

RAVEL, JOSEPH.

Il y a trois Ravel compris dans les arrêts de la commission de Draguignan.

RAYON, VICTOR.

RAYOL, ÉTIENNE.

RAYMOND, JOSEPH.

REBOUL, FRÉDÉRIC.

Un parent de Reboul a été déporté avec lui.

REBUFFAT, ANTOINE.

Le frère de ce proscrit a été condamné à le suivre en Algérie.

RENOUX, IGNACE.

REVERTEGAT, JACQUES.

REY, ALPHONSE.

REYNIER, DOMINIQUE.

REYNON, ALEXANDRE.

RICARD, HILARION.

RICORD, BARTHÉLEMY.

RIPERT, JOSEPH.

ROBERT, CÉSAR.

Le nom de Robert a été frappé une seconde fois

ROMAIN, DURAND.

ROUAIRE, VINCENT.

RONIN, JEAN-BAPTISTE, cordonnier.

ROUX, HILARION.

On compte cinq déportés de ce nom. L'ostracisme s'étend de plus en plus aux familles.

ROYER , JOSEPH.

SARRET , JEAN-BAPTISTE.

SA STERNE , AUGUSTIN.

SASTRON , LOUIS.

SAVIÈRE , DÉSIRÉ.

SAUVAIRE , PAUL.

Un autre Sauvaire a été également atteint par la proscription.

SENÈS , JEAN-BAPTISTE.

C'est le nom de deux nouvelles victimes.

SÉNÉQUIER , MAGLOIRE.

SERRALIER , JEAN-BAPTISTE.

SÉVERAN , JOSEPH.

SÈYE , LOUIS.

SIBILLE , CASIMIR.

SICARD , PIERRE.

SIÈYE , FRANÇOIS.

SIFFREN , ANDRÉ.

SIMON , LAURENT.

Le Var a fourni trois déportés de ce nom.

SISTERON , DENIS.

SIVADE., FRANÇOIS.

TAXILE , LOUIS.

TAMBON , AUGUSTE..

TAMBARIN , LOUIS..

TASSY , LOUIS.

Un parent de Tassy l'a suivi en Afrique..

TELIÈRE , JOSEPH.

TESTORY , JOSEPH..

TOUCHE , ANTOINE.

TOURNEL , JEAN-BAPTISTE.

Il y a eu deux victimes du nom de Tournel. Une double proscription a frappé également les noms de Touche et de Testory, voués aux mêmes vengeances.

TERRIN , HONORÉ.

TROTABAS , LOUIS.

TROIN , ANDRÉ.

TRUC , ALFRED,

On compte trois déportés dans la famille de ce proscrit et parmi eux figure une jeune femme. Deux autres membres de la même famille ont été expulsés du territoire de la République. Ce sont autant de cultivateurs arrachés du sol par la tempête du 2 Décembre.

TRICON , LOUIS.

TOURTIN , JEAN-BAPTISTE.

TOMBAREL , HERMENTAIRE.

TURLES , FERDINAND.

TROTABAS, CASIMIR.

TROUCHE, JOSEPH.

VAGNIER, JOSEPH.

VANIDÈS , JOSEPH.

VARAGNOL, AUGUSTE.

VERDELIN , ANTOINE.

VERSE, AUGUSTE.

VIDAL , CHARLES.

Les deux noms de Vidal et de Verse ont fourni, chacun, trois victimes.

VIORT , AUGUSTE.

CONDAMNÉS

Au bannissement à temps ou à vie

AUBIN , cordonnier.

AMBARD , propriétaire.

ANDRÉOLETTI , entrepreneur.

C'est le nom de deux frères bannis de la République.

ANDREAU , cafetier.

ARDISSON, PIERRE, tailleur.

AMIE, perruquier.

AUSSAN, cultivateur.

AYCARD , notaire.

AUGIER, propriétaire.

BARBIER, fournier.

BARRET , bouchonnier.

BASSET, officier de santé.

BELLIOUX, liquoriste.

BÉRENGUIER, cultivateur.

Les prévôts de Draguignan ont déjà pris à la famille de ce proscrit quatre de ses membres pour les jeter en Afrique. Ils lui enlèvent ici deux nouvelles victimes.

BERNIER, ébéniste.

BRAVET , victor, ménager.

BRANDY, charretier.

BRUN, tanneur.

BUFFERNE, scieur de long.

BURCE , perruquier.

CASTELLAN, cultivateur.

Un de ses parents a été atteint par le même ostracisme.

CARTIER , mécanicien.

CARLEVAN, bouchonnier.

CAUCHOIT, maréchal.

CAUVIN , cultivateur.

CAUGMET , cultivateur.

CAYS , bouchonnier.

CHABERT , charron.

Il y a eu un autre proscrit de ce nom.

CLÉMENT , propriétaire.

COULOMB , bouchonnier.

COSTE , cultivateur.

DALMAS , cordonnier.

DAUPHIN , perruquier.

DELACAZE , maçon.

DOL , cordonnier.

ESCALLA , marchand.

FENOUIL , chapelier.

FÉRAUD , tailleur d'habit.

GAL , tonnelier.

GARCIN , valet de ferme.

GAREL , machiniste.

GALLICE , bouchonnier.

GARIEL , notaire.

GASQUET , propriétaire.

GANIÈRES , tailleur de pierres.

GASTINEL , marchand de fruits.

GIRAUD , bouchonnier.

GOIRAN , propriétaire.

Il appartient à une famille qui a vu deux de ses membres transportés en Afrique.

> GUIGUE , propriétaire , ancien commissaire de la
> République , ancien Représentant du Peuple.
>
> GUYON , propriétaire.
>
> HEBRÉARD , maréchal-ferrant.
>
> HERMITTE , cultivateur.
>
> HÉRAUD , perruquier.
>
> HOURCAN , menuisier.
>
> HONORAT , bouchonnier.
>
> HUGON , cultivateur.
>
> JANELLE , cordonnier.
>
> JARTOUX, bouchonnier.
>
> LAUGIER , pharmacien.
>
> LAUTARD , menuisier.

C'est le deuxième proscrit de son nom.

> LETH , cultivateur.
>
> LEYDET , cultivateur.
>
> LUQUET , cultivateur.
>
> MARTEL , docteur en médecine.
>
> MAZARD , aubergiste.
>
> MAURICE , cultivateur.
>
> MARTRE , greffier de la justice-de-paix.

MARQUISAN, maçon.

Le nom de Marquisan a été frappé une seconde fois.

MEINEL, cordonnier.

MÉRÉE, pharmacien,

Un confiseur du même nom a été condamné au bannissement.

MOUTON, commis-marchand.

MONIS, maréchal-ferrant.

MIREUR, plâtrier.

Il y a eu encore ici deux victimes.

OLIVIER, bouchonnier.

Le Var compte déjà quatre républicains de ce nom parmi les déportés. En voici trois autres qui partent pour l'exil !

OTHON, chapelier.

PAGIER, tanneur.

PASCAL, cultivateur.

PATRITÉ, peintre.

PELLEGRIN, paveur.

Ce nom a été atteint une seconde fois.

PERÈS, bouchonnier.

PISAN, ancien bottier.

PHILIP, maçon.

PÉGUET , fournier.

PINONCELY , serrurier.

POURIÈRES , menuisier.

PREIRE , maréchal-ferrant.

RAMPOL , menuisier.

RAYMOND , bouchonnier.

RECOUT, cultivateur.

RIBOU, propriétaire.

RIGAUD , menuisier.

ROQUEFORT , fabricant d'huiles.

ROUBAUD , ex-employé de la préfecture.

Il faut ajouter à ce nom celui d'un autre proscrit de la même famille.

SABATIER , boulanger.

SERRY , marbrier.

TERRIN, propriétaire, membre du conseil-général.

TURLE , menuisier.

Ue nom de Turle a déjà fourni une victime à l'Algérie.

VALENTIN , bourrelier.

VENEL , anbergiste.

Ces exils et ces déportations n'ont pas épuisé les rigueurs des commissaires du Var. D'autres arrêts , non moins odieux, sont sortis de leurs mains. Voici, entr'autres les noms des victimes , qu'ils ont livrées au conseil de guerre:

ARAMBITE , PIERRE.

BERNARD , AUGUSTE.

BERTRAND , JEAN-BAPTISTE.

BOURGÈS , MARIUS.

DAVID , MAGLOIRE.

DEPEILLE , ANDRÉ.

DUTHEIL , CAMILLE , ancien directeur du Musée
égyptien de Paris, rédacteur du *Peuple*.

GAYOL , JOSEPH.

GIRAUD , ALPHONSE.

IMBERT , ANTOINE.

JACON , BASILE.

LAUGIER , JOSEPH.

MARTIN , HENRI.

Le nom de Martin figure deux fois dans cette catégorie
de victimes.

MARTIN , FRANÇOIS.

Il est encore le deuxième de ce nom.

MAUREL, JEAN-BAPTISTE.

MOURRE , PAUL.

L'Afrique a déjà pris deux membres de cette famille.
Trois autres ont été abandonnés à ce qu'on appelle la
justice militaire.

SAUVAN , louis.

TEISSEIRÉ , jacques.

TRUCHEMAN , henri.

Les juges-soldats de Louis Bonaparte n'ont pas encore prononcé sur le sort de ces victimes. Combien de têtes jeteront-ils à l'échafaud? Il n'y a plus de gladiateurs pour amuser le maître de l'Empire. Mais le bourreau est chargé d'en trouver et s'il faut en croire les courtisans, ils disent encore en marchant à la mort : *Cæsar, morituri te salutant*.

Pour apprécier , comme il convient , le rôle de la commission du Var, il faut jeter les yeux sur ce tableau, monument hideux de ses fureurs.

Citoyens traduits devant le conseil de guerre. .		25
»	transportés à Cayenne.	5
»	transportés en Algérie.	748
»	expulsés de France.	134
»	éloignés momentanément.	162
»	internés.	471
»	renvoyés en police correctionnelle. . .	140
»	mis sous la surveillance.	596
Total des citoyens condamnés. . . .		2,281

Quelques séances ont suffi au préfet Pastoureau et à ses collègues pour consommer cette hécatombe de noms, de droits et de libertés. Pourquoi perdre le temps à délibérer? La proscription est une faux que le dictateur a passée dans la main de ses complices et la faux ne raisonne pas avec les herbes ou les plantes qui tombent sous ses coups.

LIVRE XIII.

Tableau général des déportations et des ostra-
cismes, qui ont inauguré la dictature de Louis
Bonaparte.

I.

Les voilà, ces proscrits destinés à Cayenne et à Lambessa,
ou chassés au-delà des frontières, ou relégués dans un coin
de la patrie, comme dans un lazaret !

Pendant plus de six mois, le vent de la proscription a
soufflé sur la France, enveloppant dans son aveugle colère
les hommes, les femmes et les enfants. Il semblait qu'il y
eût deux peuples en présence et que l'un fût condamné à
disparaître devant l'autre.

Que de coups frappés en même temps ! Que de victimes tombant à la fois sous la main du dictateur et de ses complices !

II.

Ce sont d'abord des Représentants du Peuple , arrachés, pour ainsi dire, du sein même de la République. Vainement protégés par la majesté de leur mandat , ils se voient livrés à une soldatesque en débauche et promenés de cachots en cachots , comme de vils criminels , pour être atteints ensuite par un odieux ostracisme.

Quelques-uns sont immolés à des rancunes privées, à des ressentiments personnels. Les autres expient leur culte pour la République , leur dévouement à ses lois et à ses institutions.

Tous ceux dont le nom a joui de quelque popularité sont poursuivis avec acharnement. Une fois que le dictateur les a pris , il ne les lâche que pour les jeter loin de la France. Ils risquent de masquer au peuple la figure du nouveau César. Leur présence sur le sol de la République devient un crime d'État. Ce sont des ennemis de l'ordre public. Il faut qu'ils disparaissent.

Si quelques-uns d'entr'eux échappent à la persécution, ce n'est pas le respect du droit qui les protége. Ils sont les jouets et les victimes de plus lâche calcul. Le peuple , en les voyant , pourra croire qu'ils sont ralliés à la cause du coup d'État ou du moins qu'ils assistent sans répugnance à

cette débauche militaire, qui livre à Louis Bonaparte les
destinées de la République. C'est l'ombre, c'est le fantôme
de la liberté que le dictateur fait marcher sous les yeux
de la foule à côté de son char.

Les représentants, pris dans ce piége, font d'inutiles
efforts pour lui échapper. C'est en vain qu'ils cherchent à
s'éloigner de Paris. Une main de fer, la main de la police
les y retient. Plus malheureux que leurs collègues, ils sont
condamnés à promener le mensonge de la République au
milieu des excès de cette dictature, qui vient de s'inau-
gurer dans le sang des citoyens.

Aux victimes de l'Assemblée législative, il faut ajouter
celles de l'Assemblée constituante.

Il y avait trois ans que ce parlement n'existait plus;
mais il vivait encore, pour ainsi dire, dans les débris
de la Constitution ; il vivait dans un certain nombre de lois
qui restaient debout, il vivait dans quelques dates indestruc-
tibles et immortelles, comme la Révolution elle-même.
C'était lui qui avait reçu la République des mains du gouvernement provisoire et l'avait marquée, au nom de la France,
du sceau de la loi.

De pareils souvenirs étaient une injure pour le dictateur.
Voilà pourquoi il a cherché à écarter les hommes qui les
portaient avec eux et qui en étaient eux-mêmes l'image.

Un autre motif les rendait odieux à Louis Bonaparte. Ils
avaient été ses collègues; ils l'avaient vu balbutier deux ou trois
fois à la tribune des paroles qui avaient provoqué jusqu'au
sourire des huissiers ; ils avaient reçu son serment, le jour
où il fut proclamé Président de la République. C'étaient

des témoins importuns qui devaient disparaître. L'exil en a délivré le parjure.

La tyrannie antique exilait les écrivains et brûlait les monuments de leur génie, pour se débarrasser de leur témoignage. Elle croyait, sans doute, dit Tacite, dans une magnifique ironie, détruire en même temps la conscience du genre humain! (1).

III.

Beaucoup de membres des conseils généraux ont partagé le sort de ces Représentants du Peuple, lâchement immolés avec la Constitution.

La proscription s'est acharnée principalement sur ceux qui avaient voté contre la révision du pacte national, c'est-à-dire contre un coup d'État pacifique. Ils s'étaient signalés eux-mêmes par ce vote généreux à la haine du bonapartisme et à ses vengeances.

Des conseillers d'arrondissement ont été sacrifiés en grand nombre à la même rancune.

On a vu disparaître des milliers de maires et d'adjoints, également contraires à l'ambition de Louis Bonaparte.

La République, menacée par le pouvoir central, trouvait un appui dans la commune, ce berceau des libertés

---

(1) Scilicet illo igne vocem populi romani et libertatem senatus et conscientiam generis humani aboleri arbitrabantur. TACIT. *Vit. Agric.* Cap. 2.

populaires. Le dictateur et ses complices l'y ont poursuivie
et l'en ont arrachée, pour ainsi dire, en dispersant et mu-
tilant les municipalités, qui lui offraient un asile. Il fallait
que cette petite République de la commune fut frappée en
même temps que la grande. Le droit était égorgé à l'ombre
même de ses autels domestiques.

Ces mandataires du peuple, répandus partout, offus-
quaient naturellement le dictateur. Louis Bonaparte a
toutes les prétentions de son oncle. « C'est moi seul qui re-
présente le peuple, » disait l'Empereur.

IV.

L'armée, la magistrature et le clergé ont fourni moins
de victimes. Ils devaient trouver grâce auprès du coup
d'État, qui a recruté dans leurs rangs ses principaux
complices.

On ne rencontre parmi les proscrits qu'un petit nombre
d'officiers, de juges et de prêtres. C'est assez pour augmen-
ter les crimes de Louis Bonaparte. Mais c'est trop peu
pour absoudre ces grands corps, qui devaient servir de
rempart à la loi et qui ont donné honteusement la main
au meurtrier de la République.

Tandis que l'armée suivait St-Arnaud et la magistrature
Troplong, le clergé se prostituait avec Sibour, qui, la
veille encore, prodiguait ses hommages à la démocratie (1).

_____

(1) On n'a pas oublié que l'archevêque de Paris, avant le coup d'État

Louis Bonaparte ne s'était pas trompé, quand il avait dit :
« Je renfermerai la France dans un triangle de fer, dont
les trois côtés seront formés par le clergé, la magistrature
et l'armée. » Le fatal triangle obéissait à la voix du dictateur et il lui suffisait de frapper quelques coups pour entraîner ces trois masses dans sa guerre impie contre les
institutions.

V.

Il n'en a pas été de même des professions libérales,
de toute cette phalange d'hommes lettrés, journalistes,
avocats, médecins ou notaires, qui par leurs études et
les travaux de leur vie, semblent représenter, plus que
d'autres, les besoins et les tendances de l'esprit national.
Que de vides la proscription n'a-t-elle pas faits dans leurs
rangs!

---

visitait les associations ouvrières et leur adressait des harangues républicaines. Dans la matinée du 2 décembre, un Représentant de la gauche,
à la fois démocrate et catholique, lui envoie demander ce qu'il doit faire.
« Est-ce qu'il peut l'ignorer ? s'écrie l'archevêque. Toutes les lois sont
foulées aux pieds. La société va être prise d'assaut. Un despotisme hideux
se lève sur la France. Ce qu'il faut faire ! Il faut remplir ses devoirs de
citoyen et mourir au besoin pour la défense du droit. » Le représentant
marchait aux barricades. Quant à l'archevêque, il recevait quelques
jours après le titre de sénateur des mains de Louis Bonaparte et depuis ce
moment il traîne partout à la suite du dictateur la croix de l'Évangile,
comme s'il avait enrôlé le Christ dans la Société du Dix-Décembre.

Plusieurs départements ont perdu une partie de leurs notaires et de leurs avoués.

On a vu disparaître à la fois dans un département du Centre une trentaine de médecins. C'étaient les plus habiles. Ils laissaient leur clientèle à leurs adversaires. Le coup d'Etat fait partout la maltôte. A Paris , il enlève vingt-cinq millions. Dans les départements, il jette à ses amis les dépouilles de ses victimes.

Beaucoup d'avocats sont frappés, surtout dans le Midi. On les prend par vingtaines dans quelques départements. C'est encore une spéculation de la tyrannie et de ses complices. Le despotisme d'ailleurs a beau recruter dans le barreau des complaisants et des valets, comme Billaut et quelques autres. Il est toujours disposé à traiter en adversaires les hommes qui vivent de la parole, parce qu'il vit lui-même du silence.

Mais ceux qui ont le plus souffert dans cette catégorie de victimes, ce sont les journalistes. Une lettre confidentielle, adressée aux préfets, leur recommandait de se montrer *impitoyables pour les écrivains , ennemis de l'ordre et du prince*. C'était l'ostracisme décrété d'avance contre tous ces soldats généreux de la presse, qui servaient depuis quatre ans la cause de la République. Les préfets ont été fidèles à la consigne. Ils ont partout frappé sans pitié les journalistes républicains. Il était facile de voir que c'était la même main qui les atteignait à la fois sur tous les points du territoire.

Quand il s'agissait de frapper les autres citoyens, la proscription avait ses caprices. Elle était molle dans le

Nord, vive et ardente dans le Midi. Elle pesait sur un département et le déchirait comme une proie ; mais elle se contentait d'effleurer les départements voisins. Ici, elle frappait de préférence les avocats, là les notaires, ailleurs les médecins, suivant les passions, les intérêts ou les influences, qui dominaient les prévôts bonapartistes. Les journalistes étaient atteints également partout. Il suffisait qu'ils eussent concouru à la propagation et à la défense des idées républicaines.

L'acharnement contre eux a été porté si loin que les commissions se disputaient le plaisir de les frapper. Plusieurs de ces écrivains, dévoués à la démocratie, n'habitaient plus les départements, où ils avaient rédigé avec plus ou moins d'éclat des journaux républicains. Ils étaient devenus complètement étrangers à la polémique de ces feuilles, dout quelques-unes avaient même disparu. La proscription allait les chercher dans leur retraite, pour les déporter au-delà des mers, soit dans l'Algérie, soit dans la Guyane. Quelques-uns de ces arrêts ont frappé des écrivains qui avaient cessé de vivre. Le nom de l'un d'entr'eux était un jour porté devant une commission. « Je crois qu'il est mort, dit l'un des exécuteurs. — N'importe, reprend son voisin ; il n'y a pas d'inconvénient à lui faire son compte. Si la mort ne l'a pas pris, il nous reviendra. »

Il y a eu des rigueurs particulières pour ceux de ces écrivains qui s'adressaient plus directement aux masses. C'étaient en quelque sorte les messagers de la Révolution ; ils portaient son âme jusque dans le dernier hameau

de la République; ils réveillaient de nouveaux sentiments
et comme une vie nouvelle dans le sein du peuple. Ils
avaient manqué évidemment de respect au bonapartisme
et à la dictature qu'il portait dans ses flancs.

VI.

C'est la haine de cette vie nouvelle, propagée par la
Révolution, qui animait aussi les proscripteurs contre la
population industrielle des villes. Toutefois, il y a eu ici
moins de victimes qu'on ne devait le craindre.

Des milliers d'ouvriers ont été enlevés sans doute à
leurs familles et chassés de la patrie, comme des criminels.
Mais les exécuteurs bonapartistes se sont contentés en
général de prendre ceux qui avaient joué quelque rôle
politique ou qui exerçaient autour d'eux une certaine influence. Ils n'ont fait qu'effleurer la masse et là seulement
où le coup d'État risquait de rencontrer des résistances
trop vives. Ils obéissaient à la pensée hypocrite de leur
maître.

On ne pouvait pas trop s'attaquer sans péril à ce peuple
ardent et inquiet de nos cités. Peut-être lui ferait-on croire
que le coup d'État ne devait le toucher que par accident et
l'entraînerait-on ainsi sous le drapeau du dictateur? Il
était bon du moins de ne pas trop le heurter. Sa colère avait
toujours porté malheur aux gouvernements.

VII.

La population des campagnes , qui se mêle moins aux mouvements politiques , n'inspirait pas les mêmes craintes. Aussi n'a-t-elle pas obtenu les mêmes ménagements. Elle a été livrée sans pitié aux bourreaux du coup d'État , qui l'ont fauchée , comme on fauche les seigles.

Ces fortes races agricoles qui servent toujours de rempart au passé, parce qu'elles vivent à l'écart , plongées et comme perdues dans le sein de la nature , commençaient à tressaillir partout au souffle de la Révolution. Les idées nouvelles les agitaient. Ce n'était encore qu'un instinct vague et confus ; mais il devait en sortir une âme. C'était une force nouvelle , qui s'annonçait pour la démocratie et de quel poids elle allait peser bientôt sur nos destinées !

Il fallait que cette force disparût pour la sécurité du dictateur et de ses complices. De là ces proscriptions en masse, qui ont porté la terreur et la désolation au fond des campagnes.

On a vu dans certains départements la population mâle de quelques villages disparaître presque en entier sous la main des proscripteurs. La fuite emportait ce qui échappait à la prison ou à l'exil. Les bras manquaient à l'agriculture. Certains journaux , dévoués au bonapartisme , se plaignaient eux-mêmes de ce vide effroyable.

VIII.

Comment retrouver le nom, le foyer ou la trace de
chacune de ces victimes, enlevées par groupes et par
masses du sol de la patrie ? Les longues nomenclatures
de proscrits, qui viennent de se dérouler sous nos yeux,
n'en donnent qu'une idée incomplète. Ce ne sont, à vrai
dire, que quelques pages détachées çà et là du grand livre
des proscriptions, qui a été écrit dans l'ombre avec le
glaive du coup d'État.

Les citoyens soumis à la surveillance n'y figurent point.
Le chiffre en est incalculable. La plupart des départements
les comptent par centaines, quelques-uns par milliers.
C'est tout un peuple assimilé aux forçats qui viennent de
quitter le bagne et rivé, comme eux, à la police.

On n'y trouve qu'une partie des internés. C'est le plus
petit nombre. Combien ont été parqués ainsi par une dictature ombrageuse sur tous les points de la France ! Ce
bannissement dans la patrie ne laisse souvent aucune trace.
Les commissions départementales l'ont appliqué sans doute
à des milliers de républicains dont les noms sont connus ;
mais la plupart des préfets ont continué dans l'ombre cet
ostracisme domestique.

Il en est de même des citoyens qui ont été expulsés du
territoire, les uns pour toujours, les autres pour un temps
plus ou moins long. Un grand nombre d'entr'eux manque

aussi à ce martyrologe. L'exil, pour eux, est muet comme la tombe. Il faudra peut-être que le crime soit châtié avant qu'ils puissent être classés, comme ils le méritent, parmi ces nobles victimes du droit. Le propre des grands attentats est de garder toujours une partie de leurs secrets.

Même lacune parmi les déportés que la proscription a conduits en Algérie. Nous en avons nommé un grand nombre; mais la liste, cette liste funèbre, que la mort entame chaque jour, est loin d'être complète. Un journal de l'Algérie, attaché à la fortune de Louis Bonaparte, évaluait, il y a quelques jours, à six mille le chiffre de ces proscrits. Il cherchait à dérober à l'histoire la moitié au moins de la vérité. Plus de douze mille français, pères de famille pou la plupart, ont été jetés par le coup d'État sur ce sol africain, qui les dévore (1).

On connaît quelques-uns de ceux qui ont été dirigés sur Cayenne. Mais ici encore le crime se cache et le nombre des victimes reste inconnu. Le ministre de la marine, cet oriental Ducos, qui se fait bercer à la fois par plusieurs hymens, a parlé dans un rapport de trois convois qui avaient emporté vers la Guyane des prisonniers politiques. D'autres proscrits ont suivi la même route. Qui sait leurs noms? qui pourra les livrer à l'histoire, comme autant de témoins inexorables de cette politique de bandit qui a couvert de victimes les continents et les mers?

---

(1) L'auteur a reçu plusieurs lettres de l'Algérie qui constatent ce chiffre. Quelques-unes de ces lettres lui ont été adressées par des colons, justement ndignés du spectacle que leur offrait Louis Bonaparte.

ÉPILOGUE.

Les courtisans du Dictateur passent les jours et les nuits à lui préparer des ovations et des fêtes. Il ne s'éloigne jamais de son palais que pour y rentrer avec une pompe royale, comme s'il venait de conquérir le monde. Ses prétoriens déploient autour de lui leurs nombreux bataillons. Le Sénat lui apporte sa servilité, le Corps législatif son silence, le Clergé son encens et son Dieu. On appelle partout le peuple sur son passage. Il marche à travers la ville suivi d'un long cortège. Là figurent des chanteurs et des magistrats, des comédiens et des pontifes, des bateleurs et des poètes,

Ambubaïarum collegia, pharmacopolæ,
Mendici, mimæ, balatrones, hoc genus omne. (1).

---

(1) Horat., Lib, I, sat. 2.

Il s'y rencontre même des philologues, qui tourmentent Horace et Virgile pour leur arracher l'éloge du nouvel Octave et lui prédire, du haut du Capitole, des destinées immortelles.

Mais ce triomphe a beau se reproduire : il attend encore son véritable ornement.

Quand les triomphateurs entraient dans Rome, on portait devant eux de grandes tables d'airain sur lesquelles étaient gravés en pompeux caractéres les noms des peuples qu'ils avaient vaincus. Un Empereur romain, n'ayant rien de mieux à montrer, fit un jour figurer à sa suite une grande quantité de coquillages qu'il avait ramasssés sur le bord de la mer. C'étaient les dépouilles de l'Océan promenées par l'héritier des Césars à travers la ville éternelle.

Louis Bonaparte n'a pas besoin de recourir à ce stratagème. Il est trop riche de butin et de gloire. Qu'il laisse à l'Océan ses dépouilles ; mais que les monuments de ses exploits l'accompagnent et que chacun puisse lire à côté de son char les combats qu'il a livrés pour monter à l'Empire.

On lira ce qui suit sur les tables du nouveau triomphateur :

« Il a renversé la Constitution, les lois et les tribuns du peuple , chargés de les défendre.

» Il a fait main basse sur le trésor et mis au pillage la fortune de la République.

» Il a saccagé le patrimoine des particuliers et des princes.

» Il a tué, en un seul jour et dans une seule ville, deux mille huit cents hommes, qui manquaient d'enthousiasme pour sa dictature.

» Il a emprisonné du même coup plus de deux cent mille citoyens, restés fidèles à la loi.

» Il a poursuivi, comme des bêtes fauves, à travers les champs, des pères de famille, errants et fugitifs.

» Il a dispersé une multitude de proscrits au sein des nations étrangères.

» Il en a relégué douze mille au-delà de la mer, parmi les Barbares de l'Atlas.

» Il en a jeté des cargaisons à Cayenne sous un ciel de feu qui dévore les hommes.

» Par lui sont orphelins des milliers d'enfants.

» Par lui sont veuves des milliers de femmes.

» Il a fait tomber sous la hache une foule de têtes et chaque jour ses licteurs immolent en son nom de nouvelles victimes.

» Voici l'Empereur des exils, des déportations et des massacres !

» Peuple, voici l'Empereur du bourreau ! »

FIN DU SECOND ET DERNIER VOLUME.

TABLE DES MATIÈRES

AVIS.

Depuis le jour où il a mis sous presse, l'auteur a reçu de tous les points de la France un grand nombre de notes, qui trouveront leur place dans une seconde édition. Les républicains, qui liront ces pages et qui pourront aider à en combler les lacunes, sont priés d'adresser à l'éditeur, par une autre voie que la poste, les documents nécessaires pour les compléter. Il faut que le regard de la France et de l'Europe puisse pénétrer au fond de ce grand attentat du 2 Décembre et des crimes qui l'ont suivi. Ce sera le commencement de la justice.